Brigitte Boothe & Peter Schneider (Hrsg.)

Die Psychoanalyse und ihre Bildung

Beiträge von Günther Bittner – Brigitte Boothe – Michael B. Buchholz – Helmwart Hierdeis – Rainer Kokemohr – Peter Passett – Giaco Schiesser – Eva Schmid-Gloor – Peter Schneider – Philipp Stoellger – Sarah Winter

Der vorliegende Band ist mit Hilfe der Dr. Margrit Egnér-Stiftung erschienen.

© Reihe sphèressays im Verlag sphères, Zürich 2013

Redaktion und Korrektorat: Lisa Heller, Daniel Schiesser
Gestaltung: one marketing, Zürich

ISBN 978-3-905933-04-8

Inhalt

Die Psychoanalyse als Bildung

**Die Bildung der Person als Fiktion –
Selbstprofilierung per Fremdanleihe**

Für das Interdisziplinäre Forum für Psychoanalyse der
Universität Zürich und der ETH Zürich (2005-2012)

All of old.
Nothing else ever.
Ever tried.
Ever failed.
No matter.
Try again.
Fail again.
Fail better.

Samuel Beckett

Einleitung

Die Psychoanalyse ist in einer Zeit entstanden, als die Psychologie längst dabei war, sich ihrer philosophischen Wurzeln zu entledigen und ihre akademische Position als eine experimentell-empirische Naturwissenschaft auszubauen. Entsprechend randständig bis extraterritorial ist die in ihrer Wissensproduktion ganz anders verfahrende Psychoanalyse ausgerechnet innerhalb der universitären Psychologie geblieben. Lediglich als Psychotherapie und als Entwicklungspsychologie wird sie dort (wenn überhaupt) noch zur Kenntnis genommen. Doch auf eine psychotherapeutische Methode (bzw. «Schule») reduziert oder zu einem Phasenmodell der Sexualitäts- und Identitätsentwicklung geronnen, ist sie ihres wesentlichen Anspruchs beraubt: ihres Anspruchs nämlich, Subjektivität, Kultur, Gesellschaft und Natur nicht als distinkte Erkenntnisgegenstände (innerhalb einer je eigenen Epistemologie) zu betrachten, sondern als hybride Bildungen, als heterogene und in sich spannungsvolle Einheiten, die sie unter der Prämisse eines dynamischen Unbewussten analysiert. Die Arten ihrer Hervorbringungen lassen sich dabei kaum jemals als «Entwicklungen» beschreiben. Denn es sind weit eher «Verwicklungen», welche die Psychoanalyse untersucht: Geschichte ist ihr die Geschichte von Verdrängungen, Verdichtungen und Verschiebungen – nicht der Prozess einer Entfaltung von Anlagen. Therapie wiederum versteht sie nicht in erster Linie als Korrektur eines Fehlverhaltens oder als Heilung einer «Störung», sondern als Transformation von Symptomen innerhalb eines Psychischen, das immer symptomhaft strukturiert ist.

Sowenig die Psychoanalyse also eine Entwicklungstheorie und lediglich eine therapeutische Technik unter vielen ist, sosehr ist sie – die geneigte Leserin, der geneigte Leser ahnt die Pointe – eine Theorie von Bildung im Sinne von Bildungs- und Umbildungsprozessen. Oder genauer gesagt: eine Theorie ganz unterschiedlicher Bildungen. Sie untersucht die Bildung der Sexualität aus der Matrix eines polymorph-perversen sexuellen Körpers, die Bildung von Symptomen, Symptomhandlungen und Träumen, von kulturellen Produktionen vom Witz bis zur bildenden Kunst, die Bildung der Religion und des Gesellschaftlichen ebenso wie die Bildung und den Zerfall von Masse ... «to be continued», wie es am Schluss der Kapitel von Fortsetzungsromanen heisst. Nicht zuletzt sollte auf dieser lang fortzusetzenden Liste die (therapeutische) Möglichkeit einer Umbildung von Symptomen nicht fehlen, denn als Therapie hat die Psychoanalyse immerhin ihren Anfang genommen.

Die psychoanalytische Therapie lässt sich nicht von dem trennen, was man die psychoanalytische Anthropologie nennen könnte: eine allgemeine (im Verlauf der Geschichte auch immer wieder umgebildete) Theorie des Psychischen als eines wunschgetriebenen Umformungsapparats, in dem – wie es insbesondere Lacan und Laplanche betont haben – der Andere von Anfang an seinen Platz als «Arbeitsanforderung» einnimmt. Die psychischen Bildungen unterliegen allein schon durch diese Tatsache nicht dem autonomen Willen und Begehren des sich bildenden Ich, sondern entstehen auf dem Hintergrund einer von zahlreichen Kontingenzen durchzogenen Passivität: Das Ich *wird* gebildet.

Man verstehe die Psychoanalyse am besten, wenn man sich mit ihrer Geschichte auseinandersetze, heisst es bei Freud. Diese Geschichte ist – wie die Geschichte der Subjekte – geprägt von Ausschlüssen, Entstellungen und von der Wiederkehr des Verdrängten. Fragen werden formuliert und mit den Antworten auf diese Fragen Probleme nicht nur gelöst, sondern auch desartikuliert – Probleme, die nun von unerwarteter Seite in die Psychoanalyse zurückkehren. Früh beginnt die Psychoanalyse die Grenzen zu anderen Wissenschaften zu überschreiten, und andere Disziplinen beginnen, sich der Psychoanalyse zu bedienen. Dieser produktive Kampf um Claims und Schürfrechte bestimmt das Verhältnis der Psychoanalyse zu anderen Wissenschaften. Er gehört zu ihrer eigenen Bildungsgeschichte.

Der erste der vier Teile dieses Buches, «Die Bildung der Psychoanalyse», hebt an mit Freuds Diktum, dass Analytiker sich bilden müssen. Sie sollen beispielsweise von Biologie und Medizin, Soziologie und Geschichte – zumindest als belesene Laien – etwas wissen. Peter Schneider, der mit «Die Psychoanalyse und ihre Bildungen» die Reihe der Beiträge eröffnet, fragt nach einer Begründung für dieses Diktum. Die psychoanalytische Wissenschaft zeigt zwar die durchgehende Determiniertheit der psychischen Organisation auf und verfügt damit über eine psychodynamische Systematik, doch ist das Verhältnis des Allgemeinen zum Besonderen in der Psychoanalyse weder deduktiv noch induktiv. Vielmehr sind es interpretativ-explikative Verknüpfungen, auf deren Basis ein Psychoanalytiker menschliche Erscheinungen in einen Zusammenhang stellt, den er als Fall ausweist und, wiederum explorierend und interpretierend, in eine genealogische Reihe stellt. Sowohl die Durchdringung des Besonderen als auch die Herstellung des genealogisch Allgemeinen sind Bildungsprozesse.

Die Historikerin Sarah Winter fasst in ihrem Beitrag «Freud lesen heute: Psychoanalytische *Bildung*, ‹Ent-Bildung› und kulturelles Gedächtnis» Bildung als Prozess der individuellen und überindividuellen Formung und Historisierung mentalen Lebens auf. Freud machte sich die Schlüsselstellung dieses kulturellen Ideals für das emanzipierte Bürgertum des 19. und frühen 20. Jahrhunderts zunutze, um die öffentliche Anerkennung der Psychoanalyse zu befördern und die Paradigmata des geisteswissenschaftlichen Interpretationsrepertoires in souveräner Eigenregie zu übernehmen. Die bedeutsame Figur des tragischen Erkennens wird zum Modell der psychoanalytisch-selbstreflexiven Beziehung. Die Kehrseite der Bildung ist «Ent-Bildung». Diese Bewegung demontiert auf individueller und kultureller Ebene vorgängige Entwicklungsprozesse und löst sie auf. «Ent-Bildung» führt als analysiertes und reflektiertes Übertragungsgeschehen zur Dynamik der Selbstaufklärung, denn die maligne Wirksamkeit infantiler unbewusster Vorstellungskomplexe wird aufgehoben. Wer jedoch im Wiederholungszwang gefangen bleibt, hat allenfalls die Chance, sich im Prozess der Wiederholung – unterstützt durch den Analytiker – fremd zu werden und Distanz zu gewinnen, um auf diese Weise einen bewussten Prozess der «Ent-Bildung» zu provozieren. Psychoanalytische «Ent-Bildung» und psychoanalytische «Bildung» können eine historische Theorie der Humanwissenschaften erneuern. Können sie vielleicht auch einen wesentlichen Beitrag leisten, um wissenschaftliches Wissen von «common sense» zu unterscheiden? Mit Loïc Wacquant: «Nicht das individuelle Unbewusste des Wissenschaftlers, sondern das wissenschaftstheoretische Unbewusste seiner Disziplin muss zutage gefördert werden.»

Giaco Schiesser formuliert «Marginalien eines Nicht-Analytikers – Die unbedingte Psychoanalyse». Marginalisierung und Selbst-Marginalisierung der Psychoanalyse schreiten, einer bereits weit zurückliegenden Diagnose Jacques Derridas folgend, voran. An der ersten von der International Psychoanalytical Association (IPA) in China durchgeführten psychoanalytischen Konferenz mit dem Titel «Freud and Asia. Evolution und Change: Psychoanalysis in the Asian Context», die im Oktober 2010 in Beijing stattfand, wurde vor allem erörtert, ob und wie sich die Psychoanalyse in China positioniert und positionieren werde und wie viel Zeit für diesen Prozess zu veranschlagen sei. Die Frage, was die Psychoanalyse von China lernen kann, fehlte. Es fehlte die Bereitschaft, sich bilden zu lassen; es fehlte eine Geisteshaltung, die Gregor Gysi in einem Interview einmal so charakterisierte: Sieh dich durch den Anderen bereichert angesichts der eigenen Beschränkung. Die Konfrontation mit einem anderen Denken, wie der französische Philosoph und Sinologe François Jullien sie vorlebt, würde dagegen im Sinne Schiessers eine Bereicherung versprechen. Mit Jullien empfiehlt der Autor das intensive und vorbehaltlose Sich-Einlassen auf chinesische Sprach- und Lebensformen; diese Situierung erlaubt einen neuen Blick auf Verhältnisse und Traditionen europäischen Denkens. Schiesser bezieht sich in grossen Zügen auf zwei divergente Weisen der Daseinsaneignung, die gemäss Jullien im europäischen Kulturraum durch Grenze, Differenz und Ausschluss, im chinesisch-fernöstlichen durch Einschluss, Übereinstimmung und Prozessualität gekennzeichnet sind. Während im europäischen Kulturraum beispielsweise die Auseinandersetzung mit dem Begriff der Wahrheit und das Streben nach Wahrheit eine Schlüsselstellung einnehmen, fragt die chinesische Philosophie nach der Fähigkeit, sich auf die Bedingungen und Möglichkeiten von Situationen einzulassen und für das Potential einer spezifischen Situation offen und disponibel zu sein. Wenn Psychoanalytiker, so Schiesser, nach China reisen, um dort über Psychoanalyse zu sprechen, sollten sie von einer chinesischen Geisteshaltung lernen: sich der eigenen Beschränkung gewahr sein, sich auf den Reichtum des anderen Denkens einlassen, sich disponibel auf die Möglichkeiten der Situation einstellen.

Den zweiten Teil dieses Buches, «Psychoanalyse lernen», eröffnet Peter Passett mit seinem Beitrag «Dichtung und Wahrheit, Klinik und Theorie». Passett geht von der Bestimmung der Psychoanalyse als anthropologische Theorie aus und kultiviert eine Praxis der Selbsterfahrung im Gespräch. Es geht primär um einen offenen Prozess des Infragestellens, der zu vertiefter Selbsterkenntnis führen kann. Auch therapeutische Erfolge können sich einstellen, doch verdanken sich diese nicht der Erkenntnis, sondern der Suggestion. Psychoanalyse hat die imaginative Tätigkeit und ihren Einfluss auf Handeln und Beziehung zum Gegenstand. Die Verbindung und wechselseitige Beeinflussung psychischer Welten ist auch in der psychoanalytischen Kommunikation als Prozess wechselseitiger Einflussnahme und Veränderung wirksam. Aufgabe des Analytikers ist es, dieses Geschehen so zu steuern, dass sich der Analysand in der Bilderfolge, die als Geschichte seines Lebens im Gespräch entsteht, erkennt und anerkennt. Wer Psychoanalyse lernt, durchläuft einen zweizeitigen Bildungsprozess: Er erwirbt psychoanalytische Kompetenz in gläubiger Empfänglichkeit für das, was er in der eigenen Analyse und in Supervisionen erfährt; und er erwirbt – darauf folgend – psychoanalytische Identität durch das Erkennen und Anerkennen von Gedanken und Ideen, denen er persönlich besondere Relevanz zuspricht und die er für das eigene Handeln und Reflektieren von nun an leitend werden lässt. Passett schreibt pointiert: «Man muss die Psychoanalyse selbst neu erfinden, wenn man erfolgreich mit ihr arbeiten will. Neu erfinden kann man sie aber nur, wenn man sie schon einmal gefunden hat».

Eva Schmid-Gloor befasst sich in ihrem Beitrag «Freie und unfreie Assoziationen» mit der psychoanalytischen Bildung innerhalb der institutionalisierten Psychoanalyse. Die Ausbildungsinstitution gilt Psychoanalytikern als Drittes, das die dyadisch angelegten Beziehungen in der persönlichen Analyse und in der Supervision triangulieren soll. Doch bleibt grundsätzlich umstritten, ob das gelingt; Christopher Bollas und André Green raten zur radikalen Desillusionierung. Die Autorin thematisiert das Variantenspektrum, das im amerikanischen und europäischen Raum bezüglich der drei Ausbildungssäulen Selbsterfahrung – Supervision – Lerninhalte auszumachen ist. Als entscheidende Blockade für die freie Selbstbildung künftiger Analytiker gilt der selbstgewisse Anspruch verschiedener Repräsentanten unterschiedlicher Schulen, jeweils die wahre Psychoanalyse zu vertreten und Abweichungen nicht zu dulden. Einst hatten sich Analytiker und solche, die es werden wollten, ermutigt gesehen, ihren eigenen Verstand zu gebrauchen und Fragen zu stellen, wann immer es ihnen geboten schien, denn die Programmatik der Exploration psychischer und psychosozialer Verhältnisse setzte die Aufhebung von Denkverboten voraus. Später kam es jedoch zur Tradierung dogmatischer Verengung und arroganter Selbstgenügsamkeit. Nach Eva Schmid-Gloors Beobachtung gibt es diesbezüglich jedoch eine gewisse Bewegung in den grossen internationalen Verbänden – zumindest lasse sich auf vermehrte Tagungs- und Austauschaktivität hinweisen. Was die Aussichten angeht, Analysanden für hochfrequente langfristige Behandlungen zu gewinnen, ist Skepsis geboten. Auch wenn die Wirksamkeit langfristiger Behandlungen im Couchsetting inzwischen empirisch gut belegt ist, scheuen mögliche Klienten Kosten, Aufwand und Risiko. Das hat unmittelbare Folgen für die Ausbildung: Die Weiterbildungskandidaten können nur unter grossen Schwierigkeiten, wenn nicht gar unter fragwürdigen Bedingungen, Expertise im Couchsetting und mit langen Analysen erwerben. Das konfrontiert die Ausbildungsinstitute mit der Erfordernis, die Aufmerksamkeit verstärkt auf Praxis- und Theoriewissen bezüglich der aktuell relevanten und zukunftsfähigen Settings, der Rahmen- und der Kontextbedingungen zu richten.

Der Verzicht auf Idealisierung, der genaue Blick auf die Realität, ist für Michael B. Buchholz Programm. Folgerichtig formuliert er einen Aufruf: «Mikroprozesse therapeutischer Interaktion studieren! Folgerungen aus Outcome- und Prozessforschung für die professionelle Praxis der Psychoanalyse». Wer Bildungsprozesse untersucht und Ausbildungsstrategien und -inhalte zum Thema macht, muss durchaus im Sinne Bittners (siehe im dritten Teil dieses Buches) die Bereitschaft mitbringen, bildende Lebenserfahrung ohne illusionäre Erhöhung zu erforschen. Als klinischer Forscher und interessierter Therapeut muss er aber auch empirischen Zugang dazu schaffen, wie die Realität des Behandelns, Unterrichtens und Supervidierens aussieht. Psychoanalyse ist Kommunikation – nicht nur, weil Analytiker und Analysand im Gespräch sind (auch im inneren Gespräch zwischen den Begegnungen), sondern auch, weil das Nachdenken über Behandlungen gesprächsweise erfolgt, weil der Unterricht, idealerweise jenseits von Denkverboten, die Offenheit des Austauschs im Gespräch braucht und weil die psychoanalytische Lektüre, idealerweise, einen inneren Dialog anstossen soll. Nicht nur Philosophen wie Sokrates und Wittgenstein, sondern auch Psychoanalytiker sorgten – etwa im Erkunden von Träumen – für Bildung durch fragendes und explorierendes Denken. Wie aber sieht der Alltag der psychoanalytischen Kommunikation aus? Hinschauen ist wichtig, denn die zukünftigen Chancen der Tradierung und Weiterentwicklung psychoanalytischer Expertise werden durch detailliertes und empirisch gesichertes Praxiswissen begünstigt. Dazu gibt es in der qualitativen Forschung seit langem geeignete methodische Zugänge und faszinierende Befunde. Buchholz führt detailliert und an einer Fülle von Beispielen aus, dass psychotherapeutisches Geschehen als gemeinsame kommunikative Konstruktion der Beteiligten zu verstehen ist, nicht als umschriebenes Interventionsangebot des professionellen Therapeuten. Therapeutische Kommunikation hat eine Besonderheit: Sie ereignet und verantwortet sich, in der Sprache Heideggers, im Zeichen der «Sorge» und der «sensiblen Aufmerksamkeit», beziehungsweise, in der Sprache Lacans, im Zeichen des «Begehrens».

Rainer Kokemohr schreibt als Nicht-Psychoanalytiker über «Unsagbares in der Psychoanalyse – bildungstheoretisch diskutiert». Psychoanalytische und bildungsbedeutsame Kommunikation, dem Neuen, Unerhörten, Verstörenden, noch nicht Bewussten zugewandt, bewegt sich an der Grenze der Sagbarkeit. Der Autor illustriert Grenzen des Sagbaren anhand einer Szene des Films «Shoah» (1985) von Claude Lanzmann. Der Film verzichtet auf einen Deutungsrahmen; er realisiert vielmehr eine Dramaturgie des eindringlichen szenischen Zeigens. Überlebende nationalsozialistischer Konzentrationslager vergegenwärtigen Erfahrungen aus der Lagerzeit. Kokemohr wählt für seine Analyse den Friseur Abraham Bomba aus, der weiblichen Gefangenen in Auschwitz kurz vor ihrer Ermordung in der Gaskammer die Haare hatte abschneiden müssen. Wie Bomba die Aufgabe narrativer Vergegenwärtigung und Mitteilung angeht, wie er dabei den Widerfahrnis- und Überwältigungscharakter der Situation, aber auch die eigene Beteiligung als Akteur zur Sprache bringt, analysiert Kokemohr im Blick auf das erschütterte Welt- und Selbstverhältnis, das der Erzähler in einander widerstreitenden Bewegungen der Distanzierung und der präsentischen Aneignung fragmentarisch evoziert. Die Rekonstruktion von Erfahrung im psychoanalytischen Prozess hat nicht immer mit Extremformen des Destruktiven zu tun, wie Bomba sie durchlitten hat. Doch geht es in der Psychoanalyse, wenn infantil Unbewusstes exploriert wird, in hohem Masse um Sagbares und Unsagbares, um Sprechen und Schweigen.

Der dritte Teil des Buches, «Psychoanalyse als Bildung», setzt mit Philipp Stoellgers «Bildung zwischen Pathos und Passion. Grenzgänge zwischen Psychoanalyse und Bildung» ein. Inwieweit sind Analyse und Therapie als Bildungsveranstaltungen zu verstehen? Bildung im idealen Verständnis ist ein passioniertes und zugleich zielorientiertes Geschehen. Die bildungswillige Person mag kämpfen und ringen, um zu erreichen, was sie sich vornimmt. Doch sind die Mühen des Sich-Bildens anders als die leidvollen Selbstverstrickungen, die psychotherapeutisches Geschehen kennzeichnen. Was also hat Psychoanalyse mit Bildung zu tun? Psychoanalyse und Bildung haben Berührungspunkte, die der Autor mit origineller Sorgfalt herausarbeitet. Von besonderem Interesse ist dabei die Idee der «kommunikativen Passivität»: Die psychoanalytische und die Bildungssituation brauchen unter anderem die Passivierung, den schweifenden Geist, Stille, Musse, Träumerei und Versunkenheit. Wesentliche Formen der Einsicht und der Selbstveränderung sind nur im Modus der kommunikativen Passivität zu erreichen.

Günther Bittner fragt, ähnlich wie Peter Passett: «Die psychoanalytische Behandlung – eher ,Bildung' als ,Heilung'?» Der Autor folgt in der Bestimmung dessen, was Bildung sei, zunächst Peter Bieri, der Bildung als «Arbeit» versteht, in der ein Einzelner eine Weiterentwicklung der eigenen Person anstrebt. Doch anders als Bieri ist Bittner der «Arbeit» gegenüber skeptisch: Bildung ist aus seiner Sicht als Programm und bewusst intendiertes Unternehmen nur unzureichend beschrieben. Den normativen Implikationen des «Strebens» setzt Bittner eine eher genealogische Bestimmung entgegen: «Bildung – das ist der Gang meines Lebens, meine persönliche Biografie unter dem Gesichtspunkt betrachtet, was ich aus meinem Leben gemacht habe bzw. was mein Leben aus mir gemacht hat.» Schliesslich sieht Bittner zwar das «Ich» als diejenige Instanz, von der das Sich-Bilden ausgeht, aber es handelt sich um ein Ich unter dem Einfluss der vielfältigen Beziehungs-, Umgebungs- und Situationsbedingungen, denen ein Einzelner lebenslang ausgesetzt ist. Bittner geht es vor allem darum zu zeigen, in welch bedeutendem Masse bildhafte und vorsprachliche Eindrücke aus der Zeit des präreflexiven Lebens die werdende Person prägen. Bildung erfasst bereits im Raum der primären Beziehungen von früh an Leib und Seele. Innerhalb der psychoanalytischen Beziehung soll reale «bildende Lebenserfahrung» möglich sein, und diese – so führt Bittner aus – hat gegenüber den kurativen Zielen der Behandlung Vorrang. Die psychoanalytische Begegnung kann Bildung schaffen als Konfrontation mit dem eigenen «Naturell», dem «gewachsenen Felsen in mir», wie Bittner das in Bezug auf die eigene Biografie formuliert. Bildung ist in diesem Sinn kein Besser-Werden, wie auch die psychoanalytische Begegnung keine Befreiung vom Dunklen und Abgründigen erreicht. Also schreibt Bittner: «Es drängte mich, die dunklen Seiten biografischer Bildungsprozesse nicht zu unterschlagen, die in idealisierender Betrachtung (in der Pädagogik wie auch in der Psychoanalyse) regelmässig zu kurz kommen». Und er kommt zum Schluss, dass manchmal «die Unzufriedenheit, das Nicht-Angekommen-Sein, der eigentliche Bildungseffekt» sei.

Helmwart Hierdeis verweist in seinem Beitrag «Das Subjekt, das ich bin. Überlegungen zu einem psychoanalytischen Bildungsverständnis» auf Günther Bittners biografische Orientierung und bestimmt eingangs: «Das Subjekt, das ich bin, ist das Zwischenergebnis eines Bildungsprozesses». Bildung in Hierdeis' Verständnis situiert sich im Spannungsfeld von Einbettung (in einen historischen, politisch-gesellschaftlichen, regionalen, milieuspezifischen, familiären Zusammenhang), Positionierung (Positioniert-Werden und aktiver Positionsbezug im Feld von Beziehungen) sowie Fremd- und Selbstwirksamkeit. Einbettung, Positionierung und Selbst-/Fremdwirksamkeit spielen in der individuellen Biografie als veränderungsreiche, lebenslange Prozessualität zusammen. Hierdeis erlebte als kleines Kind im städtischen Milieu der 1940er Jahre in Deutschland gemeinsam mit Mutter und Geschwistern den Bombenkrieg, litt Hunger wie alle anderen und wuchs ohne Vater auf. Dieses frühe Entwicklungsschicksal ist primäre Bildung. Es setzt Handlungs- und Lernbereitschaften, Beziehungserwartungen und Zielorientierungen in Gang. Wie sich Bildung im Lebensprozess vollzogen und wohin sie bis zum Hier und Jetzt geführt hat, entzieht sich, nicht zuletzt in den unbewussten Dimensionen, wissenschaftlicher Quantifizierbarkeit. Umso wichtiger und aufschlussreicher bleiben narrative Zugänge zu Bildungsprozessen, die auch in Zukunft ein grosses Forschungspotential haben. Hierdeis thematisiert ein Beispiel aus der eigenen Kindheitsgeschichte, das er, in Bezugnahme auf Bittner, zu den «Schlüsselerlebnissen» zählt:

«Kurz nach der Währungsreform – ich war etwa 12 Jahre alt – sassen wir nach dem Abendessen zu sechst um den Küchentisch herum, meine Mutter, eine jüngere Schwester meines Vaters, die im Haushalt half, und wir vier Brüder. Ich weiss nicht mehr, was es zu essen gegeben hatte, wahrscheinlich ein paar Kartoffeln, etwas Margarinebrot und Kräutertee. Mir erschien die zugeteilte Portion jedenfalls zu gering. Das Brot war schon wieder im Schrank verstaut. Mir knurrte der Magen. Ob ich noch eine Scheibe haben könne, fragte ich, ich hätte noch Hunger. Meine Mutter schüttelte den Kopf: Das fehlt uns dann morgen. Ich bat noch ein paar Mal, immer mit demselben Resultat. Da schrie ich voller Empörung auf, rannte zum Schrank, holte das Brot heraus, säbelte mir eine Scheibe ab und stopfte sie in mich hinein. Erstaunlicherweise hinderte mich niemand daran, aber in der Erinnerung fühle ich immer noch alle Augen vorwurfsvoll auf mich gerichtet. Ich weiss nicht, ob meine Mutter noch einmal mit mir darüber geredet hat, ich glaube aber nicht. Auch entschuldigt habe ich mich wahrscheinlich nicht. Sonst wäre wohl das Gefühl der Scham nicht so gegenwärtig. Präsent ist mir jedenfalls auch noch das Gefühl der Fassungslosigkeit, das meinem Wutausbruch voranging, darüber nämlich, dass mir in meinem Hunger etwas so Selbstverständliches wie ein Stück Brot verweigert wurde.»

Eindrucksvoll ist, wie der Junge nach anfänglichen Versuchen, soziale Zustimmung für sein Verlangen zu erreichen, impulsiv dazu übergeht, unter Risikobedingungen, d.h. unter Inkaufnahme sozialer Missbilligung und des Verlusts von Nahrungsreserven, eigenmächtiges Handeln im Dienst des Eigeninteresses in Gang zu setzen. Die sozial prekäre Bemächtigungsinitiative hat Erfolg, die Selbstbewertung der Aktion ist ambivalent. Das Ereignis bleibt als wichtiges biografisches Moment im Gedächtnis und hat, gerade weil es sich um prekäres, dilemmatisches Geschehen handelt, emotionale Relevanz. Eine narrative Studie wäre in der Lage, diese Dramaturgie der Bemächtigung im erzählten Bildungsgang weiter zu verfolgen, Sequenzen zu bilden, andere wichtige Dramaturgien zu entdecken, insgesamt eine verzweigte Kartografie emotionaler Ereignisräume zu entwerfen und sie beispielsweise mit erzählten Bildungsgängen zu vergleichen, die von Erzählern mit vergleichbaren Biografien stammen. Gerade Störungs-, Konflikt- und Irritationsmomente sind – Hierdeis, Buchholz, Schneider und Bittner sehen das sehr ähnlich – für eine psychoanalytisch informierte Bildungstheorie wertvoll. Momente der unbewussten Dynamik der persönlichen Biografie, das Dunkle und Unauflösbare (mit Bittner gesprochen) oder Aspekte kommunikativer

Passivität (mit Stoellger gesprochen) werden der Aufmerksamkeit und der Erschliessung zugänglich.

Brigitte Boothe schliesst den dritten Teil mit einer essayistischen Notiz unter dem Titel «Zeit geben, Zeit haben und psychoanalytische Zeit» ab. Sie setzt mit bedrohlichen Fristen ein. In Friedrich Schillers Ballade «Die Bürgschaft» kommt es angesichts der unerschütterlichen und couragierten Loyalität zweier Freunde zum Bildungserlebnis eines Tyrannen. Bildung braucht Zeit, das wurde bei allen Autoren des dritten Buchteils deutlich, denn Bildungsprozesse bedürfen der Empfänglichkeit und vollziehen sich streckenweise in Passivierung. Der biografische Prozess ist ein endliches Geschehen, kommt zum Ende, zum Abbruch. Bildung will Unendlichkeit, doch ist sie gefangen in Zeitlichkeit. Die persönliche Bildungsbiografie ist folglich auch ein Trauerprozess. Das betont vor allem Günther Bittner nachdrücklich. Gibt es schlecht genutzte Zeit, verfehltes Leben? Wer wäre legitimiert, darüber zu urteilen? Nicht einmal der Vater aus der Parabel vom «Verlorenen Sohn» ist zum Tadel geneigt.

Der vierte Teil des Buches, «Die Bildung der Person als Fiktion – Selbstprofilierung per Fremdanleihe», besteht aus einem einzigen, ausführlichen Beitrag, der am Beispiel des Autors Paul Zech die Erscheinung der Selbstfiktionalisierung auf narrativer und psychoanalytischer Ebene untersucht. In Brigitte Boothes Beitrag geht es um «Daseinsmisere und Herkunftstraum. Paul Zech und der schwarze Baal». Der Autor Paul Zech ist bekanntlich nicht der einzige Literat, dessen autobiografische Mitteilungen durchsetzt sind von variablen Fiktionalisierungen, was seine Herkunft, seinen Bildungsstatus, seine sozialen und intimen Beziehungen, Lebensereignisse und Unternehmungen angeht. Hinzu kommen bei ihm die Usurpation fremden Eigentums und mehrfache Plagiate. Was Fälschung, Diebstahl und Plagiat angeht, ist anzunehmen, dass Paul Zech zwar wusste, was er tat, sich mit der Bedeutung und den Folgen seines Handelns aber nicht konfrontierte; nachträglich ist nicht zu ermitteln, was gezielte Lüge und was Selbsttäuschung war. Die biografische Fiktionalisierung war nach aussen hin ein Eindrucksmanagement, nach innen ging es vermutlich um eine Befindlichkeitsregulierung, da ihm der nüchterne Faktenbezug unerträglich war. Fiktionale Selbstpräsentation ist ein mentales Regulativ mit kommunikativer Anerkennungsprämie. Ernst Kris charakterisiert in «Die künstlerische Illusion» das kreative Schaffen als mit Form und Farbe, Bild und Sprache inszeniertes Spiel, das kindliche Potentiale des Wahrnehmens, Denkens und Vorstellens evoziert, um sie formschaffend zu verwandeln. Der Ausdruck «künstlerische *Illusion*» verweist sowohl auf den Wunschcharakter künstlerischen Produzierens als auch auf dessen Suggestionsmacht, die darin besteht, der literarischen Darstellung mit einer Haltung affirmativer Gläubigkeit zu begegnen. In wichtigen Phasen des schöpferischen Prozesses müssen der kritische Blick und der nüchterne Sachbezug zugunsten zensurfreier Einbildungslust zurücktreten.

Für Paul Zech aber mag sich die Freiheit des Poetisierens auch auf das Denken und Sprechen über die eigene Biografie übertragen haben. Damit befindet er sich in Gesellschaft all jener, die illusionäre Selbsthistorisierung betreiben.

Paul Zech teilt die biografische Fiktionalisierungsneigung mit vielen Menschen, geht aber weit über das übliche Mass hinaus. Man kann unter anderem vermuten, dass er sich einer Dezentrierung oder Relativierung des persönlichen Präferenz- und Relevanzsystems verweigerte, dass die frühe Trennung von der leiblichen Mutter einen prägenden Einfluss auf ihn ausübte, für seine psychische Entwicklung übermässig bedrohlich war und nicht anerkannt werden konnte und dass er sich im Dienst der eigenen Bildungsideale als treuer Sohn Westfalens verstand, der um das Geheimnis dieses Landes wusste, sich dessen Natur, Bergbau, Bergarbeitern nahe fühlte und auch eine soziale und Bildungskarriere machte. Für Zechs Selbstgefühl war dieses Geschichtenmuster vom treuen und tüchtigen Landessohn stabilisierend, es vermittelte Zugehörigkeit, Charakter und Zukünftigkeit. Das verweist auf die wichtige psychoanalytische Idee vom Familienroman: Der eigene Ursprung gibt Anlass zu Konstruktionen. Wer sich durch das Fantasieren eines persönlichen Familienromans Distanz zur eigenen Biografie verschafft, partizipiert an auserwählter Grösse: Wer Sohn oder Tochter grossartiger Eltern ist, hat den Vorteil, an deren Glanz teilzuhaben, gute Zukunftsaussichten zu haben und von aktuellen Bindungen in all ihren Defizienzen und Beschränkungen unabhängig zu sein. Der Glanz des Objekts fällt auf das Ich. Die Schicksale von Moses (ausgesetzt im Weidenkörbchen), von Ödipus (ausgesetzt mit gebundenen Füssen auf dem Berge Kithara) und von Jesus (göttlicher Abkunft, aber im Leib einer Menschenfrau und in menschlicher Fürsorge herangereift) sind jeweils mächtig bestimmt vom Motiv der besonderen Herkunft. Paul Zech, der Westfale – das bedeutet nicht Grafentum und Prominenz, sondern in der fiktiven Bildungsbiografie eine regionale Mentalität in deutscher Provinz, die sich durch Schwerblütigkeit, Mystizismus und schweigenden Sinn für die elementaren Dinge des Lebens und des Todes auszeichnet. Zech teilt diese regionale Mentalität in seiner Herkunftsfantasie mit der Mutter und formuliert so die schicksalhafte Tradierung einer Geistes- und Gemütsverfassung. Die kindliche Vision von Intimität mit der Mutter bei Ausschluss des Vaters ist eine Dramaturgie der Liebe und der Angst, die ihre besondere Gestalt durch das kreative Fühlen und Wollen des Kindes gewinnt und im Wechselspiel mit den elterlichen Beziehungsangeboten und den Geschichten, die sein emotionales Gedächtnis bilden, einen individuellen Zuschnitt erhält. Die Vorstellung, ein echter Sohn Westfalens zu sein, wurde der Unsicherheit entgegengesetzt, die dem Umstand entspringen mochte, das erste überlebende von 22 Kindern seiner Mutter zu sein – ein überlebendes Kind zwar, aber kontinuierlich bedroht und in einem Milieu befindlich, in dem Tod und Sterben dominante Ereignisse waren. Die Fantasie schuf eine beständige, geschützte, naturnahe Heimatbasis, sie verwandelte die Zufallsexistenz in einen tief geprägten Charakter. Oder genauer noch: Paul Zech, der Westfale, konnte zum privilegierten Poeten des westfälischen Natur- und Lebensgefühls wie zum auserwählten Gestalter der extremen Lebensverhältnisse im Bergbau werden. Dass er glaubte, was er erfand, wurde vermutlich erleichtert durch den Umstand, dass er früh fern von der Ursprungsfamilie lebte, also ungehindert durch Realitätskonfrontation an einem Ursprungsmythos weben konnte. Und wenn dies sich in späteren Zeiten biografischer Selbstvergewisserung verklärte, so teilt er diese Neigung mit vielen Autobiografen.

Die Themen, Argumentationen und Implikationen der Beiträge dieses Buches sind denkbar unterschiedlich. Damit gibt das Buch in seiner Gesamtheit selber ein ausgezeichnetes Exempel dafür, was in der Psychoanalyse als Bildungsideal gelten kann: der Versuch, das unhintergehbar Heterogene zusammenzubringen, ohne es dem Zwang der Homogenisierung zu unterwerfen.

Peter Schneider und Brigitte Boothe

Freud-Zitate stammen, wo nicht anders vermerkt, aus der ersten 18-bändigen Ausgabe der Gesammelten Werke (im Folgenden: GW), die zwischen 1940 und 1952 im Fischer-Verlag, Frankfurt/Main erschienen ist.

Die Bildung der Psychoanalyse

Die Psychoanalyse und ihre Bildungen

Peter Schneider

Lacan zufolge konstituiert sich die Übertragung des Analysanden – in lacanscher Sprachregelung: des Analysanten – dadurch, dass dieser sich an den Analytiker als an ein «sujet supposé savoir» wendet: an ein Subjekt, dem unterstellt wird, dass es weiss. Was weiss? Jenes Wissen, von dem der Analysand weiss, dass er selber es nicht wissen kann, weil es (s)ein unbewusstes Wissen ist. Übertragung in diesem Sinne ist also eine imaginäre Wissensübertragung: die Entstellung eines Wissens von einem Ort, an dem es ist, aber nicht gewusst wird, an einen anderen Ort, an dem es weder ist noch gewusst werden kann. [1] Wäre die Analyse ein Hitchcock-Film, so spielte der Analytiker darin die Rolle des MacGuffin. [2]

Das lehrbuchmässige Ende der Analyse ist erreicht, wenn der Analytiker die Position des Subjekts, dem Wissen unterstellt wird, verliert. Die Lehre der Psychoanalyse – sofern man die analytische Kur als ein Lehrverhältnis verstehen will (was ja mindestens im Hinblick auf die Institution der Lehranalyse, die jeder künftige Analytiker zu durchliegen hat, nicht allzu fernliegend erscheint) – wäre also vor allem durch die heilsame Erfahrung des imaginären Konzepts der Wissensverteilung einerseits und von dessen Auflösung andererseits gekennzeichnet, eines Konzepts, das davon ausgeht, dass der Lehrer schon weiss, was der Lernende noch nicht weiss. Ihr Ziel wäre nicht ein bestimmtes Wissen, sondern die Einsicht in die Struktur des Wissens, seine Einbettung in eine Matrix von Verkennungen. Man könnte von einem sokratischen Modell der Lehre sprechen oder sich an die Unterweisungspraxis der Zen-Meister erinnert fühlen, welche durch unlösbare, paradoxe oder unverständliche Rätsel (Koans) ihre Schüler in ein neues Verhältnis zum Wissen überhaupt bringen wollen. [3] Und man könnte vielleicht sogar sagen, dass diese Auffassung durchaus auch der Einübung in jedwede wissenschaftliche Forschungspraxis entspricht, welche ja darauf ausgerichtet ist, neues Wissen hervorzubringen, und nicht darauf, altes Wissen durch Tradition zu sichern (vgl. Sciacchitano 2009).

---

1   Man pflegt diese Struktur der Übertragung gerne mit folgendem jüdischen Witz zu veranschaulichen: Ein Jude und ein Offizier sitzen im Zug. Der Jude isst einen Hering. «Sag, Jud, warum seid ihr so schlau?» «Das ist ganz einfach, Herr Offizier, wenn wir einen Hering essen, verzehren wir auch die Gräten mit.» Der Offizier kauft dem Juden für einen Taler die Gräten ab und würgt sie hinunter. Nach einer Weile sagt er: «Jud, du hast mich beschissen. Für einen Taler hätte ich mir drei ganze Heringe kaufen können!» «Seht ihr, Herr Offizier, es wirkt schon!»

2   So nennt Hitchcock jenes Element eines Thrillers, das zu nichts anderem dient, als die «suspense» zu erzeugen bzw. die Handlung voranzutreiben, inhaltlich aber unbestimmt bleibt: der Koffer, die Geheimformel, der Mikrofilm...

3   Möglicherweise erfüllen die Matheme Lacans die Funktion solcher Koans.

Welche Rolle spielt dann aber überhaupt noch irgendein Wissen des Analytikers/ Lehrers? Wäre der Lerneffekt des Schülers nicht umso grossartiger, je mehr der Analytiker sich realiter dem Ideal der tauben Nuss annäherte? (Sind darum nicht komplette Idioten auch die erfolgreichsten Sektenführer?) Nein, der Analytiker dürfe eine solche Position keineswegs anstreben, sagt Dylan Evans in seiner einführenden Darstellung des Konzepts vom Analytiker als «sujet supposé savoir»: Denn «die Tatsache, dass dieses unterstellte Wissen und nicht das tatsächliche Wissen den analytischen Prozess stützt, bedeutet nicht, dass sich der Analytiker damit begnügen soll, nichts zu wissen. Im Gegenteil: Der Analytiker soll sich darum bemühen, wie Freud über kulturelle, literarische und sprachliche Kenntnisse zu verfügen.» (Evans 2002, S. 295) Wenn also schon unausweichlich ein MacGuffin, dann unbedingt ein vielseitig gebildeter.

Dieser Schlenker vom Konzept des «unterstellten Wissens» zur Forderung nach umfassender Bildung, der Übergang von einer Auffassung der Analyse als eines eigentlich doppelsuggestiven Prozesses, in dem sich Analytiker und Analysand so lange wechselseitig ein Wissen unterstellen[4], das keiner von ihnen hat (und gar nicht haben kann), bis die Suggestionsspirale in sich zusammenbricht respektive bis die Unterstellungsblase schliesslich platzt und der Erleuchtung weicht – dieser Übergang zur Forderung nach einer bildungsbürgerlichen Pflicht des Analytikers, Freud in dessen Kenntnissen nachzueifern, erklärt sich allerdings keineswegs aus dem Konzept der Übertragung als einer Unterstellung von Wissen. Die Funktion dieser «kulturellen, literarischen und sprachlichen Kenntnisse», über die der Analytiker verfügen solle, bleibt im Dunkeln. Man könnte diese Wendung für eine nicht weiter erwähnenswerte Marotte des Autors halten, wenn wir nicht schon bei Freud einer ganz ähnlichen Bildungsforderung begegnet wären.

---

4   «Lacan merkt auch an, dass der Analysant in den Augen des Analytikers ein Subjekt ist, dem Wissen unterstellt wird. Wenn der Analytiker dem Analysanten die Grundregel der freien Assoziation erklärt, sagt er eigentlich: ‹Komm, sag irgendetwas, alles ist grossartig› (Se 17, 59).» (Evans 2002, S. 295)

In seinem «Nachwort zur ‹Frage der Laienanalyse›»stellt Freud 1927 Überlegungen an, wie das Curriculum einer künftigen psychoanalytischen Hochschule aussehen müsste. «Der Unterrichtsplan für den Analytiker», schreibt er, «ist erst zu schaffen, er muss geisteswissenschaftlichen Stoff, psychologischen, kulturhistorischen, soziologischen ebenso umfassen wie anatomischen, biologischen und entwicklungsgeschichtlichen.» (Freud GW XIV, S. 288 f.) Auf welche Weise dieses kunterbunte «studium generale» sich in den Plan einfügen soll, die Psychoanalyse als «Fundament» der Psychologie zu erweisen und zu etablieren [5], sagt er indes nicht. [6] Wie zwischen der vielfältigen Bildung des Psychoanalytikers und seiner Position als nicht wissendem «sujet supposé savoir» klafft auch hier eine Lücke. Ist es in der psychoanalytischen Kur diejenige zwischen einer für unumgänglich gehaltenen Allgemeinbildung einerseits und der singulären Erfahrung der imaginären Funktion des Wissens andererseits, so ist es hier die Lücke zwischen einem allgemeinen Wissen und einem spezifisch psychoanalytischen Wissen, dessen Eigenart erst noch zu erweisen wäre.

Meine These lautet nun, dass die Eigenart des psychoanalytischen Wissens – der die psychoanalytische Lehre Rechnung zu tragen hat – gerade in dieser Lücke [7] begründet ist. Um die Frage zu beantworten, warum dies so ist, muss ich etwas ausholen.

Für Aristoteles muss Wissen (Theorie) sowohl universal als auch notwendig sein; das Singuläre und Kontingente kann zwar Gegenstand praktischer Klugheit, nicht aber Gegenstand des Wissens sein. Die Geschichte der Epistemologie, so schreibt John Forrester (1996, S. 4), liesse sich gleichsam als eine Geschichte der Kritik dieser aristotelischen Position lesen. Man könnte auch sagen: Als Geschichte der Versuche, die Lücke zwischen allgemeinem, notwendigem Wissens einerseits und lokaler Praxis und singulärer Beobachtung andererseits zu schliessen. Sowohl das Experiment, das seit dem 17. Jahrhundert zur wichtigsten wissenschaftlichen Methode avancierte, als auch die Statistik, deren Aufschwung mit dem 19. Jahrhundert

---

5 «Die Psychoanalyse ist ein Stück Psychologie, auch nicht medizinische Psychologie im alten Sinne oder Psychologie der krankhaften Vorgänge, sondern Psychologie schlechtweg, gewiss nicht das Ganze der Psychologie, sondern ihr Unterbau, vielleicht überhaupt ihr Fundament.» (Freud GW XIV, S. 289)

6 Ein ganz ähnliches Ausbildungsprogramm schwebt Anfang des 20. Jahrhunderts dem Chemiker Ludwig Staudenmaier für eine künftige akademische Ausbildung zum Experimentalmagiker vor: «Man betrachte die Magie nicht als Dilettantismus, sondern als ernsten Beruf, in welchem man, wie in jedem andern, manche Schwierigkeit und Unannehmlichkeit ertragen muss. Man betrachte sie namentlich auch als einen wissenschaftlichen Beruf, der eine entsprechende Vorbildung verlangt. Der Magier muss im Gegensatz zu den meist ungebildeten spiritistischen Medien ein gewisses Mass von allgemeiner, namentlich naturwissenschaftlicher Bildung besitzen, besonders Kenntnisse in Physik und Chemie, in Anatomie, Physiologie und Pathologie des Menschen, in der Psychologie, in der Geschichte der Magie der Vorzeit. Selbstverständlich träume ich dabei von Professuren der Magie an den Universitäten.» (Staudenmaier 1922, S. 226)

7 Vgl. auch Schneider 2001. Dort interpretiere ich die Frage der «Laienanalyse» – statt als Frage der richtigen Vorbildung eines Psychoanalytikers – als eine epistemologische Frage nach der Eigenart des psychoanalytischen Wissens selber, welches sich – analog zur infantilen Sexualität – stets in einem Anlehnungsverhältnis konstituiert.

einsetzt, lassen sich als Weisen verstehen, den Gegensatz zwischen theoretischem Wissen und praktischer Vernunft aufzuheben. Das Wissen über die Gegenstände, die solcherart in das Licht einer homogenisierten Rationalität getaucht werden, erscheint dadurch selbst homogen.

Während im 19. Jahrhundert der Glaube an den Determinismus mehr und mehr erodierte (siehe Hacking 1990) und die Psychologie sich gegenüber der Philosophie als quantifizierende Disziplin etablierte und akademische Reputation erwirtschaftete (indem sie sich eben dem Experiment und der Statistik zuwandte [8]), versucht Freud zu Beginn des 20. Jahrhunderts – zunächst mit der «Traumdeutung» (1900), dann mit der «Psychopathologie des Alltagslebens» (1901) – die Psychoanalyse als eine Wissenschaft zu etablieren, welche die durchgehende Determiniertheit alles Psychischen aufzeigen kann – vorausgesetzt, man akzeptiert das psychoanalytische Modell eines dynamisch wirkenden Unbewussten. Die Determiniertheit, von der Freud spricht, ist freilich nicht diejenige einer unter einem allgemeinen Gesetz stehenden Kausalbeziehung, sondern der Zusammenhang einer singulären, assoziativ verknüpften Signifikantenkette. Allein die Bildungsgesetze dieser Kette – die Mechanismen von Verdichtung und Verschiebung – können eine gewisse Allgemeinheit beanspruchen. Doch die Verwendung dieser Mechanismen und ihr Grad [9] selbst bleiben unbestimmt.

---

8   «Im Vorwort zu seinen ‹Beiträgen zur Theorie der Sinneswahrnehmung› hatte Wilhelm Wundt (1862, S. XXV) in programmatischer Weise geschrieben, dass die Methode der Statistik für die Psychologie den «unendlichen Vortheil» habe. «dass sie an die Stelle vager Vermuthungen eine unerschütterliche Gewissheit setzt, dass sie nicht unbestimmte Folgerungen sondern Schlüsse mit mathematischer Sicherheit zu ziehen erlaubt.» Als Beispiele für solche Gegenstände, welche erst die Statistik in ihrer ganzen Tiefe ausleuchten könne, nennt Wundt den Selbstmord und die Liebe. Man könne «ohne Uebertreibung sagen, dass aus den statistischen Ermittlungen sich mehr Psychologie lernen lässt als aus allen Philosophen» (ausgenommen Aristoteles). Doch seien die «statistischen Thatsachen zunächst nur von Wichtigkeit für die praktische Psychologie, nicht für die Theorie der Seelenerscheinungen. Aber die praktische Psychologie bildet das Fundament, von dem wir ausgehen müssen. Wenn wir aus der Statistik nur erfahren, durch welche Momente die wichtigsten Lebensschicksale [sic!] des Menschen bestimmt werden, so ist dies schon von grosser Wichtigkeit, weil hier zum ersten Mal unsere Erfahrungen eine wissenschaftliche Sicherheit haben. Erst die Statistik hat aus den Thatsachen der alltäglichen Beobachtungen ein für die Psychologie nutzbares und wichtiges Material geschaffen, dessen Bedeutung wir bis jetzt noch kaum zu schätzen vermögen, weil eben die bisherigen Beobachtungen der praktischen Psychologie, die sich immer an das einzelne Individuum halten, so vag und unbestimmt blieben, dass sich damit nicht viel anfangen liess. Das wenige aber, was aus denselben geschlossen werden konnte, ist schon seit so langer Zeit in das allgemeine Bewusstsein eingegangen, dass man seinen Einfluss auf die Bildung unserer Grundanschauungen gar nicht mehr beurtheilen kann.» (ebd., S. XX f.)
    Als Form der Erklärung psychischer Phänomene spielen statistische Argumente für Freud hingegen keinerlei Rolle; was den Erweis der Wirksamkeit der psychoanalytischen Therapie angeht, verwirft er die Form statistischer Beweisführung explizit: «Freunde der Analyse haben uns dann geraten, einer Sammlung von Misserfolgen durch eine von uns entworfene Statistik der Erfolge zu begegnen. Ich bin auch darauf nicht eingegangen. Ich machte geltend, dass eine Statistik wertlos sei, wenn die aneinander gereihten Einheiten derselben zu wenig gleichartig seien, und die Fälle von neurotischer Erkrankung, die man in Behandlung genommen hatte, waren wirklich nach den verschiedensten Richtungen nicht gleichwertig.» (GW XI, S. 480) Und: «Die Psychoanalyse ist wirklich eine Therapie wie andere auch. Sie hat ihre Triumphe wie ihre Niederlagen, ihre Schwierigkeiten, Einschränkungen, Indikationen. Zu einer gewissen Zeit lautete eine Anklage gegen die Analyse, sie sei als Therapie nicht ernst zu nehmen, denn sie getraue sich nicht, eine Statistik ihrer Erfolge bekanntzugeben. Seither hat das von Dr. Max Eitingon gegründete psychoanalytische Institut in Berlin einen Rechenschaftsbericht über sein erstes Jahrzehnt veröffentlicht. Die Heilerfolge geben weder einen Grund, damit zu prahlen, noch sich ihrer zu schämen. Aber solche Statistiken sind überhaupt nicht lehrreich, das verarbeitete Material ist so heterogen, dass nur sehr grosse Zahlen etwas besagen würden. Man tut besser, seine Einzelerfahrungen zu befragen. Da möchte ich sagen, ich glaube nicht, dass unsere Heilerfolge es mit denen von Lourdes aufnehmen können. Es gibt soviel mehr Menschen, die an die Wunder der heiligen Jungfrau, als die an die Existenz des Unbewussten glauben.» (GW XV, S. 163 f.)

9   «Die Verdichtungsquote ist also – streng genommen – unbestimmbar.» (Freud GW II/III, S. 285)

John Forrester hat die seiner Ansicht nach in der Psychoanalyse dominierende Form des Denkens «reasoning in cases» – Denken in Fällen – genannt (Forrester 1996, S. 2). Damit ist nicht allein die (auch didaktische) Bedeutung von Fallgeschichten («Novellen» in Freuds Worten) gemeint, sondern das besondere Verhältnis, in dem die «Fälle» in Beziehung zu «Gesetzen» stehen. Der Fall (case) verhält sich zum Gesetz (law) nicht wie der Einzelfall zur statistischen Gesetzmässigkeit – weder als Normalfall noch als Abweichung in Relation zu einem Durchschnittswert. Er ist in sich bereits Abweichung. Das Verhältnis des Falls zum Gesetz in diesem Sinne ist ausgerichtet am «ideal of justice as that universal form whereby the particularity and singularity of this particular case are fully recognized» (ebd., S. 18). Dazu muss der Fall ebenso wie das Gesetz interpretiert werden – und eben diese Interpretation prägt das Verhältnis der Psychoanalyse zu jedwedem «Stoff», dessen sie sich annimmt. Nur indem man sowohl die Lücke zwischen Fall und Gesetz als auch die Lücken im Fall (hinsichtlich des Gesetzes) und im Gesetz (hinsichtlich des Falls) (an)erkennt, wird man dem Gegenstand gerecht. Dies ist in etwa auch die Weise, in der Giambattista Vico das Verhältnis von Gesetz und Einzelfall denkt: Erst von der Ausnahme her kann sich das Gesetz vollenden (vgl. Strassberg 2007).

Wenn Freud neben dem Regieren das Erziehen und das Psychoanalysieren als «unmögliche Berufe» (Freud GW XVI, S. 64) bezeichnet, so vielleicht deshalb, weil gerade diese Berufe in offenkundiger Weise durch Zwiespalte gekennzeichnet sind: die Zwiespalte von Determinismus und Freiheit[10], von Intentionen und deren unbewusster Subversion, von Staunen und Erklären, von Allgemeinem und Besonderem, von Wissen und Nichtwissen und von einer aus diesen Zwiespalten resultierenden Asymmetrie von Theorie und Praxis.

Das Auseinanderfallen von psychoanalytischer Theorie und psychoanalytischer Praxis ist nicht etwa der Tatsache geschuldet, dass in der Praxis keine Suppe so heiss gegessen wird, wie sie die Köche der Theorie zubereiten, sondern dem einzig durch Interpretation (und nicht durch Deduktion) gestifteten Verhältnis von Allgemeinem und Besonderem – einer Interpretation, die sich, wie gesagt, nicht bloss auf den Fall bezieht (um ihn dem allgemeinen Gesetz gefügig zu machen), sondern auch auf das allgemeine Gesetz[11], das zur Beurteilung des Falles herangezogen wird.

Die Stoffe, die Freud 1927 als Elemente des psychoanalytischen Curriculums aufzählt, sind Wissensstoff in einem besonderen Sinne: Sie dienen nicht dazu, der Psychoanalyse Wissensgrundlagen zu liefern oder gar die Lücken des psychoanalyti-

---

10 «In jeder Therapie steckt doch etwas, was sich dem Determinismus widersetzen will.» (Freud an Eitingon, 6.4.1922, in Freud und Eitingon 2004)

11 Ich habe an anderer Stelle gezeigt, dass der «nachträgliche Gehorsam» gegenüber dem erschlagenen Urvater, welcher DAS Gesetz des Tötungs- und Inzestverbots hervorbringt, selbst nur das Produkt einer Interpretation sein kann (vgl. Schneider 1999) – einer Interpretation der Gewaltausübung des Vaters, die nun gerade nicht aufs Neue verallgemeinert wird. Vielmehr stellt das neue Gesetz eine bedeutsame Abweichung von der väterlichen Praxis dar.

schen Wissens zu stopfen (also zur «sekundären Bearbeitung» des psychoanalytischen Wissens[12]), sondern als Fallmaterial, das als interpretiertes zu psychoanalytischem Wissen wird. Die Bildung, die sich der Psychoanalytiker solcherart aneignet, nimmt in der psychoanalytischen Interpretation die Form psychoanalytischer Bildungen an: Psychoanalytische Bildungen – die «cases» ebenso wie die «laws» – sind keine «natural kinds», sondern «human kinds» (vgl. Hacking 1995). Sie tragen Eigennamen wie Ödipus und Narziss, Hamlet, Wolfsmann, Moses, Gradiva, Hanold, Schreber, Dora, Leonardo, Katharina oder Rattenmann, wir alle sind – von Gesetzes wegen – irgendwie mit ihnen verwandt, und diese «Familienähnlichkeit» (Wittgenstein) sieht man uns auch mal mehr, mal weniger an. Aber wir verhalten uns nicht zu ihnen wie «tokens» zu «types». Die Psychoanalyse betreibt nicht Genetik im Sinne einer Naturgeschichte der menschlichen (neurotischen) Arten, sondern Genealogie im Sinne Foucaults: «Die Genealogie [...] hat die Einmaligkeit der Ereignisse unter Verzicht auf eine monotone Finalität ausfindig zu machen; sie muss den Ereignissen dort auflauern, wo man sie am wenigsten erwartet und wo sie keine Geschichte zu haben scheinen – in den Gefühlen, der Liebe, dem Gewissen, den Instinkten; sie muss ihre Wiederkunft erfassen, nicht um die langsame Kurve der Entwicklung nachzuzeichnen, sondern um die verschiedenen Szenen wiederzufinden, auf welchen die Ereignisse verschiedene Rollen gespielt haben. [...] Die Genealogie verlangt also die peinliche Genauigkeit des Wissens, eine Vielzahl angehäufter Materialien, Geduld. [...] Sie ist also eine mit erbitterter Konsequenz betriebene Gelehrsamkeit.» (Foucault 1987, S. 69)

Vielleicht ist es diese Gelehrsamkeit, auf welche Freud mit seinem Ausbildungskanon für Psychoanalytiker zielt: nicht ein Wissen des Allgemeinen, das die Psychoanalyse dann erklärend auf das Spezielle anzuwenden hätte, sondern eine Fülle von Material, welches innerhalb der Psychoanalyse in «verschiedenen Rollen» auftreten kann.

Wenn die Psychoanalyse – jedenfalls wie ich sie verstehe – keine genetische, sondern eine genealogische Wissenschaft ist, bedeutet das auch, dass ihre Klinik nicht auf paramedizinischen Konzepten einer Ätiologie der Neurosen beruht, welche Ursachen mit Wirkungen nach allgemeinen Gesetzen verknüpft: z.B. die Schizophrenie mit der «schizophrenogenen Mutter» – so wie man in der biologischen Psychiatrie auch schon die Homosexualität mit dem «homosexuellen Gen» verknüpfen wollte.

«In der Psychoanalyse bestand von Anfang an ein Junktim zwischen Heilen und Forschen, die Erkenntnis brachte den Erfolg, man konnte nicht behandeln, ohne etwas Neues zu erfahren, man gewann keine Aufklärung, ohne ihre wohltätige Wirkung zu erleben», heisst die berühmte Passage aus dem «Nachwort zur ‹Frage der Laienanaly-

---

12 Vgl. Freuds Bemerkungen über die «sekundäre Bearbeitung» im Traum: «Was dieses Stück der Traumarbeit auszeichnet und verrät, ist seine Tendenz. Diese Funktion verfährt ähnlich, wie es der Dichter boshaft vom Philosophen behauptet: mit ihren Fetzen und Flicken stopft sie die Lücken im Aufbau des Traums. Die Folge ihrer Bemühung ist, dass der Traum den Anschein der Absurdität und Zusammenhangslosigkeit verliert und sich dem Vorbilde eines verständlichen Erlebnisses annähert.» (GW II/III, S. 494 f.)

se»» (Freud GW XIV, S. 293 f.). Und an anderer Stelle – in den «Zukünftigen Chancen der psychoanalytischen Therapie» – schreibt Freud über den Zusammenhang von Wissen und therapeutischer Potenz der Psychoanalyse: «Nun ist es klar, dass jeder Fortschritt unseres Wissens einen Machtzuwachs für unsere Therapie bedeutet. Solange wir nichts verstanden haben, haben wir auch nichts ausgerichtet; je mehr wir verstehen lernen, desto mehr werden wir leisten.» (GW VIII, S. 105) Aber wo es nur noch therapeutischen Erfolg gäbe, dort, wo allgemeines Wissen die Singularität des Falles vollständig erklären könnte, gäbe es nichts Neues mehr zu erfahren: «Die Misserfolge, die wir als Therapeuten erfahren, stellen uns immer wieder neue Aufgaben [...].» (GW XV, S. 163) Denn (so lesen wir in der Fallgeschichte des «Wolfmannes»): «Die in kurzer Zeit zu einem günstigen Ausgang führenden Analysen werden für das Selbstgefühl des Therapeuten wertvoll sein und die ärztliche Bedeutung der Psychoanalyse dartun; für die Förderung der wissenschaftlichen Erkenntnis bleiben sie meist belanglos. Man lernt nichts Neues aus ihnen. Sie sind ja nur darum so rasch geglückt, weil man bereits alles wusste, was zu ihrer Erledigung notwendig war. Neues kann man nur aus Analysen erfahren, die besondere Schwierigkeiten bieten, zu deren Überwindung man dann viel Zeit verbraucht. Nur in diesen Fällen erreicht man es, in die tiefsten und primitivsten Schichten der seelischen Entwicklung herabzusteigen und von dort die Lösungen für die Probleme der späteren Gestaltungen zu holen. Man sagt sich dann, dass, streng genommen, erst die Analyse, welche so weit vorgedrungen ist, diesen Namen verdient. Natürlich belehrt ein einzelner Fall nicht über alles, was man wissen möchte. Richtiger gesagt, er könnte alles lehren, wenn man nur im Stande wäre, alles aufzufassen und nicht durch die Ungeübtheit der eigenen Wahrnehmung genötigt wäre, sich mit wenigem zu begnügen.» (Freud GW XII, S. 32) Diese letzte Bemerkung zeigt einmal mehr, was Freud von der Statistik als psychoanalytischer Forschungsmethode hält. Er erachtet sie schlicht als irrelevant. Es ist die Vertiefung in den der bisherigen Theorie gegenüber widerspenstigen Fall, die Neues lehrt, und nicht etwa eine Statistik über alle behandelten Fälle. (In dem Masse freilich, in dem – jedenfalls als Ideal – jedem einzelnen Fall für sich diese Funktion auferlegt wird, schwindet der Charakter der Psychoanalyse als eines Denkens «in Fällen». Es gibt nur noch einen Ideal-Fall, der alles lehrt.)

Das Therapeutische in der Psychoanalyse erscheint jedenfalls als ein Prinzip, welches das Erkennen gerade als widerständiges Element (der Widerstand ist nicht nur als therapeutisch-technischer Begriff eine zentrale Kategorie der freudschen Therapie) weitertreibt, indem es die Neugier auf immer neue Umwege zwingt und die Rundheit und Abgeschlossenheit der Theorie verhindert. Im Grunde nämlich sind es eher die Momente des Scheiterns der Therapie als deren Gelingen, welche die Entwicklung der psychoanalytischen Erkenntnis bestimmen. Damit aber lässt sich mit der Therapie in der Psychoanalyse offenkundig kaum ein Programm einer Psychoanalyse *als* Therapie vertreten.

«Im Gegensatz zu den induktiven und statistischen Tatsachen des achtzehnten bzw. neunzehnten Jahrhunderts waren Tatsachen im siebzehnten Jahrhundert nicht banal, sie waren nicht homogen und repetitiv und auch nicht zählbar. Statt dessen waren sie aussergewöhnlich, heteroklit und singulär», schreibt Lorraine Daston (2001, S. 173). In der Psychoanalyse lebt etwas von jenem Verhältnis zu den «Tatsachen» fort, welche die noch naturphilosophische, aber schon empirische Wissenschaft des 17. Jahrhunderts kennzeichnet. [13]

Die Geschichte der Psychoanalyse und ihrer Lehre ist immer auch die Geschichte des Versuchs gewesen, im Zuge einer wissenschaftlichen Modernisierung der Psychoanalyse diese Spuren (um nicht allzu pathetisch von einem traumatischen Infiltrat zu sprechen) eines vor- oder – sagen wir es besser so – nicht modernen Wissens auszutreiben. Aber die Psychoanalyse ist, sosehr sie natürlich ein Produkt der Moderne ist, in einer Weise ‹nie (ganz) modern gewesen› (vgl. auch Latour 1998), welche sie der ‹scientific community› stets hat verdächtig bleiben lassen – etwa weil ihre «Bildungen» mindestens latent ein Gegenmodell zur Homogenisierung von «Tatsachen» in sich tragen (z.B. durch statistische Quantifizierung, wie sie auch den «bildgebenden» Beweisverfahren der Neurowissenschaften zugrunde liegen). Die Frage ist, ob man diesem Gegenmodell gerecht werden will oder ob man es der Psychoanalyse tunlichst austreiben soll. Ich hoffe, mein Vortrag hat Ihnen deutlich werden lassen, warum ich in dieser Frage wie votiere.

---

13 1913 will Freud eine Rubrik unter dem Titel «Erfahrungen und Beispiele aus der psychoanalytischen Praxis» einführen, welche der in seinen Augen oft zu kurz kommenden Bestätigung der Theorie durch die Praxis gewidmet sein soll – doch dies gerade in der Form einer unsystematischen Aneinanderreihung von Einzelbeobachtungen (die einer «Bearbeitung von übergeordneten Gesichtspunkten her» noch harren): «Die zahlreichen schönen Beispiele, welche dem Analytiker in der täglichen Arbeit das ihm Bekannte bestätigen, gehen aber zumeist verloren, da deren Einreihung in einen Zusammenhang oft lange Zeit aufgeschoben werden muss. Es hat darum einen gewissen Wert, wenn man eine Form angibt, wie solche Erfahrungen und Beispiele veröffentlicht und der allgemeinen Kenntnis zugeführt werden können, ohne eine Bearbeitung von übergeordneten Gesichtspunkten her abzuwarten. Die hier eingeführte Rubrik will den Raum für eine Unterbringung dieses Materials zur Verfügung stellen. Äusserste Knappheit der Darstellung erscheint geboten; die Aneinanderreihung der Beispiele ist eine ganz zwanglose.» (Freud GW X, S. 40)

Literatur

Daston, L. (2001). *Wunder, Beweise, Tatsachen. Zur Geschichte der Rationalität.*
Frankfurt/Main: Fischer.

Evans, D. (2002). *Wörterbuch der Lacanschen Psychoanalyse*
(G. Burkhard, Übers.). Wien: Turia + Kant.

Forrester, J. (1996). If p, than what? Thinking in Cases.
History of the Human Sciences 9(3), S. 1–25.

Foucault, M. (1987). Nietzsche, die Genealogie, die Historie. In W. Seitter
(Hrsg. & Übers.), *Von der Subversion des Wissens* (S. 69–90).
Frankfurt/Main: Fischer.

Freud, S. (1942). *Die Traumdeutung* (GW II/III, S. 1–642).
Frankfurt/Main: Fischer.

Freud, S. (1941). *Zur Psychopathologie des Alltagslebens* (GW IV).
Frankfurt/Main: Fischer.

Freud, S. (1945). *Die zukünftigen Chancen der psychoanalytischen Therapie*
(GW VIII, S. 104–115). Frankfurt/Main: Fischer.

Freud, S. (1946). *Erfahrungen und Beispiele aus der analytischen Praxis*
(GW X, S. 40–42). Frankfurt/Main: Fischer.

Freud, S. (1944). *Vorlesungen zur Einführung in die Psychoanalyse*
(GW XI, S. 97–110). Frankfurt/Main: Fischer.

Freud, S. (1947). *Aus der Geschichte einer infantilen Neurose*
(GW XII, S. 27–157). Frankfurt/Main: Fischer.

Freud, S. (1948). *Nachwort zur «Frage der Laienanalyse»* (GW XIV, S. 287–296).
Frankfurt/Main: Fischer.

Freud, S. (1944). *Neue Folge der Vorlesungen zur Einführung in die Psychoanalyse*
(GW XV). Frankfurt/Main: Fischer.

Freud, S. (1950). *Die endliche und die unendliche Analyse* (GW XVI, S. 59–99).
Frankfurt/Main: Fischer.

Freud S., & Eitingon, M. (2004). *Briefwechsel 1906–1939* (M. Schröter, Hrsg.).
Tübingen: edition discord.

Hacking, I. (1990). *The Taming of the Chance.* Cambridge: Cambridge University
Press.

Hacking, I. (1995): The looping effects of human kinds. In D. Sperber,
D. Premack & A. J. Premack (Hrsg.), *Causal Cognition: A Multidisciplinary
Debate* (S. 352–383). New York: Oxford University Press.

Latour, B. (1998). *Wir sind nie modern gewesen. Versuch einer symmetrischen
Anthropologie* (G. Rossler, Übers.). Frankfurt/Main: Suhrkamp.

Schneider, P. (1999). Gesetz, Deutung, Übertragung und Institution.
Psyche 53(1), S. 52–65.

Schneider, P. (2001). Die Löcher des Wissens. In ders., *Erhinken und Erfliegen*
(S. 40–51). Göttingen: Vandenhoeck & Ruprecht.

Sciacchitano, A. (2009). *Unendliche Subversion. Die wissenschaftlichen Ursprünge
der Psychoanalyse und die psychoanalytischen Widerstände gegen die Wissenschaft* (R. Scheu, Übers.). Wien: Turia + Kant. .

Staudenmaier, L. (1922). *Die Magie als experimentelle Naturwissenschaft*
(2. Aufl.). Leipzig: Akademische Verlagsgesellschaft.

Strassberg, D. (2007). *Das poietische Subjekt: Giambattista Vicos Wissenschaft
vom Singulären.* München: Fink.

Wundt, W. (1862). Beiträge zur Theorie der Sinneswahrnehmung
(Bd. 15, 6. Abhandlung: Ueber den psychischen Process der Wahrnehmung).
Zeitschrift für Rationelle Medicin, S. 104–179.

Freud lesen heute: Psychoanalytische *Bildung*, «Ent-Bildung» und kulturelles Gedächtnis [14]

Sarah Winter

Zur Einführung meines Essays möchte ich Ihnen eine Arbeitsdefinition von *Bildung* vorschlagen. Als Historikerin der Kultur und Literatur des 19. Jahrhunderts werde ich mich zuerst auf die Definitionen konzentrieren, die in jener Periode entstanden sind, in der *Bildung* [15] zu einem formellen Ausbildungsprojekt wurde. In seiner wegweisenden Studie über die Methoden der Humanwissenschaften «Wahrheit und Methode» aus dem Jahr 1960 erklärt Hans-Georg Gadamer, dass «die Bildungsreligion des neunzehnten Jahrhunderts» den Begriff der *Bildung* von seiner früheren Definition der «von Natur erzeugte[n] Gestalt» loslöst, indem sie den Bezugsrahmen zugunsten eines Konzepts von Kultur ändert; *Bildung* «bezeichnet zunächst die eigentümliche menschliche Weise, seine natürlichen Anlagen und Vermögen auszubilden» (Gadamer 1975, S. 7). Gadamer weist darauf hin, dass *Bildung* mehr prozess- als ergebnisorientiert sei: «Die Übertragung ist hier besonders einsichtig, weil ja das Resultat der Bildung nicht in der Weise der technischen Abzweckung hergestellt wird, sondern dem inneren Vorgang der Formierung und Bildung entwächst und deshalb in ständiger Fort- und Weiterbildung bleibt.» (ebd., S. 8) Gemäss Gadamer entnimmt die *Bildung* diesem Konzept der steten Entwicklung auch ihre historische Dimension: «In der Bildung hingegen wird das, woran und wodurch einer gebildet wird, zwar auch ganz zu Eigen gemacht. Aber in der Bildung ist das Aufgenommene nicht wie ein Mittel, das seine Funktion verloren hat. Vielmehr ist in der erworbenen Bildung nichts verschwunden, sondern alles aufbewahrt. Bildung ist ein echter geschichtlicher Begriff, und gerade um diesen geschichtlichen Charakter der ‚Aufbewahrung' geht es für das Verständnis der Geisteswissenschaften.» (ebd., S. 9) Für Gadamer bezeichnet *Bildung* nicht nur eine Erziehungsphilosophie, die einen hermeneutischen Zugang zu den Texten der klassischen Tradition beinhaltet, sondern sie beschreibt auch ein Modell der Humanwissenschaften im Sinne von kumulativen Projekten, welche die Relevanz historisch begründeter Methoden fortlaufend erneuern, vergangene Methoden und Konzepte also nicht – wie in den Naturwissenschaften – verbessern oder sogar durch andere ablösen.

14   Herzlichen Dank an Peter Schneider, der mich eingeladen hat, an der Tagung «Die Psychoanalyse und ihre Bildung» zu sprechen, an Christiane Wolf, die meine Teilnahme organisiert hat, und an Patricia Kunstenaar, die meinen Text ins Deutsche übersetzt hat.

15   Im Original deutsch.

Ich möchte hier der Reihe nach zusammenfassen, wie ich über die historische Beziehung zwischen der Psychoanalyse und den europäischen erzieherischen, philosophischen und institutionellen Traditionen von *Bildung* nachgedacht habe. In meinem Buch «Freud und die Institution psychoanalytischen Wissens» [16] analysiere ich, wie Sigmund Freud in seinen Schriften klassische Bildung als disziplinäre und methodologische Matrix für die Psychoanalyse nutzt.

Das Buch positioniert die Psychoanalyse im Kontext der Konsolidierung der modernen Disziplinen vom 19. bis und mit dem frühen 20. Jahrhundert und leistet damit einen kritischen Beitrag zu einer Kulturgeschichte der Strategien, die Freud in seinen Schriften während seiner Laufbahn entwickelte, um die öffentliche Anerkennung der Psychoanalyse gezielt zu lenken und ihre institutionelle Identität auszubilden. Ich zeige darin, wie Freud die kulturelle Autorität der Psychoanalyse herleitet, indem er sich sowohl die allgemeinen Konventionen und universalen Themen der Tragödie von Sophokles wie auch das Sozialprestige und die interpretativen Praktiken der klassischen *Bildung* und Philologie aneignet. Ich konzentriere mich besonders auf Freuds Schriften zur Kultur, zur psychoanalytischen Technik und zur Geschichte der psychoanalytischen Bewegung und behaupte, dass es sich dabei um ein Projekt handelt, das darauf abzielt, die Psychoanalyse als Beruf und als universitäre Disziplin zu etablieren, indem sie nicht nur unmittelbar gegen die medizinischen Fachgebiete wie Neurologie und Psychiatrie, sondern auch von in Entstehung begriffenen akademischen Disziplinen wie der Philosophie, Anthropologie, Soziologie und der wissenschaftlichen Psychologie abgegrenzt wird. Ich schliesse damit, dass Freud sein Ziel, eine psychoanalytische «Tiefenpsychologie» als unerlässliches Fundament der modernen sozial- und humanwissenschaftlichen Disziplinen zu positionieren, zwar nicht erreicht, dank seiner Therapie- und Kulturorientiertheit den dualen Status der Psychoanalyse als psychologisches Fachwissen und überzeugenden «common sense», wenn es um die Dynamik des «Innenlebens» geht, im 20. Jahrhundert aber dennoch entscheidend geprägt hat.

In meiner Darstellung der psychoanalytischen *Bildung* in den Schriften und im beruflichen Werdegang Freuds führe ich zwei spezifische Argumente an. Zuerst gehe ich Freuds Aneignung der kulturellen Autorität von Sophokles' «Oedipus Tyrannus» nach und argumentiere, dass diese Strategie «der ideale Weg war, um das kulturelle Prestige, die interpretativen Methoden und die ideologische Signifikanz der klassischen *Bildung* und der institutionellen Kultur des Gymnasiums auf die Psychoanalyse zu übertragen» (Winter 1999, S. 46). Eine genaue Analyse von Freuds Schriften zur griechischen Tragödie, zu ödipalen Träumen und zur Psychologie des Gymnasiasten führt mich

---

16   Freud and the Institution of Psychoanalytic Knowledge. Cultural Memory in the Present (1999), alle Übersetzungen der Zitate P. Kunstenaar.

zum weiteren Argument, dass «Freuds Verwendung des tragischen Erkennens als Modell für die Erkenntnis der Psychoanalyse selbst» (ebd., S. 45) sowohl zur Gestaltung von Freuds grundlegenden Werken wie der «Traumdeutung» als auch zu jener der analytischen Behandlung gemäss der formalen und hermeneutischen Annahmen der klassischen *Bildung* beiträgt, denen zufolge Interpretationsakte vom Partikulären und Fragmentarischen (wie in Träumen) zu Universalitäten und Totalitäten führen können. Auch die tragischen Umkehrungen des Ödipuskomplexes übernehmen die Rolle der *Bildung* als Theorie der individuellen Formierung, dort nämlich, wo sie die männlichen Identifikationen und Rivalitäten aufdecken, die soziale Institutionen wie Schule und Beruf strukturieren. Ich schliesse damit, dass «durch die Schriften und Lehranalysen von Freud und seinen Schülern die von der *Bildung* angeregten kognitiven Dispositionen zu einem Bestandteil einer psychoanalytischen Denkart wurden» (ebd., S. 46), welche die psychologischen Formen der «Notwendigkeit», die das individuelle und soziale Leben strukturieren, zu erläutern bezweckt. Mein zweiter Schwerpunkt liegt auf den kulturellen Dimensionen von Freuds Aneignung der klassischen *Bildung*. Ich argumentiere hier, dass in der freudschen Psychoanalyse «das Versprechen der *Bildung*, das Selbst durch Erziehung zu kultivieren, dort, wo die psychoanalytischen Techniken weit verbreitet sind, einen kulturellen Prozess widerspiegelt – und damit zur Vorherrschaft des psychologischen Wissensgebiets im 20. Jahrhundert beiträgt. Das ‹Psychologische› verspricht dem Individuum, was das Gebiet der Kultur der *Bildung* versprochen hat: die Harmonisierung und Entwicklung von menschlichen Fähigkeiten.» (ebd., S. 279)

Bei der Durchsicht des Buches nach elf Jahren fällt mir auf, dass ich zwar den einen wesentlichen Aspekt der Geschichte des Anschlusses der Psychoanalyse an die *Bildung* als fortschrittlichen kulturellen und erzieherischen Einfluss beschrieben habe, ein anderer Aspekt – die Kehrseite – der psychoanalytischen *Bildung* hingegen erklärungsbedürftig bleibt. Betrachtet man die Psychoanalyse innerhalb eines längerfristigeren Zeitrahmens der Geschichte der Erziehung in den westlichen Kulturen – von der Antike bis zur Gegenwart –, so wird offensichtlich, dass eine psychoanalytische Lehre auch die Sorge der *Bildung* um die Aspekte des inneren Wesens und um die Erfahrung des Individuums einschliesst, welche im Laufe einer sich entfaltenden Entwicklung und Kultivierung des Selbst *kritisiert und versetzt* werden müssen. Deshalb will ich heute jene Gegenbewegung innerhalb der *Bildung* erforschen, die in der englischen Sprache – laut «Oxford English Dictionary» (Oxford University Press, 1989) – seit ca. 1630 mit dem Begriff «unlearning» umschrieben wird und «aus dem Wissen oder dem Gedächtnis streichen» oder «das Wissen von etwas aufgeben» bedeutet. [17]

---

17 Die deutsche Übersetzung von «unlearning» ist «verlernen» und bedeutet laut Wahrig Wörterbuch der Deutschen Sprache «etwas wieder vergessen»; «etwas, das man gelernt hat, nicht mehr können». Also ist der Begriff «verlernen» mit der englischen Verwendung des Begriffs «unlearning» durchaus vergleichbar. Im vorliegenden Text, in dem es um das Verhältnis zur *Bildung* geht, wird jedoch der von der Autorin nachfolgend vorgeschlagene Begriff «Ent-Bildung» verwendet (Anm. der Übersetzerin).

Um «unlearning» ins Deutsche zu übertragen, müsste man eventuell das Kunstwort «Ent-Bildung» schaffen, obwohl Begriffe wie *Entfremdung* oder *Distanzierung* auch dazu geeignet wären. Ich möchte betonen, dass «Ent-Bildung» – allgemeiner betrachtet – keineswegs ein von *Bildung* getrennter Prozess ist; vielmehr ist «Ent-Bildung» der psychoanalytischen *Bildung* in ihren Aspekten der individuellen wie der kulturellen Formierung inhärent und zudem eine nicht zu unterschätzende Folge unserer heutigen Freud-Lektüre. Freuds Schriften enthüllen und veranschaulichen, wie die Kultivierung des Selbst durch die erzieherische Tradition der *Bildung* mit der Notwendigkeit einhergeht, vorgängige Quellen der Formierung des Selbst zu dekonstruieren, um die unerlässliche Trennung von vergangenen Erfahrungen und kulturellen Einflüssen zu erreichen. Psychoanalytisches Wissen hat sich nicht nur vorausgegangene kulturelle Formierungen wie klassische Bildung angeeignet und sie einer neuen Verwendung in der psychoanalytischen Therapie zugeführt, sondern auch die Fortschrittlichkeit solcher institutionalisierten Praktiken der Wissensvermittlung infrage gestellt. Diese epistemologische Skepsis verleiht der Psychoanalyse eine bedeutende kritische und selbstreflexive Rolle innerhalb der Geschichte der Disziplinen, auf die ich später im Text eingehen werde. In meinem Essay werde ich ein Verständnis des Begriffs «Ent-Bildung» entwickeln, um dann bestimmte Momente in Freuds Werk zu ermitteln, in denen diese Logik der Inversion von *Bildung* veranschaulicht wird, dort nämlich, wo es darum geht, sich sowohl auf individueller wie auch auf kultureller Ebene von vorgängigen Entwicklungsprozessen abzuwenden und sie aufzulösen. So wird es möglich, eine therapeutische Lösung anzustreben oder eine spezifische Lücke oder einen Widerstand in der Geschichte der Disziplinen und in der kulturellen Erinnerung der Vergangenheit zu markieren und besser zu erkennen.

Wie können wir demnach «Ent-Bildung» in Bezug auf die uns vertrauteren, positiven Definitionen von *Bildung* als «Entwicklung des Selbst» definieren? Gadamer stellt in Hegels Schriften einen gleichsam omnipräsenten Drang zur *Bildung* als Entfremdung vom Selbst und der späteren Rückkehr dazu fest, die mit dessen Hinwendung zur klassischen Philologie und zur Antike verknüpft ist. Gadamer argumentiert, dass für Hegel «[i]m Fremden [oder dem griechischen Text] das Eigene zu erkennen, in ihm heimisch zu werden, [...] die Grundbewegung des Geistes» darstelle, «dessen Sein nur Rückkehr zu sich selbst» sei (Gadamer 1975, S. 11). Sogar die eigene Sprache, das eigene kulturelle Vermächtnis müssen – als von Beginn an gegeben und demnach äusserlich – wieder in Besitz genommen und assimiliert werden. Dennoch kann das hegelianische Konzept, welches Gadamer als «Rückkehr zu sich selbst» (ebd., S. 13) oder als «sich derart für anderes, für andere, allgemeinere Gesichtspunkte offen zu halten» (ebd., S. 14) hervorhebt, den parallelen Prozess der «Ent-Bildung» nicht vollständig erfassen. Die westlichen pädagogischen Traditionen begreifen diesen als Hinterfragen, Dislozieren oder Aussperren des Brauchtums, des «common sense» oder der unverarbeiteten Erfahrung sowie als notwendige Dimension einer Erziehung, die auf Lesen und kritischer Diskussion basiert.

Bildung ist Teil einer längeren historischen Entwicklung in der Geschichte der Pädagogik und der Philosophie der Erziehung seit der Antike. Dass *Bildung* auf «Ent-Bildung» beruht, wird, so möchte ich behaupten, bereits im sokratischen *elenchos*, in Sokrates' unerbittlicher Zerlegung gegenstandsloser Gründe sowohl seiner eigenen alltäglichen Überzeugungen und Vorstellungen wie auch jener seiner Gesprächspartner, deutlich. Dasselbe finden wir aber auch in Augustinus' «Confessiones», in denen dieser schildert, wie er auf dem Weg der Konversion zum Christentum damit ringt, seine rhetorische Schulung, seinen falschen Glauben an die manichäische Philosophie und schliesslich seine Hingabe an sinnliche Lüste zu überwinden, die beiseite geschoben – jedoch nicht aus der Erinnerung verbannt – werden müssen. Philosophen der Aufklärung wie John Locke und Jean-Jacques Rousseau plädieren für die «Ent-Bildung» von ungeprüften Haltungen, um die Basis für eine rigoros empiristische Epistemologie einerseits und eine politische Philosophie andererseits zu schaffen, welche auf einem echten Verständnis der natürlichen Gleichheit beruhen. Den Kern von Lockes Kritik an der Doktrin angeborener Vorstellungen, wie er sie in seinem 1689 verfassten «Versuch über den menschlichen Verstand» (An Essay Concerning Human Understanding) formuliert, bildet sein Angriff auf die Vorurteile, welche auf Gewohnheit und Brauchtum beruhen und dem menschlichen Denken im Wege stehen, weil sie den Status von «heiligen Schriftzeichen» haben, «die Gott in seinem Inneren aufgerichtet hat, damit sie die Regel und den Prüfstein für jede andere Meinung bilden. Was kann ihn hindern, sie für heilig zu halten, wenn er findet, dass sie zu den frühesten seiner Seele gehören und die sind, welche auch die anderen am meisten verehren?» (Locke 1872, S. 103) In seiner Abhandlung über die Erziehung unter dem Titel «Über den richtigen Gebrauch des Verstandes» (Of the Conduct of the Understanding, 1706) weist Locke auf die Beziehung zwischen der unterschiedlichen Erfahrung und der Genauigkeit des Urteils des gebildeten Menschen hin: «Die verschiedenen Sekten sind Menschenwerk und tragen den Stempel der Unvollkommenheit an sich. Wenn er die Augen öffnete, würde der Eiferer bei den bisher aus grundsätzlichem Vorurteil gemiedenen Leuten anderer Ansicht gar viele Dinge lernen, die er weder kannte, noch sich vorstellen vermochte.» (Locke 1706, S. 9) Damit steht ein neues Bewusstsein von Wissen und Erfahrung zur Verfügung, das vorher unvorstellbar war und durch eine «Ent-Bildung» von Vorurteilen im Dialog mit anderen ermöglicht wird, deren Ansichten und Erfahrung sich von dem, was wir als Standard oder Norm wahrnehmen, unterscheiden.

Rousseaus Beitrag zu einer Pädagogik der «Ent-Bildung» ist in «Emile, oder über die Erziehung» (Émile, ou De l'éducation, 1762) zu erkennen, wo er die übernommenen und ungeprüften Entstellungen der menschlichen Natur, welche durch die Sozialisation des Kindes entstehen, angreift. Rousseau warnt jedoch, dass ein Kind, welches ohne jegliche Art von formeller Erziehung aufwachsen darf, «das Entstellteste von allen» wäre. «Vorurteile, herrschende Ansichten, Notwendigkeiten, Beispiele und alle gesellschaftlichen Einrichtungen, unter denen wir leben, würden die Natur in ihm ersticken, ohne etwas an die Stelle zu setzen.» (Rousseau 1963, S. 11) Folglich liegt dem ganzen von Rousseau vorgeschlagenen System, wonach Emile gemäss der Natur zu erziehen sei, ein Experiment zugrunde: jenes der «Ent-Bildung» von bisher akzeptierten sozialen Konventionen und institutionellen Einrichtungen und deren Ersetzen durch individualisierte Wissensstandards, welche gänzlich auf Erfahrung basieren und von Büchern und Traditionen unabhängig sind.

Bevor ich mich Freuds Schriften zuwende, möchte ich Ihnen noch eine andere Definition von «Ent-Bildung» aus dem 19. Jahrhundert unterbreiten, welche über die Kritik der Aufklärung an den Vorurteilen moderner Werte, wie sie an Universitäten gelehrt wird, hinausgeht. In seiner 1873 postum publizierten «Selbstbiographie» (Autobiography) schildert John Stuart Mill seine Erfahrung einer lebenslangen kontinuierlichen Erziehung und Bildung als ein Fliessen aus der Zentralität der Interaktion mit dem Verstand anderer in seine eigene persönliche Entwicklung: «Auch schien es mir ebenso interessant als nützlich zu sein in einer Periode, in welcher sich ein Umschwung der Ansichten vollzieht, an einem Geiste, der immer vorwärts strebte und stets bereit war, zu lernen oder zu verlernen, je nachdem er durch eigenes Denken oder die Gedanken anderer dazu Anlass fand, die Übergangsstufen zu kennzeichnen.» (Mill 1874, S. 1 f.) Für Mill wird *Bildung* zu einem lebenslänglichen, sich seiner selbst bewussten (self-conscious) Streben, das auf dem Dialog beruht. Er sieht eine direkte Korrelation zwischen individueller und kultureller *Bildung* und postuliert eine enge Verbindung zwischen seiner damaligen «Periode des Umschwungs der Ansichten» und seinem eigenen Leben des «Lernens und Verlernens». In seiner Schrift über das Verlernen beschreibt er auch eine liberale pädagogische Beziehung, die für Lehrer wie für Schüler neues Wissen bereithält. Für Mill lassen just jene Schwierigkeiten, auf die man in der Aneignung der Ansichten anderer stösst, ahnen, dass man der Wahrheit durch die Begegnung mit der Diversität von Meinung, Persönlichkeit und Erfahrung des Menschen auf die Spur kommt.

Wenngleich ich diese Auffassungen bezüglich der Arten von «Ent-Bildung», die der Epistemologie der Aufklärung, der liberalen Erziehung und der deutschen Tradition von *Bildung* entstammen, nicht übernehme, meine ich, dass ihnen allen eine temporäre Abstraktion und Distanzierung vom Selbst innewohnt – von jenem Selbst nämlich, welches durch Erfahrung und durch die Praxis der Selbstbeobachtung gebildet wurde und für das sowohl der Dialog mit anderen, das Suchen nach Diversität und das Verwerfen von Vorurteilen, Bräuchen und ungeprüften Traditionen Voraussetzung ist. Allerdings impliziert diese Distanzierung vom Selbst ein Ringen mit Aspekten der Identität, welche im Kern der kulturellen und linguistischen Orientierung eines Individuums liegen und aus der familiären und sozialen Umgebung aufgenommen worden sind.

Ich möchte nun näher auf eine Reihe von Freuds Schriften eingehen, welche einen ähnlichen Zugang zur «Ent-Bildung» skizzieren und mehrere der oben erwähnten Merkmale aufweisen. Ich diskutiere «Ent-Bildung» anhand einer grundlegenden Arbeit zur Technik unter dem Titel «Zur Dynamik der Übertragung» aus dem Jahr 1912, anhand seines spekulativen theoretischen Werks «Jenseits des Lustprinzips» und schliesslich anhand seines 1930 verfassten kulturtheoretischen Werks «Das Unbehagen in der Kultur». Es ist nicht der Zweck meines Referats, einer klaren Entwicklung von Freuds Ideen nachzuspüren, vielmehr will ich beschreiben, auf welche Art «Ent-Bildung» in Freuds Schriften als zentraler Aspekt der psychoanalytischen Therapie, der psychologischen Theorie, der Epistemologie und der Kulturgeschichte erscheint.

Freuds Erklärung der Rolle der Übertragung als das «Gebiet», auf welchem «alle Konflikte» der Analyse «ausgetragen» werden müssen, beleuchtet die pädagogischen Aspekte der «Ent-Bildung», die Bestandteil der psychoanalytischen Technik sind. Die Übertragung ist eine starke Form des Widerstands gegen das Auftauchen eines «pathogenen Komplexes» im Verlauf der freien Assoziation. Sie erscheint als Folge einer «Entstellung» der verdrängten Imago eines infantilen Liebesobjekts und seiner Verschiebung auf den Arzt. Tatsächlich kann die Übertragung auch zu einem Widerstand gegen den Einfluss des Analytikers werden, wenn dieser versucht, die Übertragung «aufzuheben, um sie bewusst zu machen» (Freud GW VIII, S. 371). «Ent-Bildung» tritt im Verlauf des therapeutischen Evozierens und Auflösens der ursprünglichen erotischen Komplexe des Kindes auf, die verdrängt wurden. «Die unbewussten Regungen wollen nicht erinnert werden, wie die Kur es wünscht, sondern sie streben danach, sich zu reproduzieren, entsprechend der Zeitlosigkeit und der Halluzinationsfähigkeit des Unbewussten.» (ebd., S. 374) An die Stelle solcher «Reproduktionen», die den Status entstellter, nicht anerkannter oder, so könnte man sagen, «ent-bildeter» (un-learned) Versionen vergangener Beziehungen und Selbstbilder haben, die für die bewusste Erinnerung unzugänglich geworden sind, «nötigt» der pädagogische Einfluss des Arztes den Patienten dazu, «diese Gefühlsregungen in den Zusammenhang der Behandlung und in denjenigen seiner Lebensgeschichte einzureihen, sie der denkenden Betrachtung unterzuordnen und nach ihrem psychischen Werte zu erkennen» (ebd.).

Freud scheint die Übertragung als genau jenen Prozess zu beschreiben, in welchem «Ent-Bildung» in der individuellen Analyse schliesslich zugunsten der *Bildung* aufgelöst wird: «Dieser Kampf zwischen Arzt und Patient, Intellekt und Triebleben, zwischen Erkennen und Agieren wollen spielt sich fast ausschliesslich an den Übertragungsphänomenen ab.» (ebd.) Die Betonung des Kampfes widerspiegelt hier das Konzept, welches wir zu skizzieren beabsichtigen: dass *Bildung* nämlich nicht mehr nur eine kumulative Entwicklung von Internalisierung und Wiederaneignung der klassischen Kultur ist, sondern auch das Verlernen (die «Ent-Bildung») und das Verwerfen von tief sitzenden, oft unwillkürlichen Vorurteilen und Gefühlen gegenüber vorherrschenden Vorstellungen und Traditionen bedingt. Solche kulturellen Ideale werden häufig personifiziert und individualisiert: in den Eltern und in Verwandten, in Figuren aus Büchern oder in einflussreichen Tätigkeiten und Berufen (in Lehrern, Geistlichen, Ärzten, Politikern, Armeeoffizieren etc.). Genau so, wie dies bei der mit *Bildung* involvierten «Ent-Bildung» geschieht, muss die Auflösung der Übertragung den Patienten dazu zwingen, solche unbewussten Bindungen an infantile Liebesobjekte aufzugeben, indem sie ihm bewusst gemacht und – so könnte man sagen – als veraltete Konstrukte aufgedeckt werden, welche seinen Fortschritt verzögern, «denn schliesslich kann niemand *in absentia* oder *in effigie* erschlagen werden» (ebd.).

Zwar ist «Ent-Bildung» im Falle der Übertragung eine potentiell progressive Kraft, in «Jenseits des Lustprinzips» erscheint sie jedoch auch als eine nunmehr regressive Dynamik, in welcher sich die Todestriebe manifestieren. In diesem zugegebenermassen spekulativen Werk kehrt Freud zum Problem der Übertragung zurück, um auf die Schwierigkeiten hinzuweisen, auf welche «das gesteckte Ziel, die Bewusstwerdung des Unbewussten» trifft, dann nämlich, wenn der Patient nicht nur «nicht alles» des Verdrängten erinnern kann, sondern auch «das Wesentliche nicht», das zum Erkennen der ödipalen Wünsche seines infantilen Sexuallebens führen würde. «Der Kranke kann von dem in ihm Verdrängten nicht alles erinnern, vielleicht gerade das Wesentliche nicht, und erwirbt so keine Überzeugung von der Richtigkeit der ihm mitgeteilten Konstruktion.» (Freud GW XIII, S. 16) Der Patient ist «genötigt, das Verdrängte als gegenwärtiges Erlebnis zu *wiederholen*, anstatt es, wie der Arzt es lieber sähe, als ein Stück der Vergangenheit zu *erinnern*» (ebd.). Um diesen Wiederholungszwang zu überwinden, muss der Analytiker/Pädagoge im Patienten einen bewussten Prozess der «Ent-Bildung» provozieren, wie bei der Auflösung der Übertragung: «Er muss ihn ein gewisses Stück seines vergessenen Lebens wieder erleben lassen und hat dafür zu sorgen, dass ein gewisses Mass von Überlegenheit erhalten bleibt, kraft dessen die anscheinende Realität doch immer wieder als Spiegelung einer vergessenen Vergangenheit erkannt wird» (ebd., S. 17). Dieses «Mass an Überlegenheit» gleicht dem Ergebnis des Entfremdungsprozesses, durch welchen Schüler und Schülerinnen, die *gebildet* werden, ihre Identität objektivieren, wenn sie in der klassischen Kultur dem, was dem Selbst fremd ist, begegnen, um es schliesslich als einen von Neuem anerkannten und wieder in Besitz genommenen Teil der kumulativen Entwicklung des Selbst zu inkorporieren.

Aber der in der Analyse zu beobachtende Wiederholungszwang lässt auch ein Hindernis auf dem Weg der therapeutischen *Bildung* vermuten, wenn es dem Lustprinzip nicht gelingt, zwanghafte Erinnerungen zu überwinden: «[A]llein die Erfahrung, dass sie anstatt dessen auch damals nur Unlust brachten, hat nichts gefruchtet.» (ebd., S. 20) Insbesondere das Auftreten des Wiederholungszwangs in den traumatischen Träumen lässt Freud darauf schliessen, dass es grundlegendere, triebhaftere Kräfte gibt, die sowohl auf individueller wie auch auf artspezifischer Ebene wirken, indem ihrer Evolution aus der organischen Natur die Neigung innewohnt, sowohl der Therapie als auch dem durch die progressive Entwicklung oder *Bildung* entstandenen Konzept einer Identität entgegenzuwirken. Freud nimmt an, dass andere Triebe – die «Todestriebe» – mit den Selbsterhaltungs- und Sexualtrieben, die dem Überleben der Art dienen, interagieren; «Todestriebe», die der Evolution aller Lebensformen aus der unorganischen Natur entstammen, welche die Vorwärtsbewegung der Evolution zur Diversität hin invertieren und stattdessen zu vergangenen Formen regredieren: *«Ein Trieb wäre also ein dem belebten Organischen innewohnender Drang zur Wiederherstellung eines früheren Zustandes*, welchen dies Belebte unter dem Einflusse äusserer Störungskräfte aufgeben musste, eine Art von organischer Elastizität, oder wenn man will, die Äusserung der Trägheit im organischen Leben.» (ebd., S. 38) Die Todestriebe und der Wiederholungszwang wären demnach Ausdruck einer tiefer greifenden Form der «Ent-Bildung», welche – aus therapeutischer Sicht – einen (noch) radikaleren Status der «Unbildung» oder Antibildung einnimmt, sei dies nun in epistemologischer oder individueller Hinsicht, indem sie den Prozess annulliert oder auflöst. Diese «Unbildung» läuft nicht auf ein Verlernen als einen Aspekt des Durchlaufens von und Aufbauens auf früheren Wissensständen und der Erfahrung hinaus, scheint aber das Lernen auszuschliessen und sich der Diversifikation der natürlichen Selektion zu widersetzen, indem sie zu den neutralen Formen zurückzukehren sucht, die der Entwicklungsdynamik des Lebens vorausgehen. Als Freud das Konzept der Trägheit einführt, stellt er sich die Todestriebe ähnlich einer physischen Kraft – wie die Schwerkraft in der Planetenbahn oder den Wasserlauf in der Landschaft, der zu geologischen Veränderungen führen kann – vor, die sowohl die biologische Evolution als auch die psychologische Entwicklung hemmen kann. Der freudsche Todestrieb geht den Weg der Evolution sowohl in biologischen als auch in epistemologischen Begriffen zurück bis hin zu einer Zeit, bevor Leben existierte. Freud postuliert damit einen Hiatus oder das Fehlen eines Ursprungs von *Bildung* als individueller Entwicklung, die an natürlichen, kulturellen und historischen Prozessen partizipiert. Diese pessimistische, ja sogar nicht biologische Sicht auf Bildung, in welcher kein klarer oder verlässlicher Entwicklungsverlauf zu erkennen ist, taucht in Freuds «Unbehagen in der Kultur» auf, in seiner Diagnose der Zivilisation als Prozess, der – gemäss dem Modell einer individuellen Neurose – in der kulturellen Malaise endet. In diesem Werk äussert Freud den starken Verdacht, dass sich die Zivilisation in die eigene Tasche lügt, wenn sie *Bildung*, kulturell gesehen, als unumgänglich bezeichnet und sie Fortschritt nennt. In einer Art und Weise, die an Rousseaus Kritik der Entstellung der menschlichen Natur durch die Gesellschaft erinnert, schreibt Freud: «Ich habe mich bemüht, das enthusiastische Vorurteil von mir abzuhalten, unsere Kultur sei das Kostbarste, was wir besitzen oder erwerben können, und ihr Weg müsse uns notwendigerweise zu Höhen ungeahnter Vollkommenheit führen.» (Freud GW XIV, S. 505) Freud dehnt hier seine Untersuchung der Todestriebe und des Wiederholungszwangs, die er auf dem Weg zur Auflösung von Übertragung und traumatischen Träumen untersucht hat, auf die Ebene der Kultur aus: «Fassen wir aber die Beziehung zwischen dem Kulturprozess der Menschheit und dem Entwicklungs- oder Erziehungsprozess des Einzelnen ins Auge, so würden wir uns ohne viel Schwanken dafür entscheiden, dass die beiden sehr ähnlicher Natur sind, wenn nicht überhaupt derselbe Vorgang an andersartigen Objekten.» (ebd., S. 499) Um dieser Analogie Rechnung zu tragen, stellt Freud eine konzise und theoretisch ausschlaggebende Beobachtung über den zweifachen Weg an, der nach einer erfolgten Verdrängung eingeschlagen werden kann: «Wenn eine Triebstrebung der Verdrängung unterliegt, so werden ihre libidinösen Anteile in Symptome, ihre aggressiven Komponenten in Schuldgefühl umgesetzt.» (ebd.)

Was die Ebene der Psychodynamik sozialer Beziehungen betrifft, überlegt Freud, dass die Schuld und der Widerstand, welche das Individuum den durch den «menschlichen Anschluss» geforderten Opfern der Libido gegenüber fühlt, aus einer hemmenden Kraft hervorgehen muss, die auf der gesellschaftlichen Ebene selbst angesiedelt ist: «Man darf nämlich behaupten, dass die Gemeinschaft ein Über-Ich ausbildet, unter dessen Einfluss sich Kulturentwicklung vollzieht.» (ebd., S. 501) Wenn Selbstvorwürfe, als Repräsentationen der Aggression des Über-Ichs im neurotischen Individuum, «zur bewussten Erkenntnis» gebracht werden, fährt Freud in seiner Erklärung fort, «so zeigt sich, dass sie mit den Vorschriften des jeweiligen Kultur-Über-Ichs zusammenfallen» (ebd., S. 502). Dieses gemeinsame Über-Ich «ruht auf dem Eindruck, den grosse Führerpersönlichkeiten hinterlassen haben» (ebd., S. 501) oder, so könnte man sagen, auf den kulturellen Erinnerungen, die den «grossen Persönlichkeiten» der Geschichte, welche kulturelle Traditionen und soziale Autorität verkörpern, zugeschrieben werden.

Das kulturelle Über-Ich funktioniert auch in Analogie zu den Personifizierungen, durch die der Patient infantile Liebesinteressen auf den Analytiker überträgt, so dass, wie Freud annimmt, der Versuch, die kulturelle Übertragung aufzulösen, gleichzeitig impliziert, dass bestimmte Zivilisationen, ja die ganze Menschheit als neurotisch zu diagnostizieren seien (ebd., S. 505). Daraus schliesst Freud in «Das Unbehagen in der Kultur», dass Verlernen oder «Ent-Bildung» auf kultureller Ebene ein Restrukturieren und Beseitigen jener kulturellen Erinnerungen und übertragungsbedingten historischen Personifizierungen voraussetzen würde, welche durch das repressive Kultur-Über-Ich gebildet wurden. Die Methode, um diese «Ent-Bildung» auf der Ebene einer sich selbst bewussten Zivilisation durchzuführen, könnte in einer psychoanalytischen Kulturgeschichte mit medizinischer Orientierung gefunden werden: Wir dürfen erwarten, dass «jemand eines Tages das Wagnis einer solchen Pathologie der kulturellen Gemeinschaften unternehmen wird» (ebd.). Freud malt sich aus, dass eine psychoanalytische Pathologie der Kultur nicht nur eine psychologische Methode der *Bildung* beisteuern würde, als Ersatz für die Rolle der Religion, welche eine falsche Kompensation für soziale Repressionen verspricht, sondern auch eine alternative Form der «Ent-Bildung», welche die infantilen Fixationen der Menschheit auf veraltete Autoritätsfiguren auflösen würde, um so die Zivilisation in eine neue, sich ihrer selbst stärker bewusste Reife zu führen. Allerdings hätte ein solches Projekt – genau wie der therapeutische Kampf mit der Übertragung oder das theoretische Ringen um das Verstehen des Wiederholungszwangs – mit multiplen Ebenen des Widerstands zu kämpfen: mit dem Widerstand der Tradition gegen die Aufklärung, dem Widerstand hartnäckiger persönlicher Erinnerungen, der Bindung an die erhebenden und verallgemeinernden Belehrungen der klassischen Tradition sowie mit «dem menschlichen Aggressions- und Selbstvernichtungstrieb», den Freud zum Teil als Ausdruck der natürlichen Selektion auffasst – bis zur «Durchsetzung des Humanitätsideals» (ebd.). Psychoanalytische «Ent-Bildung» bestärkt letztlich Freuds düstere Schlussfolgerung, dass er mit seiner Diagnose der kulturellen Malaise «keinen Trost zu bringen weiss» (ebd., S. 506).

Wenn wir – trotz Freuds Pessimismus – psychoanalytische «Ent-Bildung» wie *Bildung* als Beitrag zu einer historischen Theorie der Humanwissenschaften betrachten, wäre es dann nicht auch möglich, sie – gemäss dem Empirismus von Locke sozusagen – mit dem selbst-reflexiven Bewusstsein zu verknüpfen, welches notwendig ist, um wissenschaftliches Wissen von «common sense» zu unterscheiden? Ich habe argumentiert, dass die klassische *Bildung* allen Männern, die während des 19. Jahrhunderts einen Beruf ergriffen, eine gemeinsame Erziehungslehre bereitstellte, in welcher professionelle Berufung auf ähnliche Art gesehen wurde wie die Hingabe, mit der deutsche Schulmeister beim Interpretieren griechischer und lateinischer Literatur universelle menschliche Werte zu finden suchten. Wie wir gesehen haben, verkörperte die klassische *Bildung* auch eine Vorstellung der «Ent-Bildung» als Abschweifen vom Selbst mittels eines imaginären Kontakts mit der antiken Welt, um so zu einem Gefühl der Identität zu gelangen, welche in ihrer Einzigartigkeit neu erkannt und durch eine solche Entfremdung bereichert wird. Die mit *Bildung* verbundene «Ent-Bildung», so möchte man argumentieren, könnte – sei sie nun eine epistemologische Strategie oder eine Praxis der Selbstkultivierung – als Verfahren zur Formierung von Disziplinen betrachtet werden, verknüpft mit der modernen theoretischen Vorstellung der

Reflexivität wissenschaftlichen Wissens oder aber mit der Fähigkeit, die Subjektivität innerhalb der Objektivität zu lokalisieren. Anders gesagt: Eine alternative Art, «Ent-Bildung» in eine Theorie zu übersetzen, würde bedeuten, sie «Reflexivität» zu nennen.

Der Soziologe Pierre Bourdieu bietet uns eine Reihe massgeblicher Voraussetzungen für eine solche Reflexivität wissenschaftlichen Wissens, welche auch auf die klassische Bildung anspielen: «Es genügt nicht, wie es die klassische Erkenntnisphilosophie lehrt, im Subjekt selbst die Bedingungen der Möglichkeit wie auch die Grenzen der von ihm gesetzten objektiven Erkenntnis zu suchen. Man muss ausserdem in dem von der Wissenschaft konstruierten Objekt *die sozialen Bedingungen der Möglichkeit des ‹Subjekts›* (zum Beispiel die *schole* und das ganze Erbe an Problemen, Begriffen, Methoden usw., die seine Tätigkeit erst möglich machen) und die möglichen Grenzen seiner Objektivierungsakte suchen [...]. Und jedem Fortschritt in der Erkenntnis der sozialen Produktionsverhältnisse der wissenschaftlichen ‚Subjekte‘ entspricht ein Fortschritt in der Erkenntnis des wissenschaftlichen ‹Objekts›, und umgekehrt. Das wird nirgends so deutlich wie da, wo die Forschung das wissenschaftliche Feld selber, also das eigentliche Subjekt der wissenschaftlichen Erkenntnis, zu ihrem Objekt macht.» (Bourdieu und Wacquant 1996, S. 248–149) Und Loïc Wacquant erklärt bezüglich Bourdieus Begriff der Reflexivität Folgendes: «Nicht das individuelle Unbewusste des Wissenschaftlers, sondern das wissenschaftstheoretische Unbewusste seiner Disziplin muss zutage gefördert werden.» (ebd., S. 70)

Zunächst mag es scheinen, dass die psychoanalytische «Ent-Bildung», welche ich in Freuds Schriften erforscht habe, aufgrund von dessen stark dualistischer Auffassung die bourdieusche Definition der Reflexivität nicht einschliesst. Am Ende seiner beruflichen Laufbahn scheinen Freud die Mühen und Widerstände innerhalb der Psychoanalyse selbst sowohl auf individueller wie auf kultureller Ebene so stark zu beschäftigen, dass er sich weder dem Problem widmen kann, wie die subjektiven Begründungen psychoanalytischen Wissens objektivierbar sind, noch sich Gedanken darüber macht, was für Arten von Wissen psychoanalytische *Bildung* aufgrund seines Strebens nach einem wissenschaftlichen Status unterdrückt oder weglässt. Angesichts der zugegebenermassen subjektiven Begründung der Psychoanalyse in Freuds Selbstanalyse würde es einer weiteren Inversion bedürfen, um das Subjekt eines Forschungsprogramms zu objektivieren, welches seinerseits bezweckt, Subjektivität psychologisch zu objektivieren. Und dennoch, wenn wir Freuds Überbau der Kulturtheorie nicht berücksichtigen, scheint es möglich, dass psychoanalytische «Ent-Bildung» schliesslich doch eine Form von Reflexivität ist, indem sie stets die Inversion, das Wissen gegen ihre eigenen Begründungen einzusetzen, anwendet und durch den Dialog eine Einsicht in das Selbst oder das Subjekt des Wissens generiert. Dies ist der Schlagschatten der «Ent-Bildung», dem wir auf die Spur zu kommen versuchten und der mit den progressiven Absichten der *Bildung* einhergeht.

Können Freuds Schriften – wie auch die psychoanalytische *Bildung*, so sie allgemeiner in ihrer kontinuierlichen geschichtlichen Entfaltung betrachtet wird – noch immer als nützliche und sogar aufschlussreiche Art von «Ent-Bildung» innerhalb des heutigen kulturellen Gedächtnisses fungieren? Nicht, so würde ich behaupten, wenn wir aufhören, Freud und andere Autoren zu lesen, die grossen Einfluss auf den multidisziplinären und vielbändigen Wissenskörper des 19. Jahrhunderts hatten. Ich schliesse meinen Vortrag mit einer Anekdote, die veranschaulicht, wie einfach es heute sein könnte, vergangene Formen des Wissens als etwas abzutun, was rückblickend entweder ein wesentliches Argument zugunsten der Grundbedingungen aufgeben musste oder keine disziplinäre Synthese erreichte. Im einleitenden Kapitel seines jüngst erschienenen Begleitbands zur Darwin-Ausstellung im American Museum of Natural History weist der Kurator und Paläontologe Niles Eldredge nachdrücklich auf Darwins kontinuierliche Relevanz für das 21. Jahrhundert hin und stellt diese dem verminderten Einfluss von Freud, Marx und Charles Dickens – jenem Autor, dessen Bildnis auf der britischen Pfundnote im Jahre 2000 durch dasjenige von Darwin ersetzt wurde – gegenüber: «Mit dem Fall der Berliner Mauer und dem Vormarsch von Prozac», so Eldredge, «scheint die Gesellschaft diese zwei Riesen (Marx und Freud) weitgehend metabolisiert zu haben, so sehr, dass die Erwähnung ihrer Namen weder auf die eine noch die andere Art viel Leidenschaft erweckt. Darwin hingegen scheint noch nicht völlig im Mainstream unserer westlichen Kultur integriert zu sein.» (Eldredge 2005, S. 7 f.) [18] Dass Darwin so klar von Marx, Freud, ja sogar von Dickens unterschieden wird, liegt vermutlich an der zentralen Bedeutung seines Werks für die moderne wissenschaftliche Forschung. Und dennoch ist das Bedürfnis, Darwin zu verteidigen, vermutlich ein Beweis dafür, dass sich die Wissenschaft, trotz ihrer Dominanz als Wissensform, die bei der Beurteilung aller anderen Forschungsprogramme heutzutage als Massstab dient, der Popularisierung entzieht und bis zu einem gewissen Grad nicht öffentlich anerkannt wird. Zudem ist nicht klar, wie erfolgreich genetische, medizinische und evolutionäre Erklärungen des menschlichen Verhaltens Romane des 19. Jahrhunderts oder andere serielle Narrationsformen wie Film, Fernsehen und Drama, welche die psychologischen Modelle des «Innenlebens» in der Fantasie des 20. Jahrhunderts prägen, in ihrer Popularität ablösen können. Hingegen ist Eldredges Ansicht, Darwins Einfluss sei noch nicht gänzlich assimiliert, ein Hinweis darauf, dass die vergleichende Kulturgeschichte ein Interesse an einem Forschungsprojekt über die Personifizierung von Wissenssystemen haben sollte. Ein solches Forschungsprojekt könnte sich wiederum auf die Psychoanalyse stützen, um die Übertragungen und die Widerstände zu analysieren, die mit den Theorien der natürlichen Selektion verbunden sind.

---

18 Übersetzung P. Kunstenaar.

Ich möchte vorschlagen, dass – neben dem Studium der Schriften Freuds, deren zentraler Stellenwert für praktizierende Analytiker und ihre Patienten ebenso wie für psychoanalytische Theoretiker und Forscher auf dem Gebiet der Freud-Studien ohnehin offensichtlich ist – das Freud-Archiv weiter erforscht werden sollte, weil es beispielhaft verdeutlicht, dass die intellektuellen Praktiken im 19. Jahrhundert noch nicht gänzlich in Disziplinen aufgeteilt oder spezialisiert sind. Neue Formen interdisziplinären Wissens müssen sowohl das provisorische Wesen der modernen Disziplinen wie auch ihre Geschichte der Konsolidierung durch Aufnahme und Ausschluss von Wissens- und Ausbildungsformen, die früheren Generationen von Forschern wesentlich und auch völlig kompatibel schienen, berücksichtigen. Wie die klassische Bildung, so hatten die weitläufigen und miteinander wetteifernden Bereiche der disziplinären Projekte des 19. Jahrhunderts eine prägende Rolle inne: sowohl hinsichtlich späterer Entwicklungen der Disziplinen als auch hinsichtlich der Ausgestaltung wissenschaftlicher Mythologien des modernen Lebens, zu welchen die noch immer währende populäre Rezeption sowohl freudscher als auch darwinscher Ideen gezählt werden können. Wenn die Psychoanalyse – wie die klassische Philologie – die Form einer hermeneutischen und professionellen Bildung angenommen hat, so beschreiben Freuds Schriften ihrerseits die Kulturgeschichte der Formierung von Individuen wie auch von Disziplinen. Sie können als beispielhaft gelten, wenn es darum geht, die Probleme sowie die Verheissungen einer Zukunft der «Ent-Bildung» zu integrieren; als eine Erziehungsethik der Abwendung vom Selbst oder vom Wissenskörper, um dann mit einer Reihe von Problemen, die gleichzeitig Fragen aufwerfen und sich einer Lösung widersetzen, zurückzukehren. Wenn wir Freuds Schriften heute lesen, erkennen wir, dass sie noch immer Bildung – oder Formierung – zu definieren vermögen, einerseits als essentielle Form des kulturellen Gedächtnisses und andererseits, um die Sache der Psychoanalyse als einer unserer erkenntnisreichsten Methoden zu vertreten, was die Reflexion über die historische und individuelle Tradierung des Wissens und der Kultur betrifft.

Übersetzung: Patricia Kunstenaar

Literatur

Bourdieu, P., & Wacquant, L. (1996). *Reflexive Anthropologie* (H. Beister, Übers.). Frankfurt/Main: Suhrkamp.

Eldredge, N. (2005). *Darwin: Discovering the Tree of Life.* New York [et al.]: Norton.

Freud, S. (1945). *Zur Dynamik der Übertragung* (GW VIII, S. 364–374). Frankfurt/Main: Fischer.

Freud, S. (1940). *Jenseits des Lustprinzips* (GW XIII, S. 3–69). Frankfurt/Main: Fischer.

Freud, S. (1948). *Das Unbehagen in der Kultur* (GW XIV, S. 421–506). Frankfurt/Main: Fischer.

Gadamer, H.-G. (1975). *Wahrheit und Methode* (4. Aufl.). Tübingen: Mohr Siebeck.

Locke, J. (1872). *Versuch über den menschlichen Verstand* (H. F. Müller, Übers.). Berlin: Heimann.

Locke, J. (1978). *Über den richtigen Gebrauch des Verstandes* (O. Martin, Übers.). Hamburg: Meiner.

Mill, J. S. (1874). *Selbstbiografie* (C. Kolb, Übers.). Stuttgart: Verlag Adolf Bonz & Comp.

Oxford University Press (1989). *The Oxford English Dictionary* (2. Ausg.). Zugegriffen am 20.11.2010 über http://www.oed.com.

Rousseau, J.-J. (1963). *Emile, oder über die Erziehung* (J. Esterhues, Übers.) (3. überarb. Aufl.). Paderborn: Schöningh.

Winter, S. (1999). *Freud and the Institution of Psychoanalytical Knowledge. Cultural Memory in the Present.* Stanford: Stanford University Press.

Die unbedingte Psychoanalyse
Marginalien eines Nicht-Analytikers

Giaco Schiesser

«Vergessen wir nicht die Psychoanalyse.

Manche würden uns gerne dazu bringen, die Psychoanalyse zu vergessen.

Werden wir / möchten wir die Psychoanalyse vergessen?

Das Vergessen der Psychoanalyse könnte nicht ein Vergessen unter anderen sein und kann nicht umhin, Symptome hervorzubringen.

Das Vergessen der Psychoanalyse findet nicht notwendigerweise ausserhalb der Psychoanalyse oder ihres institutionellen Raumes statt. Es kann mitten im Herzen des Psychoanalytischen vonstatten gehen.

[...]

[I]ch möchte [...] einer Beunruhigung, die ich seit mehreren Jahren habe, Ausdruck verleihen.

Einer Beunruhigung, über das, was ich vage, freischwebend [...] das philosophische Meinungsklima nennen würde, das, in dem wir leben und welches Anlass zu philosophischen Wetterberichten geben kann. Und was haben uns die Berichte über diese philosophische *doxa* zu sagen? Dass unter vielen Philosophen und in einer bestimmten ‹öffentlichen Meinung› die Psychoanalyse nicht länger Mode ist, nachdem sie in den Sechziger- und Siebzigerjahren exzessiv in Mode gewesen war, als sie die Philosophie weit aus dem Zentrum herausgedrängt und den philosophischen Diskurs genötigt hatte, mit einer Logik des Unbewussten zu rechnen, auf die Gefahr hin, es zulassen zu müssen, dass seine grundlegendsten Gewissheiten aus den Fugen gehoben werden. [...]

Was geschehen ist, im philosophischen Meinungsklima, ist [...] dieses, dass nach einer Zeit verschüchterter Ängstlichkeit sich manche Philosophen wieder in den Griff bekommen haben. [...] [A]ls ob in dieser Zeit der philosophischen Restauration, die in der Luft liegt – denn was an der Tagesordnung ist [...], ist eine Art beschämender flickschusterhafter Restauration –, [...] als wäre es nun endlich wieder legitim, jemanden der Obskuranz oder des Irrationalismus zu beschuldigen, der die Dinge ein wenig kompliziert, indem er sich nach dem Grund der Vernunft *(la raison de la raison)* [...] fragt [...].» (Derrida 1998, S. 7 ff.)

Ich habe mir erlaubt, aus Jacques Derridas präziser Beschreibung a) der Situation, in der sich die Psychoanalyse vor zwanzig Jahren wiederfand, und b) des Verhältnisses von Psychoanalyse und Philosophie diesen etwas längeren Ausschnitt aus seinem Text «Vergessen wir nicht – die Psychoanalyse» (1990, dt. 1998) zu zitieren. An diesem Befund ist von heute aus gesehen viererlei interessant:

1. Die Situation hat sich heute, rund zwanzig Jahre später, noch verschärft: Die Marginalisierung der Psychoanalyse vonseiten der Philosophie – und nicht nur von ihr – ist noch weiter vorangeschritten. Die «beschämende flickschusterhafte Restauration», von der Derrida spricht, scheint eine «longue durée» zu haben, die Derrida nicht erwartet hatte (die man vielleicht auch nicht erwarten konnte).

2. Die Marginalisierung der einst mächtigen Psychoanalyse kann – und so meine ich: hat – auch «im Herzen des Psychoanalytischen» selbst stattgefunden.

3. Derridas Vorschlag und Selbstverpflichtung, dass die Philosophie in ihrem Denken nicht hinter die Erkenntnisse der Psychoanalyse zurückfallen darf.

4. Die Überdeterminierung des Verhältnisses von Psychoanalyse und Philosophie. Hier wie dort gibt es Leerstellen – Ungedachtes und Unbedachtes – in den jeweiligen Dispositiven und deren Diskursen.

Sehen wir näher zu.

* * *

Zehn Jahre nach dieser Diagnose, im Jahr 2000, hat Derrida auf Einladung von Jürgen Habermas in Frankfurt einen viel beachteten Vortrag mit dem Titel «Die unbedingte Universität» (Derrida 2001) gehalten, der von der «Frankfurter Allgemeinen Zeitung» sogleich in eine Reihe mit den berühmten Universitäts-Reden Kants, Schellings, Nietzsches und Heideggers gestellt wurde (ebd., Klappentext).

Derridas Ausgangspunkt ist eine zugleich besorgte und schneidende Diagnose der postindustriellen Gegenwart, die die Universitäten – natur-, technik-, geisteswissenschaftliche und künstlerische gleichermassen – in ihrem Innersten (be)treffen. Angesichts des heutigen «neuen [...] quantitativen Ausmasses einer [...] gespenstischen Virtualisierung, ihres beschleunigten Rhythmus, ihrer Reichweite, ihrer kapitalisierenden Potenz» führt die aktuelle «neue technische ,Stufe' der Virtualisierung [...] zu einer Destabilisierung des angestammten Raumes der Universität. Sie erschüttert deren Topologie, sie bringt ihre ganze Ortsverteilung durcheinander, nämlich die Ordnung ihres nach Forschungsgebieten und Fachgrenzen unterteilten Territoriums, ebenso wie die Orte der akademischen Diskussion, den *Kampfplatz*, das *battlefield* theoretischer Auseinandersetzungen – und die gemeinschaftsstiftende Struktur ihres

‹Campus›. [...] Man kann sich des Eindruckes nicht erwehren, dass es, radikaler gefasst, die Topologie des Ereignisses, die Erfahrung des einzigartigen Stattfindens ist, was da erschüttert wird.» (ebd., S. 25 f.)

In dieser Lage fordert Jacques Derrida, dass die Universität «die Wahrheit» neu entdecken und sie wieder radikal in den Mittelpunkt ihres Tuns stellen sollte (ebd., S. 10). Ja, er ist der Meinung, dass sie dies bei Strafe ihres Untergangs tun muss. Damit das geschieht, sind zwei Momente unabdingbar:

Erstens ist es nötig, dass «die moderne Universität eine *unbedingte*, dass sie *bedingungslos*, von jeder einschränkenden Bedingung frei sein *sollte*. [...] Was diese Universität beansprucht, ja erfordert, und geniessen sollte», heisst es weiter, «ist über die sogenannte akademische Freiheit hinaus eine unbedingte Freiheit der Frage und der Äusserung, mehr noch: das Recht, öffentlich auszusprechen, was immer es im Interesse eines auf Wahrheit gerichteten Forschens, Wissens und Fragens zu sagen gilt» (ebd., S. 9 f.). Kurz, die «Universität müsste [...] der Ort sein, an dem nichts ausser Frage steht» (ebd., S. 14).

Und zweitens ist es nötig, dass sich die Universität «prinzipiell und ihrer eingestandenen Berufung, ihrem erklärten Wesen nach als ein Ort letzten kritischen – und mehr als kritischen – Widerstands gegen alle dogmatischen Versuche, sich ihrer zu bemächtigen» (ebd., S. 12), versteht.

Die im Anschluss formulierten sechs «Bekenntnisse» Derridas, auf die ich hier nicht im Einzelnen eingehen kann, münden in das siebte: «[D]ie Universität findet statt», die Universität als «Stätte des Stattfindens» (ebd., S. 23), in dem das Ereignis der Wahrheit als konstatives und performatives Wissen und seine Erforschung in actu zum Zentrum des Handelns gemacht werden. Dieses Stattfinden-Lassen verweist zugleich auf die Grenze der performativen Sprechakte, auf die Dimension von Nichtwissen oder auf die Dimension jenseits von sprachlichem Wissen und damit auf dessen Unverfügbarkeit, auf «das zweite Ereignis, [...] das unmöglich Mögliche» (ebd., S. 73).[19]

* * *

Wieso breite ich diese Überlegungen zu einer zeitgenössischen Universität im Rahmen meines heutigen Themas aus?

Weil ich meine, dass Derridas scharfsichtige Zeitdiagnose und sein Vorschlag der Begründung eines neuen Typs der Universität und des Humanismus Chance, Potenzial und Herausforderung in einem nicht nur für die Universitäten als Institutionen sind,

---

19 Wie es sich etwa im Ereignis der Gabe, des Geständnisses, der Erfindung oder der Gastfreundschaft vollzieht (vgl. Derrida 2001, S. 73 f.).

sondern auch für die einzelnen sowohl an den Universitäten wie auch ausserhalb von ihr betriebenen Wissenschaften und auf Wissenschaft basierenden Praxen gelten. [20] «Die unbedingte Universität hat ihren Ort nicht zwangsläufig, nicht ausschliesslich innerhalb der Mauern dessen, was man heute Universität nennt. [...] Sie findet statt, sie sucht ihre Stätte, wo immer diese Unbedingtheit sich ankündigen mag.» (ebd., S. 77) Wobei ich mir bewusst bin, dass die Psychoanalyse eine theoretische, eine wissenschaftliche und eine angewandte analytische Praxis besonderen Typs ist.

Befragen wir nun also die Psychoanalyse: Hat sie sich – und wenn ja, wie hat sie sich – dieser unabschliessbaren, bedingungslosen Analyse und Praxis gestellt? Oder gilt für sie, was Hans Eisler (1961) zu Mozart angemerkt hat, dass «selbst bei dem grössten Musiker der Menschheitsgeschichte, bei Mozart, [...] noch das Klirren der Teetassen und der Teller beim Menü der Adeligen mitkomponiert [ist]», obwohl Mozart sich bekanntlich später vom Hof abwandte und eine eigenständige, bedingungslose Haltung als Autor gesucht hat?

Ist in der Psychoanalyse trotz aller Modifikationen und Verschiebungen der letzten vierzig Jahre das Klimpern des Bestecks der Wiener Gesellschaft des ausgehenden 19. Jahrhunderts noch immer zu hören? Oder haben Jacques Lacan, Gilles Deleuze / Felix Guattari oder Slavoj Žižek, welche die Psychoanalyse radikal befragt haben, dieser zu einer Verfassung auf der Höhe ihrer Zeit verholfen? Oder umgekehrt gefragt: Wo bzw. wie wäre die Selbstmarginalisierung der Psychoanalyse auszumachen?

Im Wissen, dass von *der* Psychoanalyse zu reden problematisch ist, will ich ebendies dennoch verallgemeinernd und vereinfachend tun und Sie auf eine kleine Reise mitnehmen, um Ihnen aus der Sicht eines Philosophen und Diskursanalytikers – also eines Nicht-Analytikers – einige Überlegungen zu unterbreiten, die vielleicht Ihr Interesse finden.

* * *

Beginnen wir mit einem psychoanalytischen Grossanlass. Vom 21. bis 24. Oktober 2010 fand in Beijing die erste von der International Psychoanalytical Association (IPA) in China durchgeführte psychoanalytische Konferenz statt. Sie trug den Titel «Freud and Asia. Evolution und Change: Psychoanalysis in the Asian Context» (IPA 2010a) und wurde anlässlich des 100-jährigen Bestehens der IPA ausgerichtet. Im Einleitungstext schreiben die Verfasser: «The conference is part oft the IPA Commitment for the diffusion and development of psychoanalysis in the Asian Region.» (IPA 2010b) Von den 15 Keynote und Main Speakers stammten fünf aus dem asiatischen Raum: zwei

---

20 Den Versuch, Derridas Vorschläge für eine andere Disziplin – die Künste und die Kunstausbildung – fruchtbar zu machen, habe ich unternommen in Schiesser 2007.

aus China und je einer aus Japan, Korea und Indien. Alleine schon diese wenigen Fakten weisen, so meine ich, auf eine Problematik hin. Sie vermitteln folgenden Eindruck: Es gab die Erfindung der Psychoanalyse in Europa, und diese wird heute – nach hundert Jahren und im Zeitalter der Globalisierung – von Europa aus nach China getragen. (Dass es bereits sehr früh eine interessante und durchaus breite Rezeption von Freuds Werk in China gab, sei hier nur am Rande erwähnt.) Am 28. Oktober 2010 veröffentlichte die «New York Times» einen Kongressbericht und übertitelte ihn treffend mit «Freudians put China on the Couch».

Eine kleine, sicherlich unvollständige Internet-Recherche zu aktuellen Intentionen und Rezeptionen der Psychoanalyse in China, die ich im Vorfeld der Konferenz gemacht habe, wie auch der Verlauf der Konferenz selbst erbrachten folgenden Sachverhalt: Das ungedachte, unbefragte Dispositiv, in dem die Psychoanalyse das Verhältnis Europa-Asien denkt, ist ein einziges, auch wenn die drei unterschiedlichen Diskursvarianten, in denen die Überlegungen vorgetragen werden, dies auf den ersten Blick anders erscheinen lassen:

In der ersten Gruppe von Analytikern wird diskutiert, welche Elemente der Psychoanalyse auf Asien übertragbar sind. In der zweiten Gruppe geht es darum, den Besonderheiten Chinas in der Annahme Rechnung zu tragen, dass eine Einführung der Psychoanalyse dort Zeit braucht, da die chinesische Seite noch nicht in der Art und Weise entwickelt ist, dass die Psychoanalyse in breiterem Masse angenommen würde. In der dritten, kleinsten und radikalsten Gruppe taucht die Frage auf, ob die Psychoanalyse überhaupt auf asiatische Verhältnisse übertragbar sei.

Nirgends aber – und als psychoanalytischer Laie bitte ich um Nachsicht, falls mir einzelne Artikel, die das anders diskutieren, entgangen sein sollten –, nirgends aber wird die Frage gestellt, was denn aus der Befragung asiatischer Lebensweisen, asiatischer Formen des In-der-Welt-Seins für die Theorie einer zeitgenössischen *europäischen* Psychoanalyse zu gewinnen wäre[21] als Umweg, als Strategie im Sinne François Julliens (auf den ich gleich zu sprechen komme), um das eigene Denken (be-)denken und damit verändern zu können.

Eine Leerstelle, ein blinder Fleck des eigenen Denkens wird offensichtlich: Das eigene Dispositiv wird als Universalie gesetzt (die bestenfalls erweitert, aber nicht grundsätzlich infrage gestellt werden kann) oder gesellschaftstheoretisch ausgesprochen: In bester Absicht wird unhinterfragt und wohl unbewusst ein Herrschaftsdispositiv eingerichtet. In diesem Sinne macht die Veranstaltung der IPA in Beijing eine – ich meine sogar: die – Problematik der Psychoanalyse öffentlich.

---

21 Das gilt auch für jene Teile der analytischen Praxis, die in den letzten Jahren einzelne Elemente chinesischen Denkens integriert haben, dies aber meist wenig reflektiert und ohne sich einer radikalen Befragung des eigenen theoretischen Fundaments zu stellen.

* * *

Wie man sich dieser zweiten grossen Weltkultur ganz anders aussetzen kann und die eigene Wissenschaft / Theorie / angewandte Praxis ganz anders und mit weitreichenden Konsequenzen für das eigene Denken, die eigene Theoriebildung und Praxis befragen und nutzbar machen kann, wie man die Konfrontation mit einem anderen Denken bedingungslos betreiben kann und mit welchem Gewinn für ein europäisches Denken, zeigt seit manchen Jahren der französische Philosoph und Sinologe François Jullien.

In der Hoffnung, ja Überzeugung, dass Julliens Arbeiten sowohl methodologisch wie inhaltlich für eine unbedingte Psychoanalyse von Bedeutung sein könnten, seien hier seine Verfahren, Erkenntnisse und Vorschläge ein Stück weit und sicherlich vereinfacht dargelegt.

Sehr früh hat sich der 1951 geborene Philosoph und Sinologe entschieden, eine «strategische Entscheidung», wie er verschiedentlich ausgeführt hat, zu treffen (Jullien 2008a, S. 140; 2002b, S. 42 f.; 2002c, S. 96 f.). Um die Voraussetzungen und Implikationen – das Dispositiv – des europäischen Denkens ins Blickfeld zu bekommen, hat er sich entschieden, den Denk- und Wahrnehmungsrahmen der indoeuropäischen Kultur zu verlassen, um auf dem Umweg über China zu den, wie er sagt, «Voreingenommenheiten, mit denen das europäische Denken prosperierte» (2008c, S. 10), zurückzukehren und dessen «Gussformen des bequemen Denkens» (2008b, S. 91) zu zerbrechen. Die Entscheidung, sich in aller Tiefe auf das chinesische Denken einzulassen, fällte er deswegen, weil die chinesische für ihn die Europa fremdeste Kultur darstellt, zugleich aber ein ebenso reflektiertes, kommentiertes Denken entwickelt hat wie Europa. Die Exteriorität der Geographie, die Exteriorität der Sprache und die Exteriorität der Geschichte (2008c, S. 7 f.), also die radikale Indifferenz der beiden Kulturen – eine wirkliche Kommunikation zwischen Europa und China gibt es erst seit der zweiten Hälfte des 19. Jahrhunderts – als Ausgangspunkt, um den, wie Jullien an anderer Stelle sagt, «weichen Kissen der Begriffe» (ebd., S. 15) zu entkommen.

Wichtig ist, dass Jullien die Alterität Chinas nicht als absolute oder radikale Andersartigkeit denkt, sondern als das «*Woanders* (im Sinne von Heterotopie)», als Alterität, die «weder das ‹Andere› noch das ‹Differente› oder das ‹Entgegengesetzte› ist, sondern einfach (und ganz streng) das, was nicht in unseren Rahmen passt und nicht zu der (sprachlich-begrifflichen) Landschaft gehört, in der wir zuerst aufgewachsen sind» (2000b, S. 92).

Ziel seiner Strategie des Fragens, die sich entfaltet (2008b, S. 94) – François Lyotard hat sie als Strategie eines Krebses, eines Sich-schräg-Fortbewegens ohne eigentliches Ziel charakterisiert (Lyotard 2002, S. 7) –, Ziel von Julliens Strategie ist es, mittels «Verschieben» – nun endlich doch einer der Begriffe, der zum methodischen Besteck der Psychoanalyse gehört – «im doppelten Sinne des Wortes» zu verfahren: einerseits «eine bestimmte Verschiebung im Verhältnis zum Normalen (unserer Denkgewohnheiten) vorzunehmen, indem man von einem Rahmen zum anderen wechselt – von Europa nach China und umgekehrt –, was unsere Vorstellungen verrückt und das Denken wieder in Bewegung bringt; und [andererseits] auch in dem Sinne verschieben, wie man einen Keil wegzieht: um das wahrzunehmen, *worauf* wir unser Denken unaufhörlich *stützen*, was wir aber gerade deshalb nicht denken können. Das nenne ich eine *Dekonstruktion von aussen.*» (Jullien 2002a, S. 177 f.) [22]

* * *

Was Jullien mit dieser listenreichen Strategie des Umwegs, Auswegs, Rückwegs, Widerwegs – die nicht als Methode missverstanden werden sollte, er selbst hat darauf immer wieder hingewiesen – seit den 1980er Jahren entwickelt hat, um das europäische Denken zu entwurzeln, um «neue – schräge – Zugänge» (2008c, S. 29) zu dessen Nicht- und Unbedachtem zum eigenen Nutzen ins Spiel zu bringen, ist getragen von der Hoffnung, dass sich (wie er mit einem schönen Bild erläutert) «unser Denken ‹zu entfalten› beginnt, dass sich Flöze wiederfinden, die unsere Vernunft schon vor langer Zeit aufgegeben hat […] und dass sich schliesslich wieder Wege öffnen, die sie verschlossen glaubte oder für endgültig überholt hielt, verlorene Wege, weil sie zu nichts mehr führten» (2008b, S. 119). Dieses listenreiche, umwegige Vorgehen könnte, ja müsste eine wahre Fundgrube oder listenreiche Strategie auch und gerade für eine bedingungslose Psychoanalyse sein.

Jullien hat seit den 1980er Jahren zu einer Reihe von Fragen gearbeitet, auf welche die europäische und die chinesische Kultur sehr unterschiedliche Antworten gefunden und weiterverfolgt haben. Es geht ihm darum, «in Form von Hauptbegriffen zwei Weisen, sich auf die Welt zu beziehen, und zwei Handlungsregime» zu unterscheiden: «Das eine stellt (durch Erkenntnis) eine ‹objektive› Beziehung her, führt zur Bestimmung, zur Definition (dieses ‹Etwas›) und ist folglich ausschliessend; das andere lässt uns (durch Übereinstimmung) in das Einvernehmen zwischen dem kontinuierlichen Aufschwung der Dinge und seinem prozesshaften Ablauf eingehen» (ebd., S. 108). Er hat über die Jahre hinweg eine unvollständige Liste solcher differenter Fragen / Antworten und Logiken der Weisheiten zusammengetragen (ebd., S. 98 ff.). Einige zentrale sind: Denken des Seins vs. Denken des Prozesses, Kausalität vs. Immanenz, Präsenz vs. Prägnanz, Sinn vs. Kohärenz, das Ewige vs. das Endlose, das Ausgedehnte vs. das

---

22 Die Bezugnahme auf China in Europa und das Erahnen dessen, was die Erschütterung des europäischen Denkens durch die Begegnung mit der chinesischen Exteriorität bedeuten könnte, ist relativ alt, worauf Jullien selbst hinweist (2008a, S. 139). Sie reicht in Frankreich von Pascal über Montaigne bis zu Barthes und Foucault. Nirgends aber ist der Bezug so radikal strategisch gedacht und eingesetzt worden wie bei Jullien.

Transitorische, Wahrheit vs. Verfügbarkeit, Idee der Freiheit vs. Idee der Spontaneität, Glück vs. Gangbarkeit, Taten vs. Verhalten, Wille vs. Beharrlichkeit, Ehrlichkeit vs. Vertrauenswürdigkeit, Modellbildung vs. Schematisierung oder Komposition vs. Korrelation.

Sehen wir uns einige der Problematiken, die Jullien herausarbeitet, näher an. Ich greife nur ein paar wenige der wesentlichen Problematiken und Begriffe europäischen Denkens auf, Problematiken und Begriffe, die auch für die Psychoanalyse zentral sind.

Lassen Sie mich einleitend sagen, dass es selbst in jenem Land, in dem sich der Begriff der Analyse wie in keinem anderen fast ganz mit demjenigen der Psychoanalyse deckt, in Frankreich, vonseiten der Psychoanalyse erst einen zögerlichen Dialog mit dem Denken Julliens gibt.[23] Im angelsächsischen und im deutschsprachigen Raum fehlt eine Rezeption Julliens aus psychoanalytischer Sicht bisher ganz.

* * *

Nehmen wir also ein paar wenige, dafür zentrale Begriffe. Zum Beispiel den Begriff der *Wahrheit*.[24] Ein sehr europäischer Begriff. Er hat das philosophische Weltverständnis in Europa mehr als zweitausend Jahre (bis zu Nietzsche) und das Weltverständnis vieler Wissenschaftler/innen bis heute geprägt, von unserem Alltagverständnis ganz zu schweigen. Die *Wahrheit* ist der archimedische Punkt, von dem her und auf den hin das europäische Denken sich bestimmt. Die Suche nach *der* Wahrheit als Suche nach dem einen Grund. Die Wahrheit als das wirkungsmächtigste Dispositiv des europäischen Denkens überhaupt. Es ist, wie Jullien schreibt, «die Problemstellung, an die sich die griechische Philosophie geklammert hat, fast im psychoanalytischen Sinne» (2008b, S. 101). Wir Europäer sind imprägniert davon. In China aber hat sich der Begriff der Wahrheit «nie verfestigt» (2008a, S. 147), «das chinesische Denken hat sich nie auf die Wahrheit konzentriert, wie es die [europäische] Philosophie getan hat», sich nie «für eine Entscheidung für die ‹Wahrheit›» (ebd.) entschieden, es hat «die Wahrheit nicht zum Hauptzweck der Philosophie gemacht» (2008c, S. 12).

Dem chinesischen Denken ist dagegen die *Verfügbarkeit* wichtig, die es «ermöglicht, den Geist auch für Gegensätze offen zu halten» (2008b, S. 101), es geht ihm um die «Angemessenheit», um die «innere Disponibilität» eines ‹wahren Menschen› etwa, «der zu einer vollkommenen inneren Disponibilität gelangt ist, der bei der Verwirklichung seiner Existenz keine Schranken mehr kennt» (2000c, S. 12). Oder darum,

---

23 Ich kann an dieser Stelle nur vermerken, dass in diesem innerfranzösischen Dialog die Psychoanalyse in demselben Dispositiv verbleibt, wie ich es am Beispiel der IPA dargelegt habe. Nirgends ist sie bisher, soweit ich das überblicke, an der strategischen Anwendung von Julliens Vorgehen auf die eigene, psychoanalytische Disziplin oder Theoriebildung interessiert.

24 Verständnis und Bedeutung der «Wahrheit» in der chinesischen Kultur sind bei Jullien (2001) ausführlich dargelegt.

«das Situationspotential» (ebd., S. 18) zu nutzen, d.h. die Entwicklung der Situation in Rechnung zu stellen und den günstigen Augenblick zu nutzen, statt Modellbildung zu betreiben.

Weiteres Beispiel: der Dualismus Seele/Körper.[25] Kann es, stellt sich Jullien die Frage, einen Körper geben, wenn es in einer Kultur keine Seele gibt? Zwar gibt es im Chinesischen verschiedene Begriffe für Seele, aber keinen im Sinne des europäischen Verständnisses, während etwa Sokrates von der Gewissheit, dass es diese beiden Dinge gibt – Seele und Körper, *psyche* und *soma* –, als Grundlage für sein Denken ausgeht (vgl. 2008a, S. 148). Erst auf der Basis dieser ursprünglichen Spaltung konnte dann diskutiert werden, welchen Stellenwert man der Seele geben will. Während im europäischen Denken die Seele genährt wird, und zwar durch die Wahrheit, wird in China «das Leben genährt», d.h. «sein Lebenspotential, indem man seine Energien stärkt» (2000b, S. 102). «Alle Begriffe, die sich im klassischen China auf das beziehen könnten, was man ‹Körper› nennt», schreibt Jullien, «sprengen den Begriff» (2008a, S. 149). Was könnte das für unser europäisches Denken und unser In-der-Welt-Sein bedeuten?

Drittes Beispiel: Was wäre für ein europäisches Denken zu lernen von einer Kultur, die auf die zentrale Kategorie des *Wesens* oder der *Substanz* verzichtet? Sie ahnen oder wissen es: In China gibt es keine Entsprechung für diese Begriffe. «Ontologie» ist kein Bezugspunkt des chinesischen Denkens, während in Europa die Frage Sein oder Nicht-Sein zur dramatischen Alternative par excellence wurde. Das klassische China denkt Sein nicht als Absolutum, als Ausgangspunkt, aus dem alles andere hervorgeht, und es denkt auch nicht an das Sein ‹als solches›. Das klassische China «geht am Sein vorbei», wie Jullien lakonisch bemerkt (2008c, S. 11 f.).

Oder ein viertes Beispiel: Begriff und Vorstellung des *Subjekts*. Was könnte es für unser Denken bedeuten, von der chinesischen Sichtweise auszugehen, «dass die Quelle der Erkenntnis nicht in einem *Subjekt*» liegt, «das über bestimmte Fähigkeiten verfügt, sondern in *dem Vermögen*, einen *Prozess fortzusetzen* (dessen Ideal folglich ist, sich niemals blockieren zu lassen)» (Jousset 2008, S. 57). Was wären die Konsequenzen, nicht wie die Griechen distinktive Unterscheidungen in unterschiedliche, getrennte Objekte und Subjekte zu machen, sondern wie das taoistische China das Ungeschiedene ungeschieden zu denken? Etwa wenn *das Fade* oder *die Landschaft* – zwei Problematiken, denen Jullien eigene Analysen gewidmet hat (1999; 2005) –, Teil von mir sind (oder ich Teil von ihnen bin)?

---

25 Verständnis und Bedeutung von Seele/Körper in der chinesischen Kultur sind bei Jullien (2006) ausführlich dargelegt (insbes. Kapitel V und VI).

***

Lassen Sie mich mit einem Beispiel abschliessen, das sich bei Jullien nicht findet, dafür aber bereits in dem 1968 veröffentlichten Erfahrungsbericht «Vietnamesische Lehrjahre» des Arztes und Psychiaters Georg W. Alsheimer alias Erich Wulff, und das früh meine Aufmerksamkeit erregt hat: Es gab im Vietnamesischen, wie in den asiatischen Sprachen insgesamt bis in die neueste Zeit und in manchen asiatischen Sprachen bis heute, kein Wort, keinen Begriff für das europäische, alleingestellte grosse Subjekt JE / MOI – ME – ICH. (Allerdings: Das Chinesische hat Ende des 19. Jahrhunderts ein Wort für dieses europäische ICH erfunden, aber auf sich selber nie angewandt!) Stattdessen kennen diese Sprachen eine ganze Reihe von Wörtern für das Ich, die alle strikt relational und situativ bezogen sind (zu Bruder, Schwester, Eltern, Lehrer etc.) und sich niemals verfestigen. [26] Versucht man als Europäer die Dimensionen dieser Sichtweise zu bedenken, dann scheint spätestens hier eine Kartografie anderer Art auch für die Psychoanalyse auf.

So besehen wird auch klar, wie – naiv, unbewusst oder arrogant? – die IPA zu ihrem hundertsten Geburtstag die Psychoanalyse nach China trägt und welcher Chancen für eine Erneuerung der Psychoanalyse sie sich selbst beraubt. Aktivistischer Stillstand im Herzen der Psychoanalyse selbst.

Und Sie beginnen vielleicht zu ahnen, was eine Psychoanalyse, die sich nicht selber marginalisiert, indem sie sich, ihre Modelle, Begriffe und Praxen in einem «ehernen Gehäuse» (Max Weber) ‹stillstellt›, was eine bedingungslose, unabschliessbar bedingungslose Psychoanalyse heute – angesichts der Mondialisierung der Welt – sein könnte, sein müsste.

Diese Arbeit wäre dann nicht mehr eine Arbeit für Philosoph / innen, Diskursanalytiker / innen oder Kulturwissenschaftler / innen, sondern eine Arbeit, die die Psychoanalyse selbst zu leisten hätte.

---

26 Vgl. dazu auch, mit Bezug auf das chinesische, vollkommen anders konzipierte Seele- / Körperverständnis, Jullien 2006, S. 87 ff.

Literatur

Alsheimer, G. W. (i.e. Erich Wulff) (1968). *Vietnamesische Lehrjahre.*
Frankfurt/Main: Suhrkamp.

Derrida, J. (1998). Vergessen wir nicht – die Psychoanalyse. In ders.,
Vergessen wir nicht – die Psychoanalyse! (S. 7–14). (H.-D. Gondek, Übers.).
Frankfurt/Main: Suhrkamp.

Derrida, J. (2001). *Die unbedingte Universität.*
Frankfurt/Main: Suhrkamp.

Eisler, H. (1961). Über die Dummheit in der Musik. Aus dem Gespräch mit
Hans Bunge am 4. September 1961 [Interview]. Auf H. Eisler,
Klingende Dokumente 1 [LP]. VEB Deutsche Schallplatten, 1974.

IPA (International Psychoanalytical Association) (2010a). *Freud and Asia. Evolution
and Change: Psychoanalysis in the Asian Context.*
Zugegriffen am 15.10.2011 über http://www.ipaasia.cn/.

IPA (International Psychoanalytical Association) (2010b). *Freud and Asia. Evolution
and Change: Psychoanalysis in the Asian Context. Introduction.* Zugegriffen am
15.10.2011 über www.ipaasia.cn/eng/spHtml.asp?act=Introduction.

Joussait, Ph. (2008). Wie man dem Subjekt aus dem Weg geht oder sich von ihm
befreit. In F. Jullien, *Kontroverse über China. Sino-Philosophie* (S. 49–64).
Berlin: Merve.

Jullien, F. (1999). *Über das Fade – eine Eloge. Zu Denken und Ästhetik in China.*
Berlin: Merve.

Jullien, F. (2001). *Der Weise hängt an keiner Idee: das Andere der Philosophie.*
München: Fink.

Jullien, F. (2002). *Der Umweg über China. Ein Ortswechsel des Denkens.*
Berlin: Merve.

Jullien, F. (2002a). Von ausserhalb denken. Oder wie man zu den Vorentscheidungen
der europäischen Vernunft zurückgeht. In ders., *Der Umweg über China.
Ein Ortswechsel des Denkens* (S. 171–194). Berlin: Merve.

Jullien, F. (2002b). Ein philosophischer Gebrauch Chinas. Gespräch mit der Zeitschrift
Débat. In ders., *Der Umweg über China. Ein Ortswechsel des Denkens* (S. 41–82).
Berlin: Merve.

Jullien, F. (2002c). Ein Ortswechsel des Denkens: der Umweg über China.
Interview mit François Ewald und Emmanuel Oppenheim. In ders.,
Der Umweg über China. Ein Ortswechsel des Denkens (S. 96–115). Berlin: Merve.

Jullien, F. (2005). *Das grosse Bild hat keine Form oder Vom Nicht-Objekt durch
Malerei. Essays über Desontologisierung.* München: Fink.

Jullien, F. (2006). *Sein Leben nähren. Abseits vom Glück.* Berlin: Merve.

Jullien, F. (2008). *Kontroverse über China. Sino-Philosophie.*
Berlin: Merve.

Jullien, F. (2008a). Eine Dekonstruktion von aussen. In ders., *Kontroverse über China. Sino-Philosophie* (S. 133–159). Berlin: Merve.

Jullien, F. (2008b). Unterwegs. Strategien und Risiken der Arbeit François Julliens. In ders., *Kontroverse über China. Sino-Philosophie* (S. 77–122). Berlin: Merve.

Jullien, F. (2008c). Umweg über China. In ders., *Kontroverse über China. Sino-Philosophie* (S. 7–30). Berlin: Merve.

Lyotard, J.-F. (2002). Ein Denken in der Quere. In F. Jullien, *Der Umweg über China. Ein Ortswechsel des Denkens* (S. 7–13). Berlin: Merve.

Schiesser, G. (2007). Die unbedingte Kunsthochschule – Kunstausbildung in der post-industriellen Gesellschaft. Anmerkungen zu einer kaum stattfindenden Diskussion. In H.-P. Schwarz (Hrsg.), ZHdK. *Den Künsten eine Zukunft. Publikation zur Gründung der Zürcher Hochschule der Künste* (S. 152–159). Zürich: Scheidegger & Spiess.

Psychoanalyse lernen

Dichtung und Wahrheit, Klinik und Theorie

Peter Passett

Die Theorie der Psychoanalyse ist im Wesentlichen eine anthropologische Theorie, d.h. eine Theorie über das, was den Menschen zum Menschen macht, nämlich seine sich von allen anderen animalischen Wesen unterscheidende Psyche, deren Inhalte nicht wie bei den Tieren zur Hauptsache aus primären Wahrnehmungen und den affektiven und emotionalen Reaktionen auf diese besteht, sondern aus zwar auch wahrgenommenen, aber notwendigerweise immer subjektiv interpretierten Botschaften von Artgenossen und aus den emotionalen und affektiven Reaktionen auf diese. Dieser Theorie steht eine Praxis gegenüber, die Praxis hinter der Couch. Der Analytiker ist in dieser Praxis derjenige, der einen anderen, den Analysanden, dabei begleitet und unterstützt, ein Stück eines Weges von Selbsterfahrung und Selbsterkenntnis zu gehen. Diese Erfahrung hat oft Effekte, die denjenigen einer Therapie sehr nahe kommen oder sogar mit ihnen identisch sind, sie ist aber in dem Sinn keine Therapie, als ihr Ziel nicht in der Heilung von Symptomen bzw. in der Beseitigung von als pathologisch verstandenen Aspekten des Erlebens und Verhaltens besteht.

Die wesentlichen Aspekte der psychoanalytischen Theorie orientieren sich alle nicht an Vorstellungen von krank und gesund, sondern stellen diesen Gegensatz gerade infrage und verlangen einen nicht auf das Funktionale bezogenen Zugang zum Psychischen. Ebenso ist der therapeutische Erfolg einer als psychoanalytisch bezeichneten Behandlung, den ich nicht bestreite, in keiner Weise von der korrekten Anwendung oder Umsetzung von Einsichten aus der psychoanalytischen Theorie abhängig, sondern – wie bei jeder Form von Therapie – von der gelungenen Suggestion. Über die Suggestion wissen wir theoretisch sehr wenig, weil sich sowohl Psychoanalytiker als auch andere Therapeuten davor scheuen wie der Teufel vor dem Weihwasser und weil sie für andere Wissenschaftler nicht besonders interessant zu sein scheint. Auch ich bin mit diesem Begriff nicht glücklich, denn er ist belastet und diffus. Ich verwende ihn hier einfach mangels eines besseren. Was ich mit Suggestion meine, ist jenes «Etwas», das dafür verantwortlich ist, dass eine Botschaft bei einem Adressaten nicht nur ankommt, sondern ihn affektiv/emotional so berührt, dass er sich durch sie beeinflussen lässt.

Die klassische akademische Psychologie beschäftigt sich mit dem «Psychischen» nur insofern, als es die Blackbox hinter dem Verhalten darstellt, welches ihr eigentliches Objekt ist. Sie braucht sich als empirische Wissenschaft die Frage nicht zu stellen, was diese Black Box, also das Psychische, seinem Wesen nach sei. Aus der Tierpsychologie, die methodisch das Vorbild für die klassische Humanpsychologie ist, wissen wir, dass Verhalten zu einem grossen Teil funktional betrachtet werden kann, d.h. es ist bestimmbar, welches Verhalten welche Funktionen erfüllen muss. Disfunktionales Verhalten kann deshalb als Störung begriffen werden, und es ist sinnvoll, beim Vorliegen solcher Störungen nach deren Ursachen zu forschen. Allerdings stösst die funktionale Betrachtung des Verhaltens schon bei Tieren, insbesondere bei solchen der höheren Gattungen, bald an eine Grenze. So kann man beispielsweise das Spiel von jungen Tieren ein Stück weit als Einüben von später nützlichen Verhaltensweisen begreifen, aber das ist sehr krud und erklärt vieles, vielleicht das Interessanteste am Spiel, nicht. Und auch im Verhalten erwachsener Tiere gibt es vieles, was sich nur mehr sehr gezwungen als funktional begreifen lässt.

Beim Menschen, dessen Instinkte nur rudimentär entwickelt und zu weiten Teilen von erlerntem Verhalten überlagert sind, ist nur der kleinste Teil des Verhaltens funktional im Sinne von biologisch «sinnvoll» zu verstehen. Die Fragen, wieso Menschen beten, Kunstausstellungen besuchen, einander lieben und sich massenhaft systematisch umbringen, um nur einige wenige zu nennen, können nicht durch eine biologische Funktion der entsprechenden Handlungen beantwortet werden. Wohl können diese Handlungen zu einem gewissen Teil aus sozialen Funktionen verstanden werden, aber jenes Soziale, das dann der Bezugspunkt ist, ist seinerseits nicht als funktional verständliches Resultat einer Entwicklung zu begreifen, sondern als etwas historisch Gewordenes. Geschichte ist aber nicht Entwicklung, sondern ein Prozess, der wesentlich durch die Fantasien von Subjekten gesteuert wird. Diese Fantasien entstehen in Interaktionen der Subjekte, die ihrerseits nicht in erster Linie biologischen Funktionen dienen, sondern der Erreichung von Zielen, die den Wünschen (nicht den Bedürfnissen) und den Ängsten der Menschen entspringen. Diese wiederum sind im Verständnis der Psychoanalyse Aspekte der erweiterten Sexualität, jener Sexualität also, die in der Kindheit, im Zuge der Entstehung der menschlichen Psyche, von den Erwachsenen induziert wird, weil unbewusste sexuelle Inhalte auch diejenigen ihrer Botschaften an die Kinder kompromittieren und mitbestimmen, die eigentlich dem Register der Selbsterhaltung angehören. Jean Laplanche hat diese hier nicht weiter auszuführenden Zusammenhänge dargestellt und entwickelt, am ausführlichsten in «Nouveaux Fondements pour la Psychanalyse» (1990). Die psychoanalytische Theorie nun beschäftigt sich nicht mit dem funktionalen Aspekt menschlichen Verhaltens, sondern mit der menschlichen Fantasie und mit deren Auswirkungen auf das Verhalten, d.h. mit jenem inneren Universum von Botschaften, das die sogenannte psychische Realität der Subjekte ausmacht.

Weil dieses innere Universum nicht nur aus gespeicherten Wahrnehmungen, sondern aus empfangenen und bearbeiteten Botschaften besteht – pointiert gesagt: nicht nur aus Bildern, sondern aus Bildern und Bildlegenden, wobei die Legenden wichtiger sind als die Bilder –, ist jedes Ich nur durch das Insgesamt dessen begreifbar, das es selbst nicht ist, sondern das von anderen her kommt und gekommen ist. Diese anderen haben durch ihre an Ego gerichteten Botschaften jene Fakten bestimmt, mit denen sich das Ich auseinanderzusetzen hat, um jene Geschichte zu schreiben, die es dann als die seinige erlebt. Das Ich verändert sich laufend, je nachdem mit welchem fremden Ich es interagiert. Es kann im theoretischen Denken zwar künstlich isoliert und z.B. als Instanz beschrieben werden, de facto aber ist es nicht nur zum Anderen hin offen, sondern ständig von anderen unterminiert, mitbestimmt, mitdefiniert, und deshalb bin ich trotz gegenteiliger Illusion nicht derselbe – je nachdem, ob ich mit diesem oder jenem spreche, scherze, streite oder flirte.

Wenn Analytiker und Analysand (und natürlich nicht nur sie) miteinander zu kommunizieren beginnen, verändern sie sich selbst und einander gegenseitig fortwährend. Diesen Prozess so zu lenken, dass in ihm und aus ihm eine Geschichte entsteht, in der sich der Analysand als deren «Held» wiedererkennt, ist das Kerngeschäft des praktizierenden Analytikers. Gelingt dies, entdeckt sich sein Gegenüber, der Analysand, in diesem Geschehen in einer Art und Weise neu, wie er es in all den geronnenen Bildern, die ihm Psychiater, Pfarrer, Künstler und Pädagogen entgegengehalten haben, niemals vermochte. Was da entsteht, ist also kein Spiegelbild, wie es die freudsche Metapher nahe legt, sondern so etwas wie ein historischer Roman, den der Analysand und sein Analytiker zusammen dichten und der sowohl die Spuren und Züge des Analysanden als auch des Analytikers trägt.

Der Analytiker zerlegt die Sprachgebilde, die ihm der Analysand bringt, fortlaufend in ihre Einzelteile; das meint der Terminus «analysieren». Diese Einzelteile sind dem Analysanden, so wie der Analytiker sie sichtbar macht, zuvor nicht erkennbar gewesen. Der Analysand setzt sie aber umgehend wieder zu neuen Gebilden zusammen. Die Art und Weise, wie der Analytiker zerlegt, folgt nicht Gesetzmässigkeiten, wie sie z.B. der Chirurg beim Operieren befolgt und wie sie diesem aus der Anatomie bekannt sind, sondern sie ist geleitet von den eigenen inneren Bildern und Bildlegenden des Analytikers. Genauso folgt der Analysand beim Wiederzusammensetzen seinen eigenen Fantasien, aber diese – nun wird es kompliziert – haben sich durch die Art der Zerlegung des Analytikers ebenso verändert, wie die Art der Zerlegung beim Analytiker von Anfang an nicht nur durch dessen eigene Phantasmen, sondern durch das spezifische Angebot des Analysanden an ihn bereits mitgeprägt war. Während sich ein Arzt oder ein Psychiater, aber auch ein theologischer Seelsorger oder ein Business Consultant darum bemüht, alle, die zu ihm kommen, unter dem gleichen, für ihn gültigen Raster zu betrachten, damit er ihnen die objektiv beste Hilfe anbieten kann, bemüht sich ein Analytiker, jeden Analysanden so subjektiv wie möglich (und zwar im doppelten Sinne: dem Subjekt des Analytikers und des Analysanden entsprechend) zu erkennen, damit dieser von ihm das subjektiv Richtige erhält.

Öffnet eine solche Subjektivität nicht der totalen Beliebigkeit Tür und Tor? Und ist sie nicht eine Rechtfertigung für jegliche Art von Scharlatanerie? Ich schlage, um zu antworten, einen kleinen Umweg ein. Ich habe mich vor einiger Zeit intensiv mit dem erst kürzlich aufgefundenen Analysenprotokoll einer jungen Schweizer Ärztin (Anna Guggenbühl) beschäftigt, die 1921 bei Freud in Wien eine drei Monate dauernde, hochfrequente Analyse (sechs Stunden pro Woche) gemacht hat. Sie war zu Freud nach Wien gefahren, weil sie nach sieben Jahren Verlobungszeit mit einem Kollegen noch immer von Zweifeln geplagt war und sich nicht zur Heirat entschliessen konnte (Passett 2009a). Als heutiger Analytiker ist man verblüfft, mit welcher Bedenkenlosigkeit Freud dieser jungen Frau Dinge sagte, die er gar nicht wissen konnte, die aber wohl seinen an anderen Fällen und in freier Spekulation gewonnenen Theorien entsprachen. Schon in der ersten Stunde, als sie ihm von ihrer Verehrung für ihren jüngeren Bruder erzählte, sagte ihr Freud: «Sie streifen so nah am Geheimnis des untersten Stockes [damit meint er das Unbewusste], dass ich es Ihnen verraten kann: Sie liebten Ihren Vater und haben ihm den Treuebruch mit der Mutter nie verziehen. Sie wollten die Mutter des Kindes [des Bruders] sein. Sie wünschten daher Ihrer Mutter, die Ihnen den Geliebten nahm, den Tod. Nach und nach werden Sie Beweise dazu bringen und es wird sich das Rätsel lösen, warum Sie nicht von Ihrem Bruder loskommen.» (Freud 1918, zit. nach Koellreuter 2009, S. 42 f.) Jeder junge Analytiker, der heute in der ersten Stunde so etwas zu seiner Analysandin sagen würde, bekäme von seinem Supervisor harsche Kritik zu hören und müsste sich sagen lassen, dass er seine Analysandin indoktriniert, statt ihr zuzuhören.

Es sind aber nicht nur heutige Supervisoren, die Freuds Vorgehen inkorrekt finden. Zur selben Zeit etwa schrieben Otto Rank und Sandor Ferenczi, zwei der hervorragendsten Schüler Freuds, an einem Buch, das sie 1924 unter dem Titel «Entwicklungsziele der Psychoanalyse» herausbrachten (1996). Darin verurteilen sie die Unsitte der Analytiker, den Analysanden nicht richtig zuzuhören und sie stattdessen mit den Theorien, die sie im Kopf mit sich herumtragen, zu überfahren. Auch halten sie es für sehr bedenklich, wenn Analysanden sich wie unsere Zürcher Ärztin, die am Burghölzli ausgebildet worden war, schon vor ihrer Analyse mit psychoanalytischer Literatur beschäftigt haben, da dieses Vorwissen leicht zur Abwehr werde.

Liest man die Aufzeichnungen von Anna Guggenbühl aufmerksam, so muss man eingestehen, dass Freud in der Tat mit der Tür ins Haus fällt und ihr ihren Ödipuskomplex unter die Nase reibt, bevor er ausreichende Evidenz für diese seine These gesammelt hat. Gleichzeitig hat man den Eindruck, dass die junge Ärztin, die das alles ja aus ihrer Lektüre schon kannte, gar nichts anderes erwartet hatte. In anderen Dingen allerdings erweist sich Freud als genauer und einfühlender Zuhörer und Gesprächspartner, und es ist unzweifelhaft, dass er ihr in keiner Weise nahe legt, ihre Verlobung aufzulösen, sondern dass sie dies aus freien Stücken, aber sicher im Zuge der in ihrer

Analyse gewonnenen Einsichten tat. Wie soll man das verstehen? Ich verstehe es so: Wäre Rank oder Ferenczi oder ein anderer Schüler Freuds der Analytiker dieser jungen Frau gewesen und in derselben Weise wie Freud, ohne genauere Informationen abzuwarten, mit seinem Wissen über den ödipalen Konflikt auf seine ja bereits psychoanalytisch vorgebildete Analysandin losgegangen, hätte sich diese wohl gedacht: «Das hat der doch aus dem Lehrbuch. Um das zu hören, hätte ich mich nicht hierher bemühen müssen, das wusste ich selber schon.» Aus dem Munde Freuds aber, dem Erfinder dieser Theorien, dem Mann, der diese Theorien durch seine geniale Spekulation entdeckt hatte, waren solche Behauptungen eine Offenbarung. Auch wenn sie etwas Ähnliches schon geahnt hatte, wirkten diese Erkenntnisse auf die junge Frau wie pfingsthafte Erleuchtungen. Da sagte ihr einer mit ganz persönlichem Bezug auf sie, was er in mühsamer Forschung bei anderen herausgefunden hatte, und das verfehlte seine Wirkung nicht. Was der Meister sprach, war das Ergebnis seiner ureigensten (Sexual-)Forschung und nicht heruntergeleiertes Lehrbuchwissen, als welches es bei seinen Schülern und Epigonen hätte erscheinen müssen. Seine suggestive Kraft bezog dieses mitgeteilte Wissen nicht aus einer objektiven Gültigkeit, sondern aus seiner subjektiven Evidenz.

Was will ich damit sagen? Lehrbuchwissen ist kein überzeugendes Suggestionsvehikel. Nur das, was man mit Herz und Seele selber glaubt, ja sogar erfunden hat oder erfunden zu haben glaubt, kann jenen Effekt erzielen, der einen anderen dazu bewegt, es so auf seine Geschichte anzuwenden, dass er diese anders sehen und sich aus solcher Erkenntnis heraus allenfalls anders, neu verhalten kann. Auf Suggestion kann auch der klassische analytische Prozess, der nicht primär therapeutisch ist, nicht verzichten. Irgendetwas an dem, was ich meinen Analysanden erzähle, um sie mit sich und ihrer Geschichte zu konfrontieren, muss von mir sein, darf nicht blosses Meisterwissen sein, an dem ich womöglich selber meine Zweifel habe, sonst bleibt es ein stumpfes Veränderungsinstrument.

Aus diesem Grund habe ich die These aufgestellt und vertreten, dass man nur in einem zweizeitigen Prozess Analytiker werden kann (Passett 2009b). In einem ersten Schritt eignet man sich bei einem Meister oder in einer idealisierten Institution ein Wissen über psychische Zusammenhänge und über den analytischen Umgang mit Menschen an. Dass man gerade diesen Meister oder diese Institution gewählt hat, erscheint einigermassen zufällig und hat, wenn überhaupt, unbewusste Gründe, denn man weiss, wenn man diese Wahl trifft, viel zu wenig, um sie kritisch hinterfragen zu können. Aber mit diesem Wissen und mit der Identifikation mit dem Meister oder der Institution kann man sich auf die Reise machen. Gewiss, den Interventionen des jungen Analytikers haftet etwas Unsicheres, etwas Nichtvertieftes an. Aber das kann aufgewogen werden durch die Leidenschaft für die Sache. Man kann diese Unsicherheit überdies zu bewältigen versuchen, indem man sich in Supervision begibt. Das ist der Weg, den die meisten Institutionen empfehlen. Ich selbst räume zwar ein, dass dieser Weg seine Vorteile hat, habe ihm gegenüber aber doch nicht geringe Bedenken und verstehe nicht ganz, wieso er so unhinterfragt zum Standard erklärt worden ist. Mir erscheint es nicht unproblematisch, dass das Ertragen von Unsicherheit so selbstverständlich durch die Kontrolle eines Überwachers bewältigt werden soll. (Oder was sonst soll Supervisor heissen? Früher hiess die Supervision übrigens etwas weniger euphemistisch «Kontrolle»). Ich glaube, es wird selten so viel gelogen und verschwiegen wie in Supervisionen. Besser wäre es, man könnte die Probleme mit seinem eigenen Analytiker besprechen, mit einem also, der einem vertrauensvoll zugetan ist und nicht als Hüter der wahren Lehre gegenübertritt, aber das ist politisch unkorrekt, denn der «eigene» Analytiker wäre Partei. Noch wirkungsvoller und folgenreicher wäre es, man verstünde diese Probleme als Aufforderung zu eigenem kreativem Fantasieren und Experimentieren. Doch das ist riskant und macht Angst. Und es widerspricht sowohl unseren tief verwurzelten Vorstellungen von einem Wissenskorpus, der von den Wissenden an die Nichtwissenden weitergegeben werden muss, als natürlich auch den von den Ärzten übernommenen, hohen ethischen Anforderungen, die wir an unsere Berufsausübung stellen und in denen die Vorstellung keinen Platz hat, dass ein junger, unerfahrener Analytiker seine eigenen Erfahrungen macht anstatt jene anzuwenden, die seine Lehrer gemacht zu haben glauben.

Wie dem auch immer sei. Wenn man erst im analytischen Arbeiten drin ist, sich mit Analysanden auseinandersetzt, lesend und Vorträge besuchend sein Wissen vertieft, kommt es gewöhnlich irgendwann einmal dazu, dass man auf einen Text, einen Autor oder auch einen Kollegen stösst, von dem man etwas erfährt, das ein Aha-Erlebnis auslöst. Man vernimmt da etwas über eine Sache, über die man zwar schon lange Bescheid wusste, aber die jetzt unter einem neuen Gesichtspunkt, in einer speziellen Beleuchtung erscheint, welche ihr plötzlich eine nie da gewesene Evidenz verleiht. Norbert Haas, ein bekannter lacanianischer Analytiker aus Berlin, erzählte mir, dass er, als er zum ersten Mal in einer Buchhandlung ein Buch von Lacan aufschlug, auf Anhieb begeistert war und plötzlich den Gedanken hatte: «Das liest sich wie Haas». Auch viele meiner Kollegen vom Psychoanalytischen Seminar Zürich (PSZ) haben wie ich selbst im Laufe ihres Analytikerlebens einen Autor angetroffen, der besonders gut zu ihnen passt, und von diesem Zeitpunkt an machte das Altbekannte einen neuen, tieferen Sinn. Wenn mir diese Kollegen erzählen, seit dieser Begegnung würden sie ganz anders analysieren, muss ich allerdings immer ein wenig lächeln, denn mir kommt es nicht so vor. Sie sind in ihrer Art, Fallgeschichten darzustellen, dieselben geblieben, auch wenn sie nicht mehr vom Triebwunsch, sondern von Begehren sprechen. Aber ich habe keinen Zweifel, dass sie für ihre Analysanden eine ganz neue Glaubwürdigkeit bekommen haben, seit das, was sie sagen, nicht mehr irgendetwas zufällig Erlerntes ist, sondern die Erkenntnis ihres Wahlverwandten und damit ihre ureigene. Mir jedenfalls ist es so ergangen.

Es hat mich gereizt, diese Zweizeitigkeit im Erwerb einer Kompetenz mit der Zweizeitigkeit des Auftauchens der menschlichen Sexualität im individuellen Leben zu vergleichen. Mit der Sexualität macht ja das Kleinkind ein erstes Mal Bekanntschaft, wenn sie früh als ein sexueller Unterton in den Botschaften der Erwachsenen zwar zu vernehmen ist, aber nicht verstanden werden kann. So etwa, wenn die stillende Mutter den Säugling glücklich anlächelt, ihm ein Liedchen summt oder in Babysprache mit ihm plappert, ohne sich selbst im Entferntesten bewusst zu sein, dass das, was sie empfindet und weitergibt, damit zu tun hat, dass die Brust nicht nur ein Nahrung spendendes Organ ist, sondern auch eine erogene Zone, und sie im Akt des Stillens in tausend vorbewussten und unbewussten Assoziationen nicht nur beim Kind, sondern auch bei demjenigen ist, der es gezeugt hat oder von dem sie bloss wünscht, er hätte es gezeugt. Die auf solche Weise unerkannt transferierten sexuellen Phantasmen der Erwachsenen begründen im Kind jenen Bereich der polymorph perversen Fantasien, die, wenn in der Pubertät der eigentlich sexuelle Instinkt erwacht, dessen Platz bereits besetzt halten und deshalb allem, was er bewegt, eine ganz bestimmte Färbung geben, die für jeden Menschen hoch spezifisch ist. Die Phantasmen der kindlichen Sexualität sind dem Kind zwar von aussen aufgedrängt, aber sie sind für es spezifischer, einzigartiger als alles andere. Der sexuelle Instinkt wiederum, der als etwas von innen her Treibendes erlebt wird, als das, was ich wirklich um jeden Preis will, unterscheidet mich trotz dieser ganz ichhaft erlebten Qualität nicht von allen anderen und unterschiede mich nicht einmal von irgendeinem Tier, wäre er nicht unterminiert, kontaminiert von jenen mir einst von anderen aufgedrängten Phantasmen, die ihn erst so einmalig und unverwechselbar zu mir gehörig erscheinen lassen. Das ist ein Paradox.

Überträgt man das nun mutatis mutandis auf die Aneignung psychoanalytischer Kompetenz, so könnte man sagen, dass wir jene erste Wahl eines Meisters oder einer Institution, vielleicht gar der Profession aus Gründen treffen, die wohl hoch persönlich sind, aber uns nicht bewusst. Es klingen in dieser Wahl jene Botschaften nach, die von anderen auf uns gekommen sind, als wir sie noch in keiner Weise kritisch würdigen konnten – die Botschaften unserer Eltern, Lehrer, der Helden unserer Kindheit und Pubertät etc. Sie stehen also in einer gewissen Analogie zur polymorph perversen kindlichen Sexualität, die nicht wirklich die des Kindes ist, wohl aber für es hoch spezifisch. Jene zweite Wahl dann, die wir als vermeintliche Experten treffen, erscheint uns ichhaft und ganz persönlich, aber es ist paradoxerweise gerade diese Wahl, die uns dann fest in der Schule einer Gruppe verankert, uns denjenigen annähert, die zur gleichen Fraktion gehören, unsere Sprache mit derjenigen der anderen gleichschaltet, so wie es auch der sexuelle Instinkt mit uns tut. Wenn unser Analysieren trotzdem persönlich bleibt und wir nicht einfach zu einem lacanianischen oder kleinianischen Papagei geworden sind, dann weil wir die ganze lacansche oder kleinsche Lehre, im Sinne jener alten Einflüsse, die wir scheinbar hinter uns gelassen haben, von uns unbemerkt doch permanent ein wenig missverstehen. Unser Konzept von Begehren bleibt irgendwie unterminiert von der kruden, vielleicht gar biologistischen Triebvorstellung, die unser eigener Analytiker hatte, der kein Lacanianer war, und eben deshalb meinen wir etwas Ureigenes, das zwar einem Fremdeinfluss zu verdanken ist, wenn wir Begehren sagen oder denken; etwas, das für unsere Analysanden glaubwürdig ist, ihnen das Gefühl vermittelt, nicht mit Lehrbuchwissen abgefertigt zu werden, sondern einem Wissen zu begegnen, das der hoch persönlichen (Sexual-)Forschung ihres Analytikers entstammt.

Mit anderen Worten: Man muss die Psychoanalyse selbst neu erfinden, wenn man erfolgreich mit ihr arbeiten will. Neu erfinden kann man sie aber nur, wenn man sie schon einmal gefunden hat. Das Rad braucht man bekanntlich nicht neu zu erfinden, um sich erfolgreich seiner zu bedienen oder um sein Prinzip zu verstehen. Finden und Erfinden fallen zusammen, wenn man in der Physikstunde die Mechanik verstanden hat. Warum ist das in der Psychoanalyse nicht so, wie übrigens z.B. auch in der Kunst und wohl noch in zahlreichen anderen Bereichen? Das ist nicht leicht zu sagen. Freud jedenfalls tat sich schwer mit dieser Einsicht, und er nahm mit einer gewissen Empörung zur Kenntnis, dass auch jene, die sich die Psychoanalyse korrekt angeeignet hatten, in der Würdigung einer gegebenen Fallgeschichte zu anderen Schlüssen kommen konnten als er. «Daneben hat sich aber in den letzten Jahren eine Opposition von anderen [als denjenigen, die die Psychoanalyse grundsätzlich ablehnen] entwickelt, die, nach ihrem eigenen Vermeinen wenigstens, auf dem Boden der Analyse stehen, die Technik und Resultate derselben nicht bestreiten und sich nur für berechtigt halten, aus dem nämlichen Material andere Folgerungen abzuleiten und es anderen Auffassungen zu unterziehen.» (Freud GW XII, S.76)

Freud räumt hier ein, dass es nicht nur unmöglich sei, Gegner der Psychoanalyse von seiner These zu überzeugen, sondern auch Anhänger von seinen Deutungen, sofern diese ein gegebenes «Material», eine Erzählung mithilfe der anerkannten theoretischen und technischen Konzepte aus irgendeinem Grund anders interpretierten als der Meister. Dieses Material aber, so hat Laplanche überzeugend dargelegt, besteht niemals aus neutralen, objektiven Daten, sondern immer aus subjektiven Botschaften, der von den Eltern nicht verheimlichten Urszene beim Wolfsmann z.B. ebenso wie seiner darauf bezogenen Erzählung auf Freuds Couch. Diese Botschaften sind Fakten im wortwörtlichen Sinne, also Gemachtes, ja sogar Erdichtetes und nicht Gegebenes (Daten). Das Rad ist keine Botschaft, und die Mechanik handelt nicht von Botschaften. Im Gegensatz etwa zur newtonschen Physik oder der euklidischen Geometrie hat sich die freudsche Psychoanalyse nicht von ihrem Erfinder losgelöst. Sich mit ihr zu beschäftigen heisst, sich mit Freud zu beschäftigen und auseinanderzusetzen bzw. mit seinen Nachfolgern bzw. mit dem, was sie uns sagen wollten oder uns gesagt haben, ohne es zu wollen. Freud hat uns 18 Bände und ungezählte Briefe hinterlassen, in denen er nicht uns, sondern ganz bestimmten Personen etwas sagen wollte bzw. geschrieben hat. Über diese 18 Bände und diese Briefe ist unterdessen unendlich viel mehr gesagt und geschrieben worden, als in ihnen steht. Und jeder, der etwas davon kommentiert hat, sagt implizit: «Ich glaube, er hat das gemeint.» Jeder verweist also auf etwas, das zwischen Freud (oder einem Interpreten Freuds) und ihm selbst steht, etwas dazwischen. Würde er nur das meinen, von dem er meint, Freud habe es gemeint, bräuchte er nichts zu sagen. Würde er nur das sagen, was er selbst meint, wieso sollte er dann auf Freud verweisen? Auch wenn ich meinem Patienten eine Deutung gebe, gebe ich ihm zu verstehen, ich würde glauben, er habe das mitgeteilt. Wenn ich ein schlechter Analytiker bin, sage ich: «Sie haben gar nicht das gesagt, was Sie zu sagen meinten, sondern das, was ich Ihnen jetzt verkünde.» Ein guter Analytiker dagegen sagt etwas wesentlich Komplexeres, das man sinngemäss etwa so formulieren könnte: «Sie haben nicht nur das gesagt, was Sie zu sagen meinten, sondern ich habe noch etwas anderes vernommen, ein Echo von etwas, das wohl jemand anderer einmal zu Ihnen gesagt hat, ohne vielleicht selbst zu bemerken, was er da gesagt hat, und ohne dass Sie es bemerkt hätten. So wie ich es gehört habe, war es damals vielleicht auch nicht gemeint, aber wenn Sie das, was ich vernommen zu haben meine, zu dem in Beziehung setzen, was Sie mir zu sagen meinten, bekommt möglicherweise einiges einen neuen Sinn.»

Es geht also um Differenzen. Differenzen sind nicht das, was wir auszuräumen beabsichtigen, sondern das, worauf wir abzielen. Deshalb halte ich es für wenig sinnvoll, die Psychoanalyse als einen kohärenten Wissenskanon zu erlernen. Man muss sich vielmehr mit ihr auseinandersetzen. Aber wie kann man das, wenn man sie nicht zuerst erlernt? Die Frage ist berechtigt, und ich glaube, dass eine solche Auseinandersetzung in der Tat nicht möglich ist, ohne dass man sich zuvor mit etwas beschäftigt hat, was man für die Psychoanalyse hält. Das ist der von mir als solcher bezeichnete erste Schritt. Aber man sollte es sowohl als Lernender wie als Lehrender vermeiden, diesen ersten Schritt zu wichtig zu nehmen, der zu lehrenden und zu lernenden psychoanalytischen Theorie und Technik oder Praxis den Charakter einer unbezweifelbaren Wahrheit zuzuschreiben und die kleinen Unterschiede, die die Lehre unserer Schule von anderen Schulen trennen, überzubewerten. Aber was sage ich da?! Müssten wir nicht gerade diese Differenzen hochhalten? Sitzt nicht just in ihnen der Sinn jener Botschaften, der in jeder ihrer endgültigen (Schul-)Formulierungen wieder zugedeckt wird? Genau das ist es, was ich nach einem mehr oder weniger in der Auseinandersetzung mit der Psychoanalyse verbrachten Berufsleben für das Wahrscheinlichste halte. Der Anspruch, das Unbewusste «ding- und schulfest» zu machen – und das meine ich im ganz wörtlichen Sinne –, muss notgedrungen scheitern. Jeder, der sich ernsthaft mit der Psychoanalyse beschäftigt, muss das selbst erfahren. Wenn er irgendwann einmal zum Schluss kommt, er müsse statt vom Rekonstruieren wie Freud vom Zurückfantasieren wie Jung, statt vom Triebwunsch wie Freud vom Begehren wie Lacan, statt von unbewussten Fantasien von rätselhaften Signifikanten wie Laplanche sprechen oder Freuds oralem, analem, phallischem und genitalem Stadium eine paranoide und eine depressive Position entgegenhalten wie Klein, dann hat er sowohl recht wie unrecht. Denn er verweist mit seiner Neuerfindung auf das, was der alte Terminus verpasst; er sollte sich aber nicht in der Gewissheit einrichten, der neue Begriff treffe es.

Das ist vielleicht alles gar nicht so spezifisch für die Psychoanalyse, sondern gilt für das menschliche Erkennen überhaupt und tritt in jener Disziplin, in der sich das Erkennen in spezifischer Weise auf sich selbst im Sinne von Selbsterkennen zurückrichtet, nur besonders drastisch hervor. Aber diese Not bedeutet in jedem Falle eine grosse Herausforderung für das Unternehmen, solche Erkenntnis im Sinne von Bildung zu vermitteln, zu transferieren. Bildung ist unzweifelhaft eine Form von Übertragung. Und wenn Übertragung, wie sie die Psychoanalyse versteht, ein Verkennen, eine falsche Verknüpfung ist, die doch zu wahren Einsichten führen kann, so sollten wir uns vielleicht darum bemühen, aus dieser Erkenntnis auch für die Bildung der Psychoanalyse Konsequenzen zu ziehen in dem Sinne, dass in dieser nicht nur Bilder der Psychoanalyse vermittelt werden, sondern dass die Psychoanalyse selber immer wieder neu gebildet wird – und zwar sowohl von jenen, die übertragen, als auch von jenen, auf die übertragen wird. (Die Übertragung läuft ja doppelsinnig sowohl von den Lehrenden auf die Lernenden wie auch umgekehrt.) In der immer neu zu dichtenden Theorie entstünde dann eine wandlungsfähige Wahrheit. Diese Wahrheit hätte es nicht nötig, ihren Anspruch durch Erfolge ihrer Anwendung in der klinischen Praxis zu begründen, und diese Praxis wiederum müsste nicht als Feigenblatt für den Wahrheitsanspruch der Theorie herhalten. Kurz und bündig gesagt: Die Bildung der Psychoanalytiker sollte derjenigen der Dichter gleichen und nicht derjenigen der Ärzte, womit ich, durchaus in und mit der Übertragung, den Bogen zurück zu meinem Titel geschlagen hätte.

Literatur

Freud, S. (1947). *Aus der Geschichte einer infantilen Neurose* (GW XII, S. 27–157). Frankfurt/Main: Fischer.

Laplanche, J. (1990). *Nouveaux fondements pour la psychanalyse.* Paris: Presses Universitaires de France. [Deutschsprachige Ausg.: Sauvant, J.-D., & Hock U. (2001) (Hrsg.). *Neue Grundlagen für die Psychoanalyse* (H.-D. Gondek, Übers.). Giessen: Psychosozial].

Passett, P. (2009a). Freud beim Deuten beobachtet: Über eine spezifische «Vernünftigkeit» im psychoanalytischen Dialog. In A. Koellreuter (Hrsg.), *Wie benimmt sich der Prof. Freud eigentlich? Ein neu entdecktes Tagebuch von 1921 historisch und analytisch kommentiert* (S. 109–130). Giessen: Psychosozial.

Passett, P. (2009b). Über die Zweizeitigkeit des Analytikerwerdens. *Werkblatt – Zeitschrift für Psychoanalyse und Gesellschaftskritik* 63(2), S. 39–69.

Rank, O., & Ferenczi, S. (1996). *Entwicklungsziele der Psychoanalyse. Zur Wechselbeziehung von Theorie und Praxis.* Wien: Turia + Kant.

Freie und unfreie Assoziationen

Eva Schmid-Gloor

Im Folgenden soll es um Themen der psychoanalytischen Bildung innerhalb der institutionalisierten Psychoanalyse gehen. Als Ausbildungsanalytikerin der Schweizerischen Gesellschaft für Psychoanalyse (SGPsa) und der International Psychoanalytic Association (IPA) habe ich während der vergangenen Jahre entsprechende Erfahrungen in meiner Supervisions- und Lehrtätigkeit mit denjenigen Kollegen gesammelt, die wir Kandidaten und Kandidatinnen nennen.

Es ist bekannt, dass Freud der Meinung war, eine private Gesellschaft solle sich um die psychoanalytische Ausbildung kümmern, damit diese von staatlichen, politischen oder bildungspolitischen Einflüssen unabhängig bleibe. Es war ihm klar, dass innerhalb der psychoanalytischen Ausbildung die Gefahr der Macht von Übertragungsbeziehungen (in Liebe und Hass) zwischen Auszubildenden und Ausbildnern eine besondere Rolle spielen würde, und er hoffte, die institutionelle Struktur würde ihren Beitrag leisten, um diese Gefahr einzudämmen oder zumindest zu kanalisieren.

Auch heute verstehen Psychoanalytiker die Institution als Dritten, der die dualen Beziehungen der persönlichen Analyse und Supervision triangulieren soll. Inwieweit sie dies tatsächlich leistet oder darin versagt oder wie sie zu verändern ist, ist Gegenstand von unendlichen, nie abgeschlossenen Diskussionen unter meinen Berufskollegen und -kolleginnen in der ganzen Welt.

Die Konzentration der Energie auf institutionstheoretische Fragen kann einem aufmerksamen Beobachter hin und wieder als Symptom erscheinen. Als Symptom, das auf eine Krise verweist, in welcher sich die Psychoanalyse in Bezug auf ihre Theoriebildung und Tradierung generell befindet. Indem wir über unsere institutionellen Probleme sprechen, können wir uns von der ernsthaften Konfrontation mit den Grenzen unserer klinischen Praxis und, damit verbunden, unseres theoretischen Wissens ablenken.

Führende zeitgenössische Theoretiker (so z.B. der französische Psychoanalytiker André Green oder der englisch-amerikanische Autor Christopher Bollas) sprechen von einer «Desillusionierung», mit welcher wir uns in Bezug auf unsere Theoriebildung und unsere technischen Möglichkeiten konfrontieren sollten.

Christopher Bollas hat vor Jahren festgehalten, dass die Psychoanalytiker nach Freud einen Mangel an Kreativität zeigen. Die Entdeckung des Unbewussten und der «freien Assoziation» durch Freud kam einer Revolution und einem Bruch innerhalb der westlichen Kultur gleich. In derselben Zeitspanne, in welcher Freud durch das Aufbrechen des Manifesten das Unbewusste entdeckte, ging es auch in der Kunst,

Malerei, Musik und in der Literatur um das Aufbrechen bisher gültiger Formen. Bollas meint, dass die Psychoanalytiker in der Weiterentwicklung dieses ursprünglich kreativen, revolutionären Bruches hinter anderen Gebieten weit hinterherhinken (Bollas 1999). Auch André Green spricht in aktuellen Publikationen darüber, dass wir vor allem in Bezug auf die Entwicklung unserer Technik in den vergangenen Jahrzehnten nicht kreativ waren und dass viele gescheiterte Analysen uns herausfordern, weiter über unsere Grundlagen nachzudenken (Green 2010).

Ich möchte in der Folge über Einflüsse der üblichen Tradierung der Psychoanalyse auf den aktuellen Prozess ihrer Theoriebildung und vice versa reflektieren. Innerhalb der IAP gibt es seit ihrer Gründung eine breite Diskussion über Vor- und Nachteile der diversen Tradierungsmodelle. Verfolgt man die verschiedenen Spaltungen, die es in der Geschichte der psychoanalytischen Gesellschaften gab und gibt, wird deutlich, dass es immer Fragen der Ausbildung und Tradierung waren, die Spaltungsbewegungen auslösten. Viele Analytiker sind der Meinung, alle Ausbildungsmodelle seien eigentlich unmöglich, aber ohne sie könne es auch nicht gehen.

Bereits über Benennungen besteht Uneinigkeit: Viele meinen, man könne nicht ernsthaft den Begriff «Ausbildung» für die psychoanalytische Ausbildung verwenden, da es in diesem immer persönlichen Werdegang nicht um ein Lernen im üblichen Sinne gehe (z.B. McDougall 1998; de M'Uzan 1998). Der Begriff entspräche nicht dem Prozess, welcher jemanden zum Psychoanalytiker macht. Ausdrücke wie «Transmission», «Weitergabe» oder «Vermittlung» entsprächen eher der Unterstützung von Entwicklung psychoanalytischer Kompetenz.

Lassen Sie mich kurz einige Gedanken zum spezifischen Rahmen skizzieren, der jeder psychoanalytischen Ausbildung zugrunde liegt: Wir unterscheiden die sogenannten «drei Säulen»: eigene, persönliche Analyse, Supervision und Besuch von theoretischen und klinischen Seminaren.

Gesellschafts- und schulenübergreifend ist man sich unter Psychoanalytikern einig, dass die eigene, persönliche Psychoanalyse den grundlegendsten und zentralsten Bestandteil einer psychoanalytischen Ausbildung darstellt. Nur der Bezug zum eigenen Unbewussten kann den Weg für die Erforschung des Unbewussten eines anderen eröffnen. Über Rahmenbedingungen dieser persönlichen Analyse herrscht innerhalb der IPA Uneinigkeit: Während die grosse Mehrheit dafür plädiert, dass diese sogenannte «Lehranalyse» Bestandteil der Ausbildung sei, herrscht unter französischen Psychoanalytikern eindeutig die Meinung vor, eine psychoanalytische Ausbildung könne erst nach Abschluss einer persönlichen Analyse begonnen werden. Diese persönliche Analyse sei eine vollkommen private Angelegenheit, d.h. man akzeptiert Analysanden «de n'importe quel divan», «von irgendeiner Couch», und es gibt demzufolge die sogenannte Lehranalyse sowie den Status des Ausbildungsanalytikers in Frankreich nicht.

Als Mitglied eines Sponsoringkomitees der IPA, welches den Aufbau eines dritten Instituts in Paris begleitete, konnte ich selbst an Diskussionen von Bewerbungsgesprächen teilnehmen, welche mir in ihrer Andersartigkeit gegenüber unseren schweizerischen Gepflogenheiten tiefen Eindruck hinterliessen. In diesen Gesprächen ging es zentral um die Frage, ob der Bewerber seinen Wunsch, Psychoanalytiker zu werden, ausreichend analysiert habe, d.h. ob sein Wunsch nach einer psychoanalytischen Ausbildung sogenannt «authentisch» sei oder eher identifikatorischen Fixierungen innerhalb einer ungelösten Übertragungsbeziehung zu seinem Analytiker entspräche. Diese Frage stellt sich in unserem System, welches erfordert, dass zu Beginn der psychoanalytischen Ausbildung die sogenannte «Lehranalyse» lediglich eingeleitet sei, womöglich nie oder zu einem derart späten Zeitpunkt, dass ein Berufswechsel problematisch oder unrealistisch sein kann.

Lassen Sie mich auch einige Gedanken zur Supervision äussern. Eine interessante Frage ist, ob jemand während der Supervisionszeit selbst in Analyse ist oder nicht. Im einen der drei von der IPA anerkannten Ausbildungsmodelle, dem Eitingon-Modell, finden Analyse und Supervision gleichzeitig statt, im ebenfalls von der IPA anerkannten französischen Modell ist – wie schon erwähnt – die eigene Analyse zum Zeitpunkt des Beginns der Supervision bereits abgeschlossen. Interessant ist im ersten Fall, dass der Supervisor seinen Supervisanden jederzeit mit Gegenübertragungsthemen in die persönliche Analyse verweisen kann. Allerdings kann diese Verschiebung in die persönliche Analyse eine Supervision auch verflachen. Möglicherweise kommen dadurch relevante Themen innerhalb des Supervisionsprozesses gar nie ins Spiel und werden ewig aufgeschoben und ausgelassen – Themen, die im französischen Ausbildungsmodell durchaus auch Bestandteil der Supervision werden können.

Interessant ist es zu erfahren, wie unterschiedlich das, was wir Supervision nennen, innerhalb verschiedener Gruppen aufgefasst und gepflegt wird. Während die einen diese mehr als eine gewöhnliche Art von Lehrtätigkeit verstehen und davon ausgehen, dass in einer Supervision primär technisches Know-how vermittelt wird, sehen sie andere mehr als eine Art erweiterte Selbsterfahrung an, in welcher es darum geht, latente Gegenübertragungsmomente, welche mit der Übertragung des Analysanden zu tun haben, zu erkennen und zu reflektieren. Manche Analytiker sind der Meinung, man liefere als Supervisor die Theorie zu dem, was der Analytiker in Ausbildung mit seinem Analysanden intuitiv tue, d.h. sie nehmen an, der oder die Lernende mache intuitiv sowieso alles richtig, man müsse ihm oder ihr nur zeigen und nur benennen, was er oder sie tue. Andere verstehen Supervision ausschliesslich als Rahmen für Selbstreflexion im Zusammenhang mit der betreffenden Analyse.

Meine Erfahrung mit der Pariser Gruppe, der «Société Psychanalytique de Recherche et de Formation» (SPRF), liess mich staunen, wie sehr in den Falldarstellungen dieser Kollegen der Fokus mit aller Selbstverständlichkeit auf ihre Gegenübertragung gelegt wurde. Sie waren es gewohnt, in ihren supervisorischen Beziehungen sehr persönliche Bereiche, die in der Arbeit mit ihren Patienten eine Rolle spielten, ohne Einschränkung einzubringen. Sie nennen die Supervision wohl deshalb nicht Supervision, sondern «Kontrollanalyse». Dass sich dabei eine mehr oder weniger starke Übertragung auf den Supervisor einstellt, versteht sich von selbst.

In unserer schweizerischen Gesellschaft versuchen wir sorgfältig darauf zu achten, dass sich innerhalb einer Supervision nicht eine Art zweite Übertragungsbeziehung installiert. Wir gehen davon aus, dass die Dynamik zwischen Analytiker und Supervisor lediglich passagere Übertragungsbewegungen beinhalten sollte, die sich relativ flüssig wieder auflösen.

Ich möchte nun zur dritten Säule, zum theoretischen Teil der psychoanalytischen Ausbildung kommen. Man könnte sagen, dieser Bereich sei in seiner Art anderen, nicht analytischen Ausbildungen am ehesten ähnlich und schlicht als Stoffvermittlung und -aneignung zu verstehen.

In der aktuellen Situation der Psychoanalyse erscheint mir dieser Bereich durch spezifische Tabus eingeschränkt, sodass unsere sogenannten Kandidaten oft eher unfrei als frei assoziieren können.

Einerseits sind es die schulenspezifischen Einschränkungen, die «Pars-pro-Toto-Theorien», welche je entsprechend Schulenzugehörigkeit als mehr oder weniger abschliessendes Wissen deklariert und vermittelt werden. In diesem Bereich gibt es – vor allem ausgehend von der European Psychoanalytical Federation (EPF) – allerdings in den letzten paar Jahren ernst zu nehmende Bemühungen, einen echten Dialog zwischen den unterschiedlichsten Kontrahenten in Gang zu bringen, welcher jedem EPF-Kongressteilnehmer, also auch allen Analytikern in Ausbildung, offensteht.

In diversen Arbeitsgruppen und Panelveranstaltungen setzen sich Analytiker, die den unterschiedlichsten Schulen entstammen, zusammen und versuchen einander zuzuhören. Während in den ersten Jahren noch Sätze dominierten wie «That's not psychoanalytic!», wurden solche Buhrufe mehr und mehr kritisiert und irgendwann für tabu erklärt, so dass heute eine Art Ethik entstanden ist, welche das Zuhören und Sich-verstehen-Versuchen unter Kollegen an oberste Stelle setzt.

Ich konnte in den letzten Jahren an einigen interessanten Diskussionen teilnehmen, in denen beispielsweise Kleinianer und französische Analytiker erörterten, wie man Gemeinsamkeiten und Unterschiede zwischen zunächst vollkommen unvereinbar erscheinenden Konzepten herausarbeiten könnte. Unvergesslich ist mir zum Beispiel eine Untersuchung der beiden Konzepte «projektive Identifikation» von kleinianischer Seite und der «Chimère», einem Konzept des französischen Analytikers Michel de M'Uzan (2008), welches eine Art mentales Fabelwesen meint, das aus der Verstrickung zweier beteiligter Unbewusster innerhalb eines psychoanalytischen Prozesses entsteht.

Trotzdem bleibt die Tatsache bestehen, dass die Kultur an einzelnen Instituten nach wie vor von einschränkender Schulenzugehörigkeit der Ausbildner und entsprechendem «Pars-pro-Toto-Wissen» geprägt sein kann. Mit «Pars-pro-Toto-Wissen» meine ich eine Haltung, die sich der Beschränkung eines bestimmten Konzepts auf eine eingeschränkte klinische Situation oder Struktur nicht bewusst ist, sondern ein Konzept ausweitend, invasiv anwendet, wo es nicht hinpasst, und sich nicht um ein Verständnis anderer theoretischer Vorstellungen zumindest kümmert oder bemüht. Die dadurch entstehende, selbstgerechte Wissensposition ist in psychoanalytischen Kreisen sehr verbreitet.

Um auf meinen Titel zurückzukommen: Unfreie Assoziationen entstehen in diesem Zusammenhang durch das Nachbeten theoretischer Positionen, die einen in einer bestimmten Gruppe vor dem Vorwurf bewahren, dass das, was man gesagt hat, «nicht psychoanalytisch» sei.

Die Strukturen in IPA und EPF, die heutigen Kongresse mit ihren zahlreichen Arbeitsgruppen, in welchen Kollegen der verschiedenen Schulen Möglichkeiten des Austauschs finden, scheinen mir wichtig und notwendig. Die Teilnahme an entsprechenden Veranstaltungen konfrontiert jedermann mit der Limitierung seines Wissens und setzt ihn dem verunsichernden Erleben der Vielschichtigkeit und Mehrdeutigkeit des Unbewussten aus. Mit dieser Haltung wird es ihm leichter fallen, als Ausbildner den Auszubildenden gegenüber Respekt zu zeigen, wenn sie ihren je eigenen Weg in der Aneignung psychoanalytischer Kompetenz gehen.

Ich möchte nun auf ein Thema zu sprechen kommen, das mich in letzter Zeit als Supervisorin und Dozentin technischer Seminare an den Ausbildungszentren der SGPsa in Zürich, Bern und Basel zunehmend beschäftigt. Ein Widerspruch, ein paradoxer Umstand in der aktuellen Situation der Psychoanalyse fordert unsere Reflexion ganz besonders heraus. Für diejenigen, die sich heute für eine psychoanalytische Ausbildung interessieren, ist es sehr viel schwieriger geworden, als es das damals für uns war, Analysanden für eine hochfrequente psychoanalytische Kur, d.h. mit vier oder fünf Wochenstunden, zu finden. Die Praxen der Analytiker in Ausbildung sind voll mit Therapiepatienten, die ein- oder zweimal wöchentlich zu Sitzungen im Gegenübersitzen kommen. Unbestritten bleibt, dass zu einer psychoanalytischen Ausbildung, zum Erwerb psychoanalytischer Kompetenz, das Erleben und Führen von hochfrequenten Psychoanalysen gehört, über deren Prozess regelmässig wöchentlich gemeinsam mit einem erfahrenen Kollegen reflektiert wird.

Die Erfahrung der Entwicklung einer Übertragungs-Gegenübertragungsbeziehung, die sich im weiten mentalen Raum eines hochfrequenten Settings über den Prozess der freien Assoziationen Schritt für Schritt etabliert und erfahren werden kann, ist meines Erachtens ein «sine qua non» für die Erlangung psychoanalytischer Haltung und Kompetenz. Ist die Basis, die durch dieses reflektierte Erleben erlangt werden kann, einmal gelegt, kann sie danach als innere Orientierung auch für niederfrequenteres Arbeiten im Gegenübersitzen eingesetzt werden. Ohne einer «Fetischisierung der Couch» Vorschub leisten zu wollen, kann ich mir eine psychoanalytische Ausbildung ohne das Führen von hochfrequenten Kuren unter Supervision nicht vorstellen.

Dessen ungeachtet sind wir mit der beruflichen Realität unserer Auszubildenden konfrontiert, welche oft jahrelang ausschliesslich niederfrequente Arbeit leisten und warten, bis sie endlich zu einem sogenannten «Ausbildungsfall» kommen.

Einige Analytiker sprechen von der «Quadratur des Kreises», die uns in dieser Situation als Ausbildner abgefordert wird: Einerseits geht es darum, die Basisanforderung zweier hochfrequenter Supervisionsfälle aufrecht zu erhalten, andererseits sollten wir sorgfältig darauf achten, dass die niederfrequente, alltägliche Arbeit unserer Auszubildenden nicht als «quantité négligeable» verachtet oder gar tabuisiert wird. Dies, obwohl wir eigentlich der Meinung sind, dass Analytiker in Ausbildung erst nach Absolvierung ihrer «Lehrstücke», nämlich zweier grosser Kuren, die Fähigkeit auch für die niederfrequente Arbeit erworben haben. Wir sollten trotzdem sehr viel mehr Energie und Kreativität in die Unterstützung und Begleitung unserer Auszubildenden auch bei ihrer niederfrequenten Arbeit einsetzen und uns selbst klarer werden in der Haltung, die wir in Bezug auf die paradoxe Ausbildungssituation einnehmen, d.h. im Vertreten der Notwendigkeit der grossen Kur, aber auch in der Unterstützung der niederfrequenten Arbeit.

Die Konfrontation mit dem Praxisalltag unserer Analytiker in Ausbildung führt uns zu einem weiteren Problem: Die Psychoanalyse von heute leidet unter einem Defizit an Theoriebildung, was nicht klassische, d.h. nicht hochfrequente Couchsettings anbelangt.

Ein Defizit, das uns herausfordert. Es sind nicht nur äussere Umstände, die oft ein klassisches Setting aus Zeit- und Geldgründen verunmöglichen. Vielmehr gibt es diverse indikatorische Gründe, die oft gegen ein klassisches Setting sprechen. Ich denke an Patienten, die es nicht ertragen, den Analytiker nicht zu sehen, weil dies eine Regression und eventuell destruktives Agieren auslösen würde; Patienten, die durch die Intensivierung einer Übertragungsbeziehung im klassischen Rahmen den Bezug zur Realität verlieren würden; Patienten, die darauf angewiesen sind, die direkten Reaktionen ihres Analytikers erleben zu können, weil sie sich sonst in ihren Übertragungen verlieren etc.

Freud hatte im «Abriss der Psychoanalyse» über die Unbehandelbarkeit der Psychotiker geschrieben und auf die sogenannt «schweren Neurosen» hingewiesen, welche – den Psychotikern verwandt – jedoch im realen Leben verankert sind (Freud GW XVII). Er meinte, diese Strukturen müssten in Zukunft von der Psychoanalyse profitieren können, und er versprach sich von der zukünftigen Entwicklung der Psychoanalyse in Bezug auf die Behandlung dieser Patienten viel.

Seine Voraussage kann uns denken lassen, Freud hätte damals bereits eine Vorstellung von den klinischen Fällen gehabt, die wir heute «Boderline-Patienten», «cas limites» oder «heterogene Patienten» nennen.

André Green (2002) spricht von einer «psychoanalytischen Theoriewende am Übergang ins neue Jahrtausend». Er meint damit, dass sich die psychoanalytische Theoriebildung aus einer gefährlichen Einengung und Austrocknung zu befreien habe, indem sie sich ernsthaft um diejenigen Patienten kümmere, welchen in einem klassischen Setting nicht zu helfen sei.

Den Beginn der vielzitierten weltweiten «Krise» der Psychoanalyse können wir Mitte der 1950er Jahre ansetzen. Seither ist die Nachfrage nach Analysen zurückgegangen, und es sind zahlreiche Berichte darüber erschienen, wie wenig hilfreich oder gar schädlich deren Auswirkungen sein können. Wir können diese Tatsache im Zusammenhang mit dem erwähnten Theoriedefizit und den vielen mit diesem verbundenen Fehlindikationen sehen.

Die IPA hat die Situation lange verleugnet und erst 1997 eine Studie unter ihren Mitgliedern lanciert, welche ergab, dass IPA-Analytiker bereits damals durchschnittlich nur zu 40 Prozent mit Analysanden auf der Couch beschäftigt waren und die verbleibenden sechzig Prozent ihrer Arbeitszeit mit niederfrequenten Therapien verbrachten. Systematische und ernst zu nehmende theoretische Überlegungen über diverse psychoanalytische Settings und Rahmen fehlen bis heute.

Seit 1975 ist die Notwendigkeit einer Theorie des Rahmens anerkannt. Sowohl in Europa, in der französischen wie der englischen Schule, als auch in den USA und in Südamerika ist es offiziell, dass die grosse Mehrzahl unserer Patienten nicht klassisch-neurotische, sondern nicht neurotische Strukturen mitbringen und dadurch meistens nicht geeignet sind für ein Couchsetting, wie es von Freud für die Behandlung klassischer Psychoneurosen erfunden worden war. Es galt und gilt, das Ungenügen der freudschen Theorie für nicht neurotische Strukturen wie Borderline-Patienten, schwere narzisstische Pathologien, psychotische oder perverse Strukturen sowie psychosomatische Patienten anzuerkennen. Neurotische Strukturen entstehen aus einem Konflikt zwischen Ich, Es und Über-Ich und sind geprägt von Störungen der inneren Realität. Die freudsche Technik betraf und betrifft ausschliesslich das innere Erleben, nicht äussere Aktionen. Sie hat die Auflösung der Übertragung im Visier und konzentriert sich auf die Verdrängung.

In unserem Praxisalltag haben wir es jedoch mehrheitlich mit einer vollkommen anderen klinischen Dimension zu tun. Die Pathologie ist oft nicht primär mit dem Wünschen verbunden und durch Fixierung geprägt. Im Zentrum aktueller Pathologien, denen wir in unserer alltäglichen Arbeit begegnen, steht vielmehr die entfremdende Beziehung zu einem Objekt, das existentiell gebraucht und dabei gehasst wird und nicht verlassen werden kann. Zu einem Objekt, das zugleich als gefährlich intrusiv und unerreichbar abweisend erlebt wird.

Hier geht es um Fragmentierungsängste, essentielle Depression, todbringende Lähmung, Unbeweglichkeit und Energielosigkeit, Versuche der Evakuation, Verleugnung des Objekts und Negierung des Subjekts.

In Bezug auf diese Pathologien ist für mich André Green ein hilfreicher Theoretiker, den ich insbesondere schätze, weil er in seinem klinischen Denken Freuds Triebtheorie verbunden geblieben ist. Er sieht in der Objektbeziehungstheorie eine Schwäche aufgrund ihrer Nichteinbeziehung der Triebtheorie und in der Triebtheorie einen Mangel, weil sie ursprünglich von Freud solipsistisch, ohne Einbezug der Rolle des Objekts gedacht worden ist. Greens Anspruch ist es, Freuds damals spekulative Einführung des Todestriebs für unsere heutige Klinik fruchtbar zu machen und dabei die Rolle des Objekts in der Triebtheorie mitzudenken. Während die freudsche Klinik eine ausschliessliche Klinik des Innen war, ist unsere heutige Klinik der nicht neurotischen Strukturen eine Klinik, die Innen und Aussen und somit auch die Rolle des Objekts sowie des Analytikers einbeziehen muss.

Green versteht die nicht neurotischen Strukturen als dominiert vom Todestrieb, der in Form des Wiederholungszwangs, in einer Art unbeseelter Mechanisierung, alles psychisch Lebendige zu löschen bestrebt ist. Was bei all diesen Strukturen auffällt, ist eine Schwäche der Besetzung der Verbindungen zwischen den einzelnen erotischen Erinnerungsspuren. Geschwächt, weil attackiert, sind die Verbindungen zwischen den vom Lebenstrieb geprägten erotischen assoziativen Geflechten.

Greens vom Todestrieb dominierte «fonction désobjectalisante» (1993) prägt die Beziehungen zum Objekt und damit zum Analytiker, was diesem spezifische Fähigkeiten in der Bearbeitung seiner Gegenübertragung und spezielle Überlegungen in Bezug auf das Setting abfordert.

Primär geht es darum, die Schwierigkeit dieser Patienten anzuerkennen, sich überhaupt auf ein festgelegtes Setting einzulassen und es zu ertragen. Nicht zuletzt deshalb, weil sie jedem Objekt, also auch dem Analytiker gegenüber, ein fundamentales Misstrauen hegen. Die ausgeprägte masochistische Tendenz muss sorgfältig überdacht und entsprechende Überlegungen für die Technik wie auch das Setting sollten einbezogen werden. Zudem gilt es, denjenigen Provokationen des Patienten gegenüber besonders aufmerksam zu sein, welche negative Gegenübertragungen auslösen können. Der Analytiker muss selbst elastisch regredieren können, um das Archaische gewisser Konflikte denken zu können.

Wenn Green von dem für die Arbeit mit diesen Patienten notwendigen «inneren Rahmen» spricht, meint er die innere Orientierung und Reflexion des Analytikers darüber, welches Setting und welche Technik für ihn mit dem jeweiligen Patienten bestmöglich ist (Green 2010). Die Fähigkeit, diesen inneren Rahmen zu finden, zu etablieren und zu reflektieren, sollte Bestandteil einer aktuellen psychoanalytischen Ausbildung sein.

Der innere Rahmen begründet die psychoanalytische Identität, ist internes Instrument der psychoanalytischen Praxis und erlaubt es, Massnahmen festzulegen, die der Einzigartigkeit jedes Falls gerecht werden.

Die Ausbildung der Analytiker in nicht klassischen Settings, aber auf spezifisch psychoanalytischer Grundlage in allen Umständen, entspricht einer ernsthaften Herausforderung für die Zuständigen in der psychoanalytischen Ausbildung.

Es geht darum, dass zunächst Ausbildner und dann auch werdende Analytiker die kanonischen Forderungen der Technik infrage zu stellen wagen, wenn die Arbeit mit einem bestimmten Patienten dies erfordert, und dabei nicht die Vorstellung haben, etwas Verbotenes oder Falsches zu tun.

Verheerend scheint mir eine Tendenz in der Ausbildung, die den klinischen Alltag der Analytiker in Ausbildung ausblendet und sich ausschliesslich auf ein idealisiertes klassisches Couchsetting (sogar oft mit dafür ungeeigneten Patienten) einlassen will. Man kann dabei wirklich von einer «Fetischisierung der Couch» sprechen, welche die psychoanalytische Haltung pervertiert. Die tatsächlich stattfindende klinische Arbeit erhält den Anschein von etwas Minderwertigem und wird zur Tabuzone. Sie findet in einer Art «Gebiet ohne Karte» statt, auf einem «schwarzen Kontinent», weil sich die Ausbildner nicht wirklich um sie kümmern.

Schlimmstenfalls führt dies zu einer Vorstellung, in den Psychotherapien sei «alles erlaubt», während für das Führen von Analysen ein genauer äusserer Regelkanon vorgeschrieben sei, an den sich Analytiker ohne viel nachzudenken halten würden und dabei die Vorstellung hätten, «das Richtige» zu tun. Analytiker in Ausbildung leben in diesem Fall permanent mit der Vorstellung, sie würden in ihrem Alltag nicht das Richtige, Eigentliche leisten.

Lassen Sie mich abschliessend auf die freien und unfreien Assoziationen zurückkommen. Wenn die psychoanalytische Ausbildung nicht ernsthaft diejenige Arbeit einbezieht, welche Analytiker, auch Analytiker in Ausbildung, täglich leisten, können deren Assoziationen innerhalb dieser Ausbildung nur unfreie sein. Dieses Manko innerhalb der Ausbildung entspricht einem Manko in der Theoriebildung der Psychoanalyse generell.

Ich möchte die gegebene Situation vor allem als wegweisende Orientierung für die Richtung auffassen, in welche unsere theoretische Reflexion sich weiter zu entwickeln hat.

Literatur

Bollas, Ch. (1999). *Mystery of things.* London [et al.]: Routledge.

de M'Uzan, M. (1998). [Interview]. In P. Froté & J.-L. Donnet (Hrsg.), *Cent ans après* (S. 276). Paris: Editions Gallimards.

de M'Uzan, M. et al. (2008). *La chimère des inconscients.* Paris: Presses Universitaires de France.

Freud, S. (1941). *Abriss der Psychoanalyse* (GW XVII, S. 63–138). Frankfurt/Main: Fischer.

Froté, P., & Donnet, J.-L. (Hrsg.) (1998). *Cent ans après: entretiens avec Jean-Luc Donnet, André Green, Jean Laplanche, Jean-Claude Lavie, Joyce McDougall, Michel de M'Uzan, J.-B. Pontalis, Jean-Paul Valabrega, Daniel Widlöcher.* Paris: Editions Gallimards.

Green, A. (1993). *Le travail du négatif.* Paris: Les éditions de minuit.

Green, A. (1998). [Interview]. In P. Froté & J.-L. Donnet (Hrsg.), *Cent ans après* (S. 163–166). Paris: Editions Gallimards.

Green, A. (2002). *Idées directrices pour une psychanalyse contemporaine.* Paris: Presses Universitaires de France.

Green, A., & Coblence, F. (Hrsg.) (2006). *Les voies nouvelles de la thérapeutique psychanalytique. Le dedans et le dehors.* Paris: Presses Universitaires de France.

Green, A. (2010). *Illusions et désillusions du travail psychanalytique.* Paris: Odile Jacob.

McDougall, J. (1998). [Interview]. In P. Froté & J.-L. Donnet (Hrsg.), *Cent ans après* (S. 483–484). Paris: Editions Gallimards.

Mikroprozesse therapeutischer Interaktion studieren!
Folgerungen aus Outcome- und Prozessforschung für die professionelle Praxis der Psychoanalyse

Michael B. Buchholz

Einführung

Wer wissen will, wie Psychotherapie gebaut wird bzw. ist, kann dies nicht mit Begriffen von «Störung» und «Intervention», nicht mit Begriffen von «therapeutischer Dosis» und ihren «Effekten», nicht mit Begriffen von «unabhängigen» und «abhängigen» Variablen, nicht mit Worten wie «Versorgung» oder «Sättigungsgrade in unterversorgten Bereichen» in seine Erfahrung bringen.

Psychotherapie als immer interaktives, immer gesprächiges Geschehen kommt wenig in den Blick einer Psychotherapieforschung, die weniger Psychotherapie als singulär den Patienten studiert. Jedes Vorher-Nachher-Design, das den Zustand des Patienten vor der Behandlung mit dem Zustand nach der Behandlung vergleicht, tut genau das. Diese Einseitigkeit im Grundansatz der Forschung, Veränderung ausschliesslich am Patienten bzw. an der Patientin zu messen [27], schliesst nicht nur Veränderungen und durchaus auch Belastungen auf der Therapeutenseite aus. Solche Einseitigkeit passt freilich mit einem technischen Grundverständnis von Psychotherapie zusammen, das den kommunikativen und interaktiven Gehalt des Geschehens im Behandlungszimmer weitgehend ausblendet. Therapeuten wie Forscher sprechen von ihren «Interventionen», sie «beseitigen Störungen», die sie zuvor «diagnostiziert» haben – und kaum irgendwo gibt es einen in der Forschung dokumentierten Sinn für das interaktive Moment, das solchen massiven moralischen Wertungen immer innewohnt. Wenn Therapeuten es in ihrem eigenen Denken mit «Gestörten» zu tun haben, wirkt sich diese kognitive Konzeptualisierung weitreichend und weitreichend unerkannt auf das interaktive Geschehen aus.

Falldiskussionen der deutschen psychoanalytischen Fachgesellschaften haben hier eine wichtige Verbesserung insofern erreicht, als ihnen mehr und mehr Protokolle zugrunde gelegt werden, die aus zwei Teilen bestehen. Einmal ein kurzer biografischer Abriss mit Anlass für die Aufnahme der Behandlung durch den Patienten, dann ein

---

27 Lassen wir ausser Betracht, dass «messen» eine fragwürdige Metaphorik für diesen Vorgang ist; sie soll wahrscheinlich den Vorgang zur höheren Dignität des Wissenschaftlichen upgraden. Über diesen Sprachgebrauch haben sich einige Autoren schon gewundert: Berlin et al. 1991; Buchholz 1995; Fischer 2005; Hülzer-Vogt 1991a; Hülzer-Vogt 1991b; Kruse et al. 2011; Kühnlein und Mutz 1997; Najavits 1993; Stiles und Shapiro 1989.

Erinnerungsprotokoll aus der Sicht des Behandlers von zwei aufeinander folgenden Sitzungen, welche beide dokumentieren sollen, was in welcher Reihenfolge gesprochen wurde. Diese Praxis hat den Vorzug, sich vom einst «wilden Spekulieren» über einen Fall, wie manche sagten, zu lösen. Sie hat nicht den Nachteil, dass nicht abgeschätzt werden könnte, was in einem solchen Erinnerungsprotokoll geschönt oder tendenziös dargestellt wird, denn die Arbeit einer Gruppe an solchem Protokollmaterial schafft da meist hilfreiche Korrekturen.

Die Beschränkung auf Protokolle aus der Erinnerung hat den viel schwerwiegenderen Nachteil, dass in keiner Weise mehr abgeschätzt werden kann, was überhaupt nicht erinnert wird und deshalb im Protokoll nicht auftaucht. Stundenprotokolle, die angeblich das Gespräch einer ganzen Sitzung wiedergeben, dauern beim Verlesen etwa 5 bis 7 Minuten; es kann nicht anders sein, als dass Wesentliches fehlt.

Einer solchen Feststellung geht es somit nicht um besserwisserische Überwachung eines therapeutischen Handelns, sondern um zwei andere Gesichtspunkte: a) Wer wissen möchte, was in einer Psychotherapie tatsächlich geschieht, wie Psychotherapie durch die Beiträge beider Beteiligten gemeinsam erbaut, «ko-konstruiert» wird, muss sich für das psychotherapeutische Hauptarbeitsinstrument, nämlich die Konversation, interessieren; b) entscheidende Fragen der Theorie – wie eigentlich genau funktioniert das mit der projektiven Identifizierung? – oder ihrer Prüfung lassen sich nur aufgrund genauer Transkripte entscheiden.

Es ist beinah etwas seltsam, dass Therapeuten eine gewisse theoretische Geringschätzung gegenüber der Konversation an den Tag legen. Verhaltenstherapeuten haben meist überhaupt keine Theorie von Sprache, Sprechen und Konversation; in ihrer theoretischen Tradition ist meist von «verbal behavior» die Rede. Wenig bekannt ist, dass es schon vielfach frühe Kritiken (z.B. Langer 1942; London 1944) an diesen semantischen Verschiebungen gab, die vor allem auf Einpassung an den damals dominanten Behaviorismus abzielten. Die Rede von «verbal behavior» verfehlt gleichsam den Sinn des Sprechens. Auch Musiktherapeuten fehlt meist eine entsprechend ausgearbeitete Vorstellung davon. Psychoanalytiker beschränken sich auf Symboltheorie.

Deshalb glauben Therapeuten, eine bestimmte «Technik» habe etwas bewirkt. Im Fall der Verhaltenstherapie kann man diese z.B. als Desensibilisierung beschreiben. Im Fall der Musiktherapie [28] wäre das auch möglich, z.B. als Improvisation. Im Fall der Psychoanalyse soll es die Deutung gewesen sein (aber wie wurde sie formuliert?). Deshalb bezeichnen Therapeuten das, was sie sagen, auch nicht zunächst neutral als

---

28 Die Musiktherapie hat mittlerweile ein subtiles methodisches Repertoire entwickelt, um sich den Details des Gesprächs zu nähern. Eine Autorin etwa, Heike Signerski (2011), hat Improvisationen musikalisch nachnotiert, erzählte Geschichten nach den Improvisationen sowie das Gespräch über diese Geschichten transkribiert und kann zeigen, dass es Isomorphien hinsichtlich rhythmischer Struktur, dialogischer Anschlüsse und anderer Konversationsmerkmale gibt, die sich dem blossen Auge bzw. Ohr nicht darbieten (vgl. auch Malloch und Trevarthen 2010; Petersen et al. 2011).

«Äusserung», sondern in einer kriegerischen Metapher als «Intervention». Diese aber käme von aussen, wäre extern gesetzt, während eine solche Beschreibung im Grunde unverständlich ist, denn die Äusserung geschieht doch während des Gesprächs, also «im» Gespräch. Wer nicht im Gespräch wäre, könnte sich therapeutisch gar nicht fruchtbar äussern.

Genau dafür haben Therapeuten dann freilich einen präzisen Sinn. Sie formulieren etwa, mit einem Patienten «nicht in Kontakt» gewesen zu sein. Oder dass «keine Beziehung entstanden» sei. Was «in Kontakt» oder «in Beziehung» bedeutet, lässt sich wiederum nur schwer bestimmen (Buchholz und Kleist 1997; Havens 1986; Polansky 1971). Hört man sich hingegen ein Tonband an oder liest ein genaues Transkript (Dittmar 2004), kann man oft sehr rasch erkennen, was es ist, das einen Kontakt gelingen oder scheitern lässt. Die Erfahrung ist, dass es winzige Details sind, die diesen Unterschied ausmachen.

Solche Details gehen der protokollierenden Erinnerung an eine Sitzung leicht verloren, besonders dann, wenn der professionelle Praktiker erst am Abend, nach mehreren anderen Sitzungen des Tages, dazu kommt, das Protokoll aus der Erinnerung aufzuschreiben (Kächele und Pfäfflin 2009). Man muss deshalb zwischen Erinnerungsprotokoll und Transkription (nach Audioaufzeichnung) unterscheiden. Auch bei Transkripten gibt es sehr unterschiedliche Grade an Feinkörnigkeit, mit denen ich mich hier nicht befassen will. Nur anhand von Transkripten könnten wir verfolgen, wie das, was «Psychoanalyse» heisst, in einem gegebenen Fall tatsächlich entsteht – durch die Konversation und ihre besonderen Formate.

Ich möchte mich diesem Thema in zwei Schritten nähern. In einem ersten Schritt werde ich von Studien berichten, die sich mit solchen Details beschäftigen, und deren Wert erkennbar herausstellen. Ich präsentiere diese Studien in der Absicht zu zeigen, wie sehr die Forschung selbst in einigen ihrer Spielarten sich der Einsicht in die zwangsläufige Notwendigkeit nähert, dass Transkripte untersucht werden müssen, will man Psychotherapie im Sinne eines «Austauschs von Worten» in ihren funktionellen Dimensionen verstehen. Das Transkript kann dazu die notwendigen interaktiven Details vergegenwärtigen und festhalten. Es sind solche Details, die «Atmosphäre machen». Zu den Designplanungen haben sich manche schon Gedanken gemacht (Elliott 2010). In einem zweiten Schritt werde ich am Beispiel von Transkripten einige Details therapeutischer Konversationen illustrieren, um theoretische Fragen zu diskutieren.

Die Ausgangslage

Die berufspolitische Interessenlage im Kampf der verschiedenen therapeutischen Richtungen verstellt den Blick für Besonderheiten der psychotherapeutischen Forschungslandschaft. Zunächst war behauptet worden, Psychoanalytiker hätten nie eigene Forschungen betrieben; später wurde in einem kenntnisreichen Überblick (Bachrach et al. 1991) zusammengefasst, wie viele grosse empirische Studien bereits in den 1960er und 1970er Jahren von Psychoanalytikern initiiert worden waren; und in letzter Zeit hat ein renommierter Psychotherapieforscher (Shedler 2010; 2011) den Mythos von den fehlenden sorgfältigen Studien in der Psychoanalyse unter Hinweis auf die Vielzahl vorliegender Studien nachdrücklich entkräften können. Ich gebe einen sehr selektiv gerafften Überblick, weil ich grosse Linien kenntlich machen möchte.

Prominenz erlangte die «Wallerstein-Studie» mit dem Titel «Forty-Two Lives in Treatment» (Wallerstein 1986). 42 Patienten in Psychoanalyse bzw. Psychotherapie waren über mehr als dreissig katamnestische Jahre miteinander verglichen worden – hinsichtlich des Outcome ergaben sich jedoch kaum Unterschiede! Das löste Bestürzung und folgenreiche Debatten aus; man hatte theoriegeleitet erwartet, dass die Psychoanalyse grössere Erfolge haben würde, da sie vor allem mit «Einsicht» als dem zentralen kurativen Wirkfaktor arbeitet. Aber das liess sich nicht bestätigen. Auch in den analytischen Behandlungen wird mit «stützenden Massnahmen» gearbeitet, auch in den Psychotherapien kommt es zu Einsichtsprozessen.

Andere (Orlinsky und Howard 1986) hatten die Entwicklung der Psychotherapieforschung in die Phase der Rechtfertigungsforschung eingeteilt, der die Prozessforschung zu folgen habe. Damit hatten sie recht, aber es war wohl ein bisschen früh. In Deutschland jedenfalls wurden Befunde der Prozessforschung weit weniger interessiert zur Kenntnis genommen als jene der Outcome-Forschung, die für die jeweilige berufspolitische Interessenlage weit stärker ausgeschlachtet werden konnten. Das Paradebeispiel dafür war die Zusammenstellung von Grawe mit der tendenziösen Behauptung, die Psychoanalyse habe in der Konkurrenz der Therapieverfahren die Schlacht verloren (Grawe et al. 1994). Wenn Grawe strenge RCT-Studien in der Psychoanalyse lautstark vermisste, so teilt sein Nachfolger (Caspar 2011) heute mit, dieser habe im Stillen schon damals vermutet, dass sich ein solcher Ansatz «zu Tode siegen» werde.

Es lohnt sich, den kleinen Text von Caspar zu lesen. Er räumt radikal mit der Methodik der «randomized controlled trials» (RCT) auf und kündigt der Programmatik «störungsspezifischer Interventionen» – weil keine Aussicht bestehe, die Vielzahl von Kombinationen zugleich auftretender Störungen je mit RCT-Studienpräzision evaluieren zu können! Etwa 400 Störungen sind in den diagnostischen Manualen erfasst; wenn man eine – zum täglichen Standard gehörende – dreifache Ko-Morbidität annimmt (z.B. Persönlichkeitsstörung + Angst + Depression), hat man insgesamt schnell eine zweifache Millionengrösse an real existierender Psychopathologie. Für sie alle müssten dann therapeutische Techniken mit strenger RCT-Methodologie gegeneinander evaluiert werden. Da die besten Forscher jedoch wegen deren extremen Aufwendigkeit nur etwa drei bis fünf RCT-Studien in ihrem Leben durchführen können, sei eine solche Evaluation aller erforderlichen Verfahren nie zu erreichen, insbesondere dann nicht, wenn die diagnostischen Manuale (DSM und ICD) – wie derzeit erwartet – in ihren Abgrenzungen neu definiert werden. Alles müsste dann ja, genau genommen, von vorne beginnen.

Man hat sich verhoben. Erkundungen in anderen Gebieten, die schon länger Erfahrungen mit Evaluationsprogrammen in der RCT-Tradition haben, hätten freilich darüber belehren können, dass die Psychotherapieforschung nur die Enttäuschungen wiederholt, die andernorts schon bearbeitet wurden (Robson 2002, S. 120 f.; Rothwell 2005; Thompson und Higgins 2005; Wolff 1994).

Thomä und Kächele haben im dritten Band der «Ulmer Trilogie» über psychoanalytische Prozessforschung informiert und ihre Forderung, wir müssten «[d]em Dialog auf der Spur» bleiben, unterstrichen (Kächele et al. 2006; Thomä und Kächele 2006). Dazu hatte es einen guten Anfang gegeben.

Mitte der 1980er Jahre hatten Rudolf et al. eine «Berliner Psychotherapiestudie» durchgeführt, die erstmalig fünf verschiedene Typen des Arbeitsbündnisses in einem naturalistischen Design unterschied und mit dem Behandlungserfolg in Verbindung bringen konnte (Grande et al. 1986; Porsch et al. 1986; Rudolf et al. 1986). Klar wurde hier, dass eine bestimmte Interaktionsdimension, das Arbeitsbündnis, in korrelativem Zusammenhang mit dem Ergebnis stand. Diese Dimension war deshalb so interessant, weil die Untersucher auch die Person des Therapeuten in verschiedenen Massen – z.B. dessen Biografie und berufliche Erfahrung – mit in den Blick genommen hatten. Ein kleines Ergebnis kann das Gemeinte illustrieren: Wenn es schon in einem Erstinterview vorkam, über die Grosseltern des Patienten zu sprechen, konnte daraus mit einer gewissen Wahrscheinlichkeit auf einen Behandlungserfolg geschlossen werden, und zwar deshalb, weil damit eine besondere Tiefe der Exploration möglich geworden zu sein schien: dass nämlich die Eltern des Patienten ihrerseits in besonderer Weise geformt worden sein könnten, wofür der Patient im Gespräch mit dem Therapeuten Sensibilität zeigte oder aber entwickelte. Freilich, eine Technik konnte daraus nicht gemacht werden, etwa in dem Sinne, dass es «erfolgversprechend» sei, mit einem Patienten über die Grosseltern zu sprechen. Aber man wusste jetzt, dass die Gesprächsinteraktion (allgemein als Konversation bezeichnet) wichtiger war als Technik. In ihrer grossen Untersuchung zur Entwicklung von Therapeuten schreiben Orlinsky und Ronnestad (2005), dass es ein Vorurteil sei zu glauben, Therapie könne als Technik konzipiert werden, bei der die Person des Therapeuten im Grunde austauschbar sei. Dieses Vorurteil passe nur in eine wissenschaftliche Welt, in der alle Probleme als technisch lösbare konzipiert würden, nicht aber in die therapeutische Welt des Wachstums von Persönlichkeiten und deren Beziehungen (ebd., S. 16).

Wenn man bedenkt, dass Orlinsky et al. (1986) meinten, die Outcome-Forschung sei als Rechtfertigungsforschung schon überwunden und werde von der Prozessforschung abgelöst, dann muss man feststellen, dass mit dem Wiederaufblühen einer fast ausschliesslich am Outcome orientierten Forschung aus berufspolitischen Konkurrenzmotiven heraus wohl eine Art intellektuelle Regression stattgefunden hat. Obwohl nämlich die Berliner Studie – und man könnte viele andere zitieren – anschaulich dokumentierte, dass selbst Befunde der anamnestischen Datenerhebung vom Muster der Zusammenarbeit abhängig sind, kehrte man, berufspolitisch motiviert, zu den Wettkämpfen der Outcome-Forschung zurück, als hätte es diese und andere deutliche Befunde nicht gegeben.

In einem fulminanten Überblick hatte Wampold (2001) sämtliche weltweit verfügbaren Metaanalysen gesichtet und strikt empirisch argumentiert. Sein Ergebnis war, dass für *alle* Formen der Psychotherapie eine Effektstärke von etwa d = .80 angenommen werden könne, was zwischenzeitlich als Standardwert von vielen akzeptiert ist. Dazu hatte er zwischen dem medizinischen und dem kontextuellen Modell unterschieden, von beiden Modellen unterschiedliche Vorhersagen abgeleitet und überzeugend gezeigt, dass das kontextuelle Modell mit den empirischen Ergebnissen weit besser übereinstimmt (Buchholz 2007a; 2007b).

Die klare Folgerung war: Mit Medizin-analogen Methoden, die die therapeutische Intervention als einem Pharmakon analog auffassen und deren «Dosis» zu messen versuchen, sollte in der Outcome-Forschung Schluss gemacht werden. Ähnlich hatten schon andere (Henry 1998; Stiles und Shapiro 1989) argumentiert: pharmakoanaloge Forschung sei die grandiose Inszenierung einer medizinischen Metapher für einen Gegenstand, bei dem diese Metapher fast alles verdunkle, statt es zu erhellen. Berufspolitische Interessen vernebelten diese Befundlage: Denn wenn es sich bei der Psychotherapie nicht um Medizin handelt, welche Folgerung hätte das für den Erhalt der Kassenfinanzierung? Vielleicht wurden deshalb neue semantische Meisterleistungen wie die «sprechende Medizin» eingeführt und abrechnungsfähig gemacht.

Die interessengeleiteten Outcome-Fragen (Wer ist besser? Wer ist schneller? Wer ist billiger?) dominieren weiterhin die öffentliche Rezeption und die interne Diskussion von Forschungsergebnissen. Innerhalb der psychoanalytischen «community» ist dies fatal, weil hier das Vorurteil, der analytische Prozess sei von solcher Subtilität, dass er nicht beforscht werden könne, allzu lange recht grossflächig zur Abwehr von Forschungsbemühungen ins Spiel gebracht wurde. Nicht psychoanalytische Proponenten (Auckenthaler 1997) hatten sich noch gegen Ende des 20. Jahrhunderts vehement gegen die Medizinalisierung psychischer Störungen ausgesprochen, es gab eigene Kongresse dazu. Der Fahnenwechsel freilich wurde kaum bemerkt. Stattdessen hielt man nun der Psychoanalyse vor, sie medizinalisiere psychische Störungen. Ignoriert wurde, dass nicht nur ihr Gründer, sondern auch viele Nachfolger und der Psychoanalyse nahestehende Autoren (Argelander 1970; Bauriedl 1980; Brede 1989; Cooper 1990; Holzman 1985; Lebovici 1988; Lorenzer 1970; Newberger und Bourne 1978; Parin und Parin-Matthey 1983; Reinke 1991; Rieff 1966; Schröter 1996) die Medizinalisierung fulminant kritisiert haben. Freud hat sich im Vorwort der «Vorlesungen» (GW XI) dazu geäussert und gemeint, zwischen den Beteiligten gehe nichts als «ein Austausch von Worten» vor sich. Damals wandte er sich gegen die polemische Vermutung magischer oder hypnotischer Praktiken und wollte die «Kur» von solchen falschen Verrätselungen befreien. Natürlich meinte er damit nicht, das Nonverbale spiele keine Rolle. Bis heute hat er recht behalten, und es wäre der Rede wert, sich genauer mit den Worten und ihrem Austausch zu befassen. Das tun derzeit nur wenige Autoren in hinreichender Präzision (Buchholz 1995; 2006; Buchholz et al. 2008; Forrester und Reason 2006; Leudar et al. 2008; Pain 2009; Peräkylä 2004; 2005; 2007; 2008; Peräkylä et al. 2008; Saladin und Grimmer 2009; Streeck 2004; Wilke 1992). Einen neueren Überblick findet man bei Scavaglieri (2011a; 2011b).

Ich möchte hier zunächst fünf Beispiele von Prozessforschungsstudien vorführen, die mit empirisch-statistischen Mitteln die Notwendigkeit dokumentieren, dem sprachlichen Austausch genaueste Aufmerksamkeit zu zollen.

Dann will ich zeigen, wie sich daraus Fragen bezüglich der Dominanz der Outcome-Forschung ergeben, die in der öffentlichen Diskussion eine Kehrtwendung einleiten könnten. Schliesslich werde ich an eigenen Beispielen zeigen, wie wenig Sinn es macht, Psychotherapie anhand von Begriffen wie «Intervention» beschreiben zu wollen. Die Outcome-Forschung sollte sich neu orientieren.

Prozessforschung: erstes Beispiel

Zwei Forscher (Heritage und Maynard 2007, Heritage und Robinson 2011) haben jahrelang Formen der medizinischen Kommunikation untersucht. Wie sprechen Ärzte mit ihren Patienten? Wie werden schwierige Diagnosen mitgeteilt? Welche ethischen Konflikte werden im Gespräch wie gelöst? Sie fanden heraus, dass die meisten Ärzte ihre Patienten nach 20 Sekunden unterbrechen und die Gesprächsinitiative übernehmen, indem sie die Fragen stellen. Die Ärzte begründen dies mit höherer Sachkompetenz und damit, dass das Gespräch so verkürzt werden könne. So geführte ärztliche Erstgespräche dauern etwa 15 Minuten.

Heritage und Maynard haben Ärzte trainiert, erst dann aktiv mit Reden zu beginnen, wenn der Gestaltbogen einer erzählenden Darstellung zu einem Abschluss gekommen ist und der Patient dem Arzt die Redeaktivität übergibt. Es zeigte sich, dass die meisten Patienten für die Darstellung ihrer Beschwerden ca. 1.5 Minuten benötigen, dann sind sie fertig. Wenn der Arzt jetzt Nachfragen stellt, verringert sich deren Zahl, denn er hat schon alles gehört, was er sonst nur durch seine Frageaktivität meint eruieren zu können. Das Gespräch selbst wird kürzer, aber die Zufriedenheit beider Beteiligter erhöht sich deutlich.

Am Ende von Erstkontakten fragen Ärzte routinemässig, ob es noch weitere Probleme oder andere Beschwerden gebe? Im Englischen kann man das auf zweierlei Weise tun: «Any more problems?» oder «Some more problems?» Die Wendung mit «any» impliziert eher eine negative Tendenz, die Wendung mit «some» eine positive Aufforderung. Dieses kleine Detail erweist sich als Unterschied, der einen Unterschied macht. Die Autoren haben ermittelt, dass die Ärzte bei der Wendung mit «Some more problems?» zweieinhalb mal mehr weitere Problemschilderungen erhalten! Der Arzt stellt an der Oberfläche eine Frage, macht aber zugleich mehr: Er gibt implizit Auskunft über seine Bereitschaft, weitere Probleme seines Patienten aufzunehmen. Aus dem Englischunterricht kann man sich erinnern, dass «any» meist eine Verneinung impliziert; benutzt der Arzt dieses Frageformat, dann teilt er etwas über seine (unbewusste) Absicht mit, noch etwas hören zu wollen – oder eben lieber nicht. Deshalb teilen Patienten so viel mehr mit, wenn das andere Frageformat genutzt wird. Genau auf diese Details reagieren Patienten. Fragen sind somit nicht nur Fragen, sondern auch Mitteilungen; ihr Zuschnitt macht erhebliche Unterschiede. Vor der Untersuchung war keinem der Ärzte die Differenz von «some» und «any» überhaupt als relevant aufgefallen, der Unterschied wäre in keinem Erinnerungsprotokoll erschienen, und doch beeinflusst er so viel.

Ein genereller Befund solcher konversationsanalytischer Forschungen ist, dass winzige Details im Sprechen grosse Unterschiede machen. Dafür ist die Studie über «some» und «any» ein eindrucksvolles Beispiel. Die *erste Folgerung* für Outcome-Studien heisst: Interventionen (um diesen unglücklichen Terminus hier vorläufig beizubehalten) haben Effekte, die den Beteiligten nicht in allen Dimensionen bewusst sein müssen. Wer ein Forschungsprogramm fährt, das auf der Idee basiert, man könne die Effekte unabhängiger Variablen (x) auf eine Gruppe abhängiger Variablen (y) mit der Wahrscheinlichkeit (z) ermitteln, muss mit der Möglichkeit rechnen, dass er gar nicht sicher weiss, welche unabhängigen Variablen er tatsächlich ins Spiel gebracht hat. So etwa muss man diesen Befund formulieren, wenn man ihn in der Terminologie der statistischen Methodik ausdrücken wollte. Ein solcher Befund, auch wenn es nur einer allein wäre, «falsifiziert» somit den «Glauben» der Methodenlehre, man könne im Bereich der Psychotherapie unabhängige und abhängige Variablen unabhängig voneinander und distinkt formulieren und messen.

Prozessforschung: zweites Beispiel

Winzigkeiten der Konversation können mächtige Wirkungen haben. Das gilt auch in umgekehrter Richtung, vom Patienten zum Therapeuten. Dazu eine weitere Studie (Spence et al. 1994). Die Autoren haben eine Analyse vollständig transkribiert und auf das sogenannte Anrede-Sie hin analysiert. Damit sind Wendungen von der Art gemeint, dass der Patient seinen Analytiker direkt adressiert, etwa indem er sagt, «Ich denke gerade daran, wie Sie gestern gesagt haben ...» Nun gibt es Stunden, in denen ein solches Anrede-Sie sehr häufig ist, andere, in denen es gar nicht vorkommt. Die ersteren nennen die Autoren «related hours», die anderen «isolated hours». Das Anrede-Sie hat erhebliche Wirkungen. Im Durchschnitt machen Analytiker etwa elf Äusserungen pro Sitzung (Szecsödy et al. 1993). In den «related hours» aber sprechen Therapeuten nicht nur mehr, sondern vor allem auch: früher! Nicht erst nach 15 oder 20 Minuten, sondern bereits direkt im Anschluss an das Anrede-Sie. Der Grund ist nicht schwierig zu erraten: Wenn man direkt angesprochen wird, ist es schwierig, sich zu entziehen. Dennoch ist ein solches Gesprächsmuster den meisten Analytikern wohl nicht bewusst, in behandlungstechnischen Schriften kommt es nicht vor, wohl auch nicht in entsprechenden Diskussionen.

Vor allem zeigt diese Studie, wie ein Patient seinen Analytiker steuert und dessen Antwortverhalten beeinflusst! Daraus ergibt sich die *zweite Folgerung* für Outcome-Studien: Es ist erforderlich, auf den Begriff einer «Intervention» generell zu verzichten. Ein solcher Begriff ist einseitig auf die Äusserungen des Therapeuten bezogen, aber man sieht, dass auch die konversationellen Beiträge des Patienten als «Interventionen» bezeichnet werden könnten. Der Begriff setzt die Vorstellung einer externen Einflussnahme voraus, die hier aber ganz offensichtlich gar nicht gegeben ist. Warum also sich nicht zu einem dialogisch-konversationellen Denken entschliessen (statt technischen Interventionen) und entsprechende Untersuchungen konzipieren?

Prozessforschung: drittes Beispiel

Ich stelle eine weitere Studie vor (Döll-Hentschker et al. 2006). Die Autorinnen dieser Studie wollten in einer langjährigen Arbeitsgruppe herausfinden, ob es Kriterien für die Frequenz- und Settingvereinbarung (wie viele Sitzungen pro Woche?) im Fall einer psychoanalytischen Behandlungsvereinbarung gebe. Dabei ist das Wort «Vereinbarung» zu rational gefasst. Gemeint ist vielmehr ein grundlegenderes implizites Wissen, welches beide Teilnehmer von dem ins Auge gefassten Unternehmen haben.

«Mit einer Settingvereinbarung wird anerkannt, dass der Patient ein Wissen über die für seine Ichfunktionen günstigsten Bedingungen hat. Es werden aber auch die Bedingungen im Analytiker anerkannt, unter denen er sich vorstellen kann, diesen Patienten zu erreichen und zu halten.» (Döll-Hentschker et al. 2006, S. 1128)

Es sind beide Seiten, die implizit voneinander «wissen» (Stern 2004) [29] und dieses Wissen mit demjenigen über sich selbst daraufhin «abgleichen», ob und wie welches Setting produktiv werden könne.

Als die Autorinnen ihre 155 Patienten durchgesehen hatten unter der Leitfrage, ob es «Kriterien für eine richtige Frequenzentscheidung gibt» (Döll-Hentschker et al. 2006, S. 1130), kamen sie zu einer bemerkenswerten Feststellung:

> «Es liessen sich keine diagnostischen Kriterien ausmachen, die zwingend zur Behandlung mit einer bestimmten Frequenz geführt hätten. Patienten mit neurotischem Konflikt wurden sowohl hochfrequent als auch niederfrequent behandelt; ebenso wurden früh gestörte Patienten, traumatisierte Patienten oder Patienten mit Denkstörungen teils in hochfrequente Analysen genommen, teils in niederfrequente Psychotherapien. Auch spezielle Kompetenzen wie Ichstärke, Einsichtsfähigkeit, die Möglichkeit, mit Deutungen umzugehen, oder Icheinschränkungen wie konkretistisches Denken und eine Neigung zur Somatisierung waren nicht eindeutig einem bestimmten Setting zuzuordnen.» (ebd., S. 1131)

Mit anderen Autoren gibt es die Übereinstimmung, dass die Entscheidung zu dieser oder jener Frequenz nicht von diagnostisch-nosologischen Überlegungen bestimmt ist. «Störungsspezifisch» wird hier nichts entschieden. Einflussreicher sind subtile Einigungsprozesse zwischen den Beteiligten. Es geht um Aushandlungen, um Interaktionen, um Konversation, nicht aber um die intervenierende Anwendung einer Technik für eine Störung. So finden die Autorinnen fünf «Regulierungsmodelle», wie zwischen den Beteiligten eine Indikationsentscheidung zustande kommt:

- ein *Übereinstimmungsmodell* akzentuiert die übereinstimmenden Wünsche und Ängste.
- ein *Frequenzerhöhungsmodell* visiert eine spätere Frequenzerhöhung schon in der anfänglichen Vereinbarung an.
- ein *Frequenzreduktionsmodell* fasst eine mögliche Reduktion ebenfalls schon von Anfang an ins Auge.
- ein *Diskrepanzmodell* macht erforderlich, dass die unterschiedlichen Vorstellungen von Patient und Analytiker bezüglich der Frequenz aufwendiger als bei den anderen Modellen zum Gegenstand der therapeutischen Arbeit werden.
- ein *Kompromissmodell* lässt einen Kompromiss zustande kommen.

---

[29] «We are capable of ‹reading› other people's intentions and feeling within our bodies what they are feeling. Not in a mystical way, but from watching their face, movements, and postures, hearing the tone of their voice, and noticing the immediate context for their behavior» (Stern 2004, S. 75)

Interessant ist, dass solche Modelle gerade nicht allein verbal vereinbart werden, sondern Handlungsdialoge eine Rolle spielen, wie Fallbeispiele illustrieren. Am ganzen Ansatz imponiert, wie konsequent das Therapeutische nicht in einer medizinischen Analogie verstanden wird, sondern aktive Arbeit und Mitarbeit selbst schon bei der Rahmenvereinbarung als Konversation in den Blick gerät. Es geht um ein Unternehmen gemeinsamer Arbeit.

Die Beschreibung von Aushandeln und Vereinbarung, das Erzielen von Einigungsprozessen und das Akzentuieren von Regulierungsprozessen gegenseitiger Art «beisst» sich mit dem medizinischen Modell, das von «Intervention» spricht, die Störung des Patienten behandelt wissen möchte und dafür bezahlt, wenn es denn wirkt. Es war erstaunlicherweise ein Verhaltenstherapeut, Dirk Revenstorf, der an einem Kongress einmal formulierte, wichtiger als die Störung einer Person sei die Person der Störung. Damit nahm er unwissentlich, aber erfreulicherweise den Gedanken einer «patientenzentrierten» Medizin aus der Geschichte der Psychoanalyse auf (Balint 1976).

Prozessforschung: viertes Beispiel

Eine weitere Studie dokumentiert, dass selbst so subtile Prozesse wie verschiedene Formen des Schweigens im therapeutischen Gespräch untersucht werden können (Frankel et al. 2006; Levitt und Piazza-Bonin 2011).

Schweigen kommt in «talk therapy» weit häufiger vor, als man im Allgemeinen berücksichtigt; Schweigen ist jedoch nicht ein Gegensatz von Reden, sondern, wie in der Musik, die Pause ein wesentlicher Bestandteil der Konversation. Was macht Schweigen aus? Wie unterscheiden sich verschiedene Arten des Schweigens und woran könnte man das erkennen? Schweigen ist nicht homogen, sondern mindestens aufteilbar in heilsames und heilloses Schweigen. Und es geht durchaus noch feiner. Eine frühere Studie (Levitt 2001) ermittelte sieben Schweigetypen, die im PICS (Pausing Inventory Categorization System) zusammengefasst werden. Damit werden Schweigepausen von mindestens 3 Sekunden Länge erfasst und anhand von kontextuellen, verbalen und paraverbalen Hinweisen (vor und nach dem Schweigen) folgendermassen unterteilt:

- *disengaged* silences: Hier zieht sich der Patient vermeidend von emotionalen Themen oder vom Prozess zurück oder versucht, seine Gefühle durch das Schweigen zu kontrollieren.
- *interactional* silences: wenn sich die Aufmerksamkeit des Patienten dem Therapeuten zuwendet, um das gerade besprochene Thema zu meiden.
- *emotional* silences: wenn Patienten einem Gefühl nachspüren oder sich in ein Gefühl hineinzuversetzen versuchen.

- *expressive* silences: wenn Patienten nach dem richtigen Wort für ein Gefühl suchen.
- *reflective* silences: wenn erkennbar ein Stück Selbstanalyse vorgenommen wird, Verbindungen zu besprochenen Themen geknüpft oder Einsichten integriert werden.

Davon unterschieden wird noch das *mnemonic* und das *associational* Schweigen, wenn also jemand nach einer Erinnerung oder einem Einfall sucht.

Die insgesamt neunzig Sitzungen der sechs Behandlungen wurden komplett nach den verschiedenen Schweigeformen codiert und ergaben mehr als 1500 Schweigepausen. Daraus wurden folgende Hypothesen formuliert (Levitt 2001, S. 616):

Produktives Schweigen komme in den Therapie-Dyaden mit gutem Ergebnis häufiger vor als unproduktive Varianten; bei schlechtem Outcome verhalte es sich umgekehrt. Diese Hypothese ist einleuchtend, weil sie zwischen produktivem Schweigen und abwehrendem Verschweigen sowie einigen Unterformen klinisch einleuchtend differenziert. Die Ergebnisse zeigen, dass das reflexive Schweigen der beste Prädiktor für einen positiven Outcome ist, während das obstruktive Verschweigen tatsächlich mit negativen Resultaten einhergeht. Auch dies ist, wie die Studie über «some» und «any» oder diejenige über das Anrede-Sie, nicht nur eine empirische Demonstration, wie genau man solche Details untersuchen kann. Viel wichtiger ist, wie genau gezeigt werden kann, dass diese Details die Varianz des Outcome – um es in der Sprache der Statistik zu sagen – erklären. Man kann aus Schweigeformen und deren Häufigkeit das Behandlungsergebnis vorhersagen! Es ist, als ob Studien wie diese geradezu danach rufen würden, solche «sweet little nothings» des sprachlichen Austauschs vermehrt in den Blick zu nehmen.

Hieraus ergibt sich die *dritte Folgerung* für Outcome-Studien: Nichtintervention ist gelegentlich so hilfreich wie Intervention. Entscheidend ist, ob Therapeuten die Kompetenz haben, Raum für Nichtintervention zu gewähren und, wie im erwähnten Fall, Schweigen dort zu ermöglichen, wo Intervention schaden würde. Aber etwas, was *nicht* geschieht, als unabhängige Variable messen zu wollen, bereitet dem Interventionsmodell erhebliche Schwierigkeiten.

Prozessforschung: fünftes Beispiel

Eine weitere Studie nimmt auf subtile Weise die Feindseligkeit zwischen Therapeuten und Patienten in den Blick, deren Handhabung für Erfolg oder Misserfolg ziemlich ausschlaggebend ist, nicht aber für die Länge von Behandlungen; gerade verbissen Kämpfende können ziemlich viel Zeit miteinander verbringen (Lippe et al. 2008).

Die Studie unter dem Titel «Treatment failure in psychotherapy: The pull of hostility», die sich mit gesprochener Konversation befasst, kommt aus Oslo und interessiert sich für Behandlungsfehler. Kann man Erfolg oder Misserfolg einer Therapie aus dem Mass an feindseliger Aggression während des Gesprächs vorhersagen? Therapeuten sind hier also beteiligt, was aber nicht heisst: schuld. Die Forscher fanden, «that hostile complementarity [...] in treatment is rather common» (ebd., S. 421).

Das ist nicht erfreulich, aber bleiben wir gelassen. Man kann die Schuldthematik durch ein bewundernswürdiges Design nämlich umgehen.

Die norwegischen Autoren wählten aus insgesamt 373 untersuchten Patienten mit Bedacht die kleine Anzahl von nur 28 aus. Genau die Hälfte hatte einen positiven Behandlungsverlauf, die andere Hälfte einen negativen, wobei interessant ist, dass nur 14 Therapeuten beteiligt waren, die jeweils genau einen Patienten mit positivem *und* einen mit negativem Verlauf hatten. Das entlastet, denn damit ist klar, dass es nicht um «feindselige» *Eigenschaften* des Therapeuten geht, sondern vielmehr um die Qualität der therapeutischen Begegnung. Von den 28 Behandlungen, die mindestens vierzig Sitzungen gedauert haben, wurden die ersten, die mittleren und die letzten 7 Minuten der dritten, zwölften und zwanzigsten Sitzung untersucht.

Die Transkriptabschnitte wurden dann mittels der SASB-Methode codiert (Hartkamp 1994; 1997; Jorgensen et al. 2000; Tress et al. 1990).

Beobachtet wurde, was geschieht, wenn z.B. ein Sprecher einen Angriff auf den anderen richtet; dann ist interessant, wie dieser reagiert – mit einer Gegenattacke, mit Schweigen oder mit einer Äusserung, die als «affiliation», also etwa als «freundliche Befriedung» codiert werden müsste. Und weiter interessiert die Frage: Übt der Attackierte damit Kontrolle aus, behauptet er sich oder bleibt er emotional unabhängig und dennoch beteiligt? Wenn eine Äusserung mit einer Äusserung gleichen Typs beantwortet wird, dann heisst das entstehende Muster in der Sprache dieser Untersuchung *«Komplementarität»*, und diese kann positiv oder negativ sein. Ein Beispiel für negative Komplementarität wäre, wenn einer dem anderen vorwurfsvoll sagt: «Du hast doch gerade gesagt, dass ...» und der andere reagiert mit «Du hast doch aber selbst gerade angefangen mit ...» Der eine Interaktionszug wird mit einem gleichen, negativ eskalierenden Interaktionszug beantwortet.

Die Ergebnisse: Feindselige Komplementarität war in der Gruppe der Misserfolge am grössten, und zwar besonders in der dritten und zwölften Sitzung, während sie in der zwanzigsten Sitzung abnahm. Freundliche Komplementarität konnte «positive Veränderung» vorhersagen, ebenfalls in den Sitzungen drei und zwölf. Die Tendenz zu feindseliger Komplementarität war in der zwanzigsten Sitzung insgesamt weit weniger ausgeprägt. Ein anderes Muster zeigte, dass manche Patienten defensiv-abwehrend auf therapeutische Freundlichkeit reagierten, und auch dann war das negative Ergebnis da! Die Autoren formulieren in einem schönen Bild,

«[…] that in successful therapy therapist and client follow each other, as in a dance (i.e., the overall balance of positive and negative affiliation can be predicted for one by knowing the other), while this harmony decreases over time in treatment failures» (Lippe et al. 2008, S. 429).

Und etwas später schreiben sie zusammenfassend, es sei nicht möglich gewesen, auf denjenigen zu zeigen, der die Saat des Misserfolgs im Dialog ausstreute. Es waren ja die gleichen Therapeuten in der Erfolgs- wie in der Misserfolgsgruppe. Die Befunde sind unabhängig davon, wer die negative Interaktion initiierte!

«It seemed to be in the dialogue itself that the constructive or unconstructive therapeutic climate was created.» (ebd.)

Die Folgerung ist klar: Therapeutische Arbeit besteht in mehr als Deuten, in mehr als Intervention. Sie muss maladaptive Muster herausfordern und sich ihnen aussetzen, schwierige Lebenseinstellungen korrigieren und die dabei aufkommende Verärgerung oder Wut aushalten; und sie muss verzerrte Auffassungen deutlich machen, wobei sie auch da streckenweise mit wenig Gegenliebe rechnen kann. Aber es könnte sein, dass wir in Ausbildungen lehren und lernen könnten, genauer auf Anzeichen von Misstrauen, zurückgehaltenen Zweifel oder Kontaktabrisse zu achten und vor allem auf die Subtilitäten eigener gegenaggressiver Reaktionsneigungen, die natürlich oft «gut gemeint» daherkommen. Der «pull of hostility» ist gross und unsere Neigung, komplementär zu reagieren, nicht minder.

Wenn der Dialog, wie die norwegischen Autoren formulierten, unabhängig von Personen ist («It seemed to be in the dialogue itself»), dann brauchen wir ein anderes Denken, dessen Gewinn darin liegen könnte, dass wir uns diesen nicht selten klinischen Themen freier von Schuldzuweisungen nähern. Wir sehen, dass ein Design, das nicht Personen, sondern Konversationen untersucht, solche Fragen auf eine ganz neuartige Weise zu beantworten vermag. Irgendwie liegt da etwas Wichtiges «in the dialogue itself». Es verdient unser nachhaltiges Interesse. Die Forschung selbst weist uns mit Nachdruck darauf hin.

Zuvor aber sei kurz zusammengefasst: Intervention ist ein viel zu grobkörniger Begriff, der zudem einem für die Psychotherapie falschen Modell (dem medizinischen) zugehört; er sollte nicht weiter verwendet werden für den therapeutischen Dialog. Das, was Therapeuten tun, hat – wie die Beispiele von «some» und «any» und vom Anrede-Sie oder die Studie über die feindseligen Interaktionen zeigen – ihnen selbst unbewusste Effekte; und das viel zu sehr, als dass man von einer «unabhängigen» Variablen sprechen könnte. Interventionen und Diagnosen nehmen kaum Bezug aufeinander, wie die Studie von Döll-Hentschker et al. zeigt; die Diagnose entscheidet nicht über das, was und wie in einer Sitzung gesprochen wird. Sie entscheidet auch nicht über vergleichsweise so grobkörnige Entscheidungen wie die Sitzungsfrequenz. Effekte des Dialogs, wie das letzte Beispiel zeigt, können nicht auf Persönlichkeitsvariablen reduziert werden. Konversation hat eine ganz eigene Dimension.

Weiter mit Mikro-Analysen

Interessanterweise hatte Freud in den «Ratschlägen zur Technik der Psychoanalyse» (1913) in seiner Formulierung der «Grundregel» auf das Stichwort der Konversation besonders hingewiesen:

«Noch eines, ehe Sie beginnen. Ihre Erzählung soll sich doch in einem Punkte von einer gewöhnlichen **Konversation** unterscheiden. Während Sie sonst mit Recht versuchen, in Ihrer **Darstellung** den Faden des Zusammenhangs festzuhalten und alle störenden Einfälle und Nebengedanken abweisen, um nicht, wie man sagt, aus dem Hundertsten ins Tausendste zu kommen, sollen Sie hier anders vorgehen.» (Freud GW VIII, S. 468; Hervorh. MBB)

Ich entnehme dem einerseits, dass die Analyse der Konversation innerhalb der klinischen Situation deshalb den höchsten Stellenwert beanspruchen darf, weil diese Situation gleichsam der empirische Quell ist, aus dem alles klinische Wissen sprudelt, und andererseits, dass der Darstellung besondere Aufmerksamkeit gezollt werden sollte. Freud denkt nicht in einem Gegensatz von Authentizität und Darstellung, er vermutet hier nicht, dass *hinter* der Darstellung noch etwas Wichtigeres zu suchen sei, sondern sieht, wie in der Traumdeutung, ein Register der «Rücksicht auf Darstellbarkeit».

Wie eigentlich kann man therapeutische Konversation untersuchen? Und damit das Zentralstück dessen, was im klinischen Alltag als «Beziehung» bzw. «Kontakt» bezeichnet wird?

Schauen wir nun zunächst einmal, wie sich die Systemtheorie (Luhmann 1984) Kommunikation vorstellt. Luhmann bestimmte Kommunikation als aus drei Selektionen bestehend: Mitteilung, Information und Verstehen. Diese drei müssen also unterschieden werden. Dann muss das Vernommene aus der Masse der Geräusche überhaupt als «etwas» identifiziert werden – das ist der erste Schritt. Der zweite Schritt ist, dass es als an jemanden gerichtet (= Mitteilung) verstanden werden muss. Von solcher Adressierung muss der Inhalt (= Information) unterschieden werden. Doch damit ist die Kommunikation nicht zu Ende. Sie gelingt erst, wenn Mitteilung und Information «verstanden», also gehört und vernommen werden konnten. Diese Konzeption hätte mindestens den Vorteil, dass sie die anfangs beschriebene Einseitigkeit überwindet und

Kommunikation rückbindet an den Prozess zwischen mindestens zwei Personen, also nicht in Worten wie «verbal behavior» befangen bleibt. Einer Ameise könnte man eine Kant-Vorlesung halten – das wäre adressiert und hätte einen Inhalt –, aber sie würde nicht verstehen, die Kommunikation bliebe unvollendet. Das Neuartige an Luhmanns Konzeption ist, dass sie sich, wie in der gesamten Gesprächsforschung längst üblich, vom Sender-Empfänger-Modell der Kommunikation radikal verabschiedet hat.

Kommunikation ist nicht einfach Ausdrucksgeschehen eines Inneren. Die kommunikative Gestalt ist erst geschlossen, wenn der nachfolgende Akt indiziert, was und wie verstanden wurde – oder eben nicht. Das ermöglicht ein strikt sequenzanalytisches Vorgehen, wie es sowohl die Objektive Hermeneutik (Oevermann 1993) als auch die Konversationsanalyse (Schegloff 2007) entwickelt haben. Insofern macht es Sinn, wenn erprobt wurde, die Konversationsanalyse als methodisches Instrument der Systemtheorie vorzuschlagen (Schneider 1996; 2008).

Will man klären, was mit «verstehen» gemeint ist, dann kann man hier abkürzend sagen, dass es sich als «category bound activity» artikuliert; der Hörer zeigt an, *als* was er eine Äusserung versteht. Kinder sagen etwa: «Du bist jetzt wohl ma der Räuber!» und fordern sich mit solchen Sätzen zu einem Spiel auf. Dass dieser Satz *als* Spiel und *als* Aufforderung verstanden wird und werden soll, erkennt man wiederum an den Details, nämlich an Partikeln wie «wohl», «jetzt» und «ma(l)». Sagt ein Kind hingegen denotativ «Du bist der Räuber», hört es sich nicht nur anders an. Die nachfolgende Reaktion würde auch erkennbar machen, dass dieses Äusserungsformat *als* etwas anderes verstanden wird. Die neue Aufmerksamkeit für die Details macht klar, dass ein solcher Satz *als* Ernst verstanden und gesagt wird. Das Wörtchen «als» ist unser umgangssprachliches Mittel, mit dem wir einander solche Kategorisierungen anzeigen (Douglas und Hull 1992; Lepper 2000; Lewandowska-Tomaszczyk 2007; McGarty 1999). Auch in der Emotionsforschung bedient man sich übrigens dieser Kategorisierungen (Ekman und Friesen 1969).

Klassische Ordnung

Prüfen wir vor dem Schritt zu therapeutischen Dialogen noch, ob dieses Modell der Kommunikation tatsächlich zutrifft und schon alle möglichen Fälle umfasst. Ein klassisches Beispiel stammt aus der Konversationsanalyse (Heritage 1984). Ein Sprecher sagt: «Why don't you come and see me sometimes?»

Wie ist ein solcher Satz zu verstehen? Er kann in der alltäglichen Kommunikation doppeldeutig – entweder *als* Einladung oder aber *als* Beschwerde über bisher unterlassene Besuche – verstanden werden; erst die nachfolgende Äusserung entscheidet, *als* was die Äusserung verstanden wird. Der erste Satz öffnet ein sinnhaftes Register von Möglichkeiten kommunikativer Anschlüsse, aus denen der zweite Zug dann den einen *oder* anderen auswählt. Das bedeutet, dass erst der zweite Zug bestimmt, was die *Information* der ersten Äusserung tatsächlich war! Dieser merkwürdige Umstand ist meines Erachtens bisher nicht gewürdigt worden. Er bedeutet nämlich, dass Zeit in der Konversation nicht unbedingt linear als Pfeil vorausläuft, sondern manchmal auch rückwärts wirkt; erst «nachträglich» wird manches klar.

Ein nicht triviales, vergleichbares Beispiel ist die Äusserung: «Ich liebe dich!» Wir erwarten meist, dass jetzt etwa eine Antwort von der Art kommt wie: «Ich dich auch». Aber wenn eine Antwort kommt wie «Nur meines Geldes wegen!» oder «Ja, weil ich schwanger bin», verschiebt dieser zweite Zug die Bedeutung des ersten, dessen Inhalt (= Information) sich ändert.

Man sieht: Luhmann hat die Kommunikation vom Sender-Empfänger-Modell gelöst. Kommunikation kann nicht so verstanden werden, dass einer etwas codiert und es an den anderen sendet, der es dann decodiert. Ein solches Modell ignoriert die Dimension der Adressierung (Mitteilung), die auf die Aufmerksamkeitsfokussierung setzt: Der andere muss zuhören, Geräusche ausscheiden und also von der Kommunikation unterscheiden. Das von Luhmann vorgeschlagene Modell vervollständigt den kommunikativen Akt nicht durch das «Senden», sondern besteht darauf, dass die Gestalt der Kommunikation erst vervollständigt ist, wenn der Hörer «verstanden» hat.

Das einfache Beispiel aus der Konversationsanalyse zeigt aber, dass es noch komplizierter ist. Konversation verläuft nicht in einer linearen Zeit, sondern kann rückwirkend dem Gesprochenen eine *andere* Bedeutung verleihen, indem erst der Hörer durch den zweiten Zug überhaupt entscheidet, welche Information mitgeteilt wurde. Der Hörer trifft im Beispiel oben eine Auswahl darüber, *als* was er die Mitteilung beantworten will – als Einladung eben oder als Vorwurf. Beides wären ganz gegensätzliche Inhalte. Und es bleibt zudem immer noch die Möglichkeit, durch eine metakommunikative Feststellung auf die Ambivalenz der Formulierung selbst zu verweisen. Auch das aber gäbe dem Gesagten rückwirkend eine neue, eine andere Bedeutung.

Auf Sinn wird somit durch Erwartungen verwiesen, wodurch das Bewusstsein des Sprechers und dasjenige des Hörers durch Konversation eng miteinander verkoppelt werden; die «Zwischenselektion eines engeren Repertoires von Möglichkeiten» (Luhmann 1984, S. 140) verdichtet die Verweisungsstruktur von Sinn so, dass die Konversation nicht sofort zusammenbricht. Konversation enthält so eine Verschränkung von möglichen Erwartungen durch Kategorisierungen (als ...) und deren nachfolgender Realisierung.

Diese Realisierung geschieht in einer geordneten Folge, durch Redeübergaben (turn taking) organisiert. Sie geschieht sequentiell, der zweite Zug kann erst *nach* dem ersten gemacht werden. Die Kategorisierung folgt der vorangegangenen Äusserung. Aber verhält es sich in allen Fällen therapeutischer Konversation so? Hier kann man Reizvolles entdecken, das für die Theorie noch ganz unausgeschöpft ist.

Abweichungen und Rückkehr zur Ordnung

Die Konversationsanalyse hat sich mit Nachdruck dafür interessiert, was geschieht, wenn geordnete Abläufe durchbrochen werden, man sich gegenseitig ins Wort fällt, mehrere Personen zugleich sprechen, wie Themenwechsel gelingen oder scheitern, wie eine Pause entsteht oder wie der nächste Sprecher gewählt wird. Dabei entstehen beständig neue Ordnungen. Die Konversationsanalyse geht also nicht davon aus, dass es sich um das Durchsetzen einmal ermittelter «ordentlicher» Gesprächsregeln handle – im Gegenteil! «Ordnung» ist nicht ein zwangsneurotisch zu verstehender Begriff, sondern einer, der Methode unterstellt: Die Teilnehmer einer Konversation schaffen an jedem Punkt ihres Gesprächs Ordnung, sie reagieren selbst dann geordnet, wenn es auf den ersten Blick «unordentlich» zu verlaufen scheint. Konversation zu *analysieren* bedeutet deshalb, eben diese stille Ordnung herauszufinden, deren Regeln die Teilnehmer befolgen. «Analysieren» hat somit die gleiche Bedeutung wie in der Therapeutik auch: zu studieren, welchen Ordnungen gefolgt, wie und auf welche Weise beständig neue Ordnungen geschaffen werden. Darin liegt ein für die Therapeutik sehr interessanter Gesichtspunkt. Wir nähern uns damit dem Geheimnis, wie das therapeutische Gebäude ko-konstruiert wird.

Patienten durchbrechen in hoher Kunstfertigkeit solche Regelhaftigkeiten. Aus einer Gruppe von uns (Buchholz et al. 2008; Lamott et al. 2010; Mörtl et al. 2010) untersuchter Straftäter wähle ich ein kleines, unauffälliges Beispiel. Zu dessen Verständnis ist es wichtig zu wissen, dass der Therapeut die Teilnehmer in manchen Sitzungen dazu angehalten hat, nicht das Wörtchen «man» zu verwenden, wenn «ich» gemeint ist. Diese manifeste Direktive nun wird von den Teilnehmern auf eine sehr interessante Art gewendet, als Martin seine Erzählung beendet und eine abschliessende Maxime formuliert:

Martin K. (beendet seine Erzählung): Ja gu::t, man soll (.) die Hoffnung nich verliern =Therapeut K.: =Ich oder du?
Martin K.: Soll ich:--?
(1,5)
Martin K: ((Lachen)) Wenn ich jetzt wieder ‚man' gesagt hätte, hätten ((fängt wieder an zu lachen und verschluckt dabei den Rest des Satzes)). =
Bernd B.: =Das wär doch gegangen, hätt'st doch Du:: gesagt?
(1)
Martin K.: Na:ja: hh so seh ich halt POSitiv jetzt wieder in die Zukunft rein.

Der Therapeut erinnert mit einem schnellen Redeanschluss (dargestellt durch die beiden Gleichheitszeichen) an die in der Gruppe etablierte Direktive. Zunächst ist Martin verdutzt und weiss mit der therapeutischen Bemerkung «Ich oder du?» nicht recht etwas anzufangen, es entsteht eine hermeneutische Pause von 1,5 Sekunden, in der er den Sinn des Gehörten zu entschlüsseln sucht.

Diese Entschlüsselungsarbeit ist notwendig. Der Therapeut hätte korrekterweise «Ich oder Sie?» oder «Ich oder man?» formulieren müssen, nutzt aber die umgangssprachliche Phrase «Ich oder du?», um an die von ihm eingeführte Direktive zu erinnern. Während Martins Pause – nach seinem angefangenen Satz – fängt die Gruppe an zu lachen, Martin erinnert die Direktive des «man» und ins Lachen der Gruppe hinein kommt eine Deutung. Diese wird nicht vom Therapeuten, sondern von einem der Gruppenteilnehmer gegeben, von Bernd, der die therapeutische Äusserung *als* Fehlleistung kognitiv kategorisiert und deshalb vorschlagen kann, «Du» zu sagen «wär doch gegangen».

Man kann erkennen, dass die Gruppenmitglieder auf die Bemerkung des Therapeuten so reagieren, *als* wäre seine Bemerkung eine Fehlleistung. Bernd formuliert den neuen Sinn, welcher der therapeutischen Äusserung nachträglich zugewiesen wird, und gewinnt dem Ganzen eine komische Bedeutung ab. Hier ist eine Möglichkeit sinnhafter Anschlüsse genutzt, mit der der Therapeut gewiss nicht gerechnet hat. Die neue Bedeutung schafft neue Ordnung, die schnell wieder zurückgenommen wird. Martin tritt gleichsam wieder zurück und paraphrasiert nach einer erneuten knappen Pause, dass man die Hoffnung nicht verlieren solle, durch die verwandte Wendung von der Hoffnung, die er nicht verlieren wolle. Das Geschehen insgesamt wird dadurch auf den Ausgangspunkt zurückgefahren – so, als wären die Fehlleistung, ihre Deutung und das Lachen nicht geschehen.

Konversation wird nicht nur expressiv – als «Ausdruck» eines inneren Geschehens – analysiert, sondern sequentiell und rekonstruktiv bezüglich der Kategorisierungsaktivitäten (Schegloff 2007). Erst nach dieser Analyse dessen, was sich die Teilnehmer sicht- und hörbar mitgeteilt haben, kann eine psychoanalytische Interpretation anschliessen (Schegloff 2000). Sie könnte nun mit grosser Überzeugungskraft darauf verweisen, wie das Unterdrückte in der Konversation auftaucht und anschliessend die Verdrängungskräfte der Gruppenmitglieder wieder einsetzen. Für einen Moment scheint die Gruppe als Ganze ihre Übertragungs- und Gegenübertragungswünsche zu artikulieren, mit dem Therapeuten eine Du-Beziehung zu realisieren – und dann entschwindet diese Möglichkeit wieder. Das Übertragungsphänomen zeigt sich an der konversationellen Oberfläche, nicht «hinter» ihr. Aber es ist flüchtig. Eine genaue Transkription freilich kann es festhalten.

Zugleich kann man etwas beobachten, das über die Systemtheorie hinausgeht: den Affekt des Lachens. Plessner (1970) folgend, könnte man sagen, im Lachen emanzipiere sich der Körper von den Regularien der sozialen Person; man muss lachen. Worüber hier in der Gruppe gelacht wird, kann man leicht vermuten: über die Komik der therapeutischen Äusserung und über die eigene Kunstfertigkeit, sie zu entdecken. Für einen Moment blitzt eine ganz andere Dimension des Affektiven in die Geordnetheit der konversationellen Abläufe, dann aber, nach einer erneuten kurzen Pause, wird die Rückkehr zur Ordnung vollzogen.

Aus einem ganz anderen Textkorpus stammt das folgende Beispiel, das den gleichen Vorgang des «Zurückfahrens» noch einmal zeigt. Es handelt sich um ein Beispiel aus der Ulmer Textbank, das in unserem Hildesheimer Graduiertenkolleg von einem Teilnehmer eingebracht und dort diskutiert wurde. Es geht um den Anfang eines dort aufgezeichneten und vom Kollegteilnehmer nachtranskribierten Gesprächs. Ein Patient kommt zu einem für ihn neuen Therapeuten, nachdem er offenbar schon drei Gespräche hatte. Der Therapeut beginnt:

T: Ja: Sie war'n ja schon ma: bei uns, und ehh
P: Das vierte Ma: heute, bei Anmeldung einmal (-) ja: zwei Tests (.) und jetzt das abschliessende Gespräch, wo ich mir die Heilung verspreche
T: Ja: (-) Erzählen Sie mir bitte noch einmal, was Sie zu uns geführt hat.
P: Ja der Grund meines Herkommens ist eigentlich ...

Es gibt die Ordnung der Redeübergabe, deutlich erkennbar am ersten leisen «ehh». Sogleich übernimmt der Patient, teilt mit, dass er heute zum vierten Mal da ist, vorher an Testuntersuchungen teilgenommen hat und sich jetzt vom «abschliessenden Gespräch» etwas verspricht, das er «die Heilung» nennt. Der Therapeut, der diesen Patienten offenbar nicht kennt, kehrt zur Ausgangsfrage therapeutischer Erstinterviews zurück: «Was führt Sie zu mir?» Und damit beginnt ein «normales Erstgespräch». Einzig das kleine Partikel «noch» (in «noch einmal») weist in seiner Aufforderung darauf hin, dass das Format seiner Äusserung von einem anderen Wissen verändert wurde: dass der Patient schon einmal da war.

Dieses Beispiel zeigt, wie der Therapeut zu der ihm vertrauten Anfangsfrage («Was führt Sie zu mir?») als dem eigentlichen Gesprächsbeginn zurückkehrt. Was vorher war, wird gleichsam abgeblendet.

Beiden Beispielen ist die interaktive Ausblendung der abweichenden Ordnung durch Rückkehr zu einer Ordnung gemeinsam, die wenigstens einer der Beteiligten als «normal» unterstellen, verbindlich machen und durchsetzen kann. Im ersten Beispiel folgt Martin der Aufforderung des Therapeuten und willigt damit in dessen Direktive ein; im zweiten kehrt der Therapeut zu dem ihm geläufigen Ausgangspunkt eines Erstinterviews zurück, und auch hier ist es der Patient, der folgt.

Ich möchte mich anderen Konversationsformaten zuwenden, die einen höheren Grad an Brisanz für therapeutische Gespräche aufweisen.

Kommunikative Blendgranaten

Wie sehr psychoanalytisches und kommunikatives Wissen Teilstücke moderner Literatur geworden sind, möchte ich zunächst an einigen Stellen aus neueren Romanen zeigen.

In John Updikes letztem Roman «Die Witwen von Eastwick» findet sich eine schöne Bemerkung über das «turn taking»: Eine Sprecherin macht eine Pause, damit die andere ein Zeichen des Zuhörens von sich gibt – und als das ausbleibt, entsteht ein kleiner Affekt: Trotz.

«Alexandra versuchte sich auszumalen, was da geklappt haben mochte – die intimen Dinge, die sich in den Gemächern am oberen Ende der breiten, dunklen Treppe abgespielt hatten. ‹Zwischen Jim und mir auch›, erklärte sie ungefragt. ‹Ich habe ihn geliebt.› Sie wartete darauf, dass Jane Tinker diese konventionelle Gefühlsbekundung auf ihre Weise bestätigte, als dies jedoch ausblieb, setzte sie trotzig hinzu: ‹Und er mich, glaube ich. Na, du weisst schon, jedenfalls soweit ein Mann lieben kann. Sie fühlen sich ja so hilflos, wenn sie lieben.›» (Updike und Praesent 2009, S. 52)

Die ausbleibende Bestätigung von Jane ist eine Antwort auf die Erwartung von Alexandra und insofern eine vollwertige Kommunikation, die das Vorangegangene kategorisiert: als konventionelle Gefühlsbekundung und als subtile Mitteilung darüber, dass Jane die von Alexandra begonnene Konkurrenz durchaus bemerkt. Diese Konkurrenz ist in dem kleinen Partikel «auch» von Alexandras Bemerkung verborgen und zugleich ganz sichtbar. Das ausbleibende Hörersignal, die eingetretene Pause, zwingt Alexandra dazu, im gleichen Register fortzufahren, und dabei stellt sich, unvermeidlich und von Updike subtil beobachtet, Trotz ein. Hier kann man literarisch beschrieben finden, wie Konversation Gefühle macht.

Updike ist raffiniert genug, um auch die Entwicklungen, die durch die Psychoanalyse in die Alltagskonversation eingedrungen sind, subtil zu beobachten. An einer später folgenden Stelle des gleichen Romans findet sich die schöne Bemerkung einer Tochter: «Die Sprache ist etwas Lebendiges, Mutter. Sie verändert sich und wächst.» (ebd., S. 213) Und die angesprochene Mutter antwortet bald: «Gott sei Dank – wie die kuriose Floskel lautet –, dass es Töchter gibt, die nebenbei Amateurpsychoanalytikerinnen sind [...].» (ebd., S. 214) Schriftsteller haben die Psychoanalyse sorgfältig beobachtet und bauen ihre Erkenntnisse in ihre Dialoge ein.

Der grosse Verborgene des amerikanischen Gegenwartsromans, Thomas Pynchon, hat in «Gegen den Tag» (2008) eine gigantische Fülle von Details eingebaut, auch über die Psychoanalyse und das Unbewusste, und herrliche Szenen der Konversation geschaffen. Einer seiner Protagonisten namens Fleetwood ist eine Art schwarzes Schaf in einer der geschilderten Familien; er beschreibt Kit, was er über seine Familie denkt:

«‹Ich bin ohnehin immer weniger kompetent, darüber zu urteilen. Überhaupt sollten Sie nichts von dem glauben, was ich über diese Familie zu sagen habe.› Kit lachte. ‹Ah, gut. Logische Paradoxa. Damit kenne ich mich aus.›» (Pynchon 2008, S. 246)

Dieses Beispiel kann nicht durch das systemtheoretische Schema analysiert werden. Was Fleetwood sagt, wird gerade nicht durch die drei Selektionen Mitteilung / Information / Verstehen in der zweiten Äusserung erfasst. Kit fasst die gesamte Äusserung von Fleetwood vielmehr *als* Spiel mit logischen Paradoxa auf und versteht sie somit als ein Bildungszitat, zu dem er eine metakommunikative Feststellung trifft. Auch das ist eine Kategorisierung, und es ist zugleich ein sequenzieller Anschluss. Die Äusserung selbst jedoch wird nicht als Information verstanden, sondern als Beispiel für etwas Bekanntes; deshalb wird so reagiert, als hätte auch ein anderes Beispiel (zur Illustration desselben) genannt werden können.

Der Autor schreibt: «Kit lachte.» Das beschreibt erneut einen Registerwechsel ins Affektive, der die Folge dessen ist, dass die erste Äusserung gerade nicht als *Information* verstanden wird, sondern nur als zitierende *Mitteilung*. Ich bezeichne solche Äusserungen, wie Fleetwood sie hier macht, metaphorisch als «Blendgranaten», weil sie den Hörer sofort mit einem gewaltigen hermeneutischen Problem belasten. Seit dem Beispiel vom Kreter, der sagt, dass alle Kreter lügen, sind solche Paradoxa logisch untersucht worden, selten jedoch auf ihre konversationelle Wirkung hin: Wie soll man reagieren, wenn einer sagt, man solle ihm nicht glauben? Therapeuten müssen sich nur vorstellen, ein Patient würde ein Erstgespräch mit einer solchen Bemerkung eröffnen …

Analysen von Beziehungen zwischen kommunikativ-rhetorischer *Form* und ihrer *Wirkung* sind interessant, weil sie zwei grundlegende therapeutische Probleme berühren. Das eine betrifft die wechselseitige Einflussnahme von Therapeut und Patient; oft genug haben Therapeuten Gefühle, die sie *als* Gegenübertragung kategorisieren, aber sie achten selten darauf, wie, also mit welchen sprachlichen Mitteln, ihnen diese Gefühle gemacht wurden.

Das zweite betrifft das grundlegende hermeneutische Problem: Die Register des hermeneutischen Verstehens können bei solchen Beispielen wie demjenigen von Fleetwoods Paradoxie kaum greifen, die Verstehensmühlen mahlen leer. Dies deshalb, weil der Sprecher Fleetwood keine Information mit externer Referenz mitteilt, sondern sich selbst *darstellt*: als einen, der sich zeigt und im Zeigen versteckt; als einen, der seine Kompetenz bestreitet und sie gerade dadurch kunstvoll vorführt. Die alltägliche, auch die «normale» therapeutische Hermeneutik, deren sich Therapeuten meist bedienen, ist hier kaum verfügbar und wird ausser Kraft gesetzt. Deswegen bezeichne ich die Wirkung solcher Äusserungsformate als kommunikative Blendgranate. Der Effekt beim Hörer ist der, dass er für einen Moment im metaphorischen Sinn nichts «sieht», also nichts versteht. Und eben dieser Effekt kann dann von einem geschickten Sprecher «ausgebeutet» werden.

Diese rhetorisch höchst kunstvolle Variante zeigt das nächste Beispiel aus unserem Straftäterprojekt:

> Sepp B.: Mich würde interessieren – mit deinem Sohn. Warum darfst du den erst, wenn er 18 ist, sehen? Oder
> (.)
> Otto O.: Weil es passiert ist mit meinem Sohn=
> Therapeut K.: =Was is passiert?
> (1)
> Otto O.: Seit ich ihn mal äh missbraucht [habe=
> Therapeut K. [Bitte?
> Otto O.: =Missbraucht habe (.) Obwohl es nicht stimmt (-)
> Er war nur dabei gewesen.
> Therapeut K.: Er war dabei?
> Otto O.: Er war dabei gewesen.
> Therapeut K.: Dabei gewesen
> Otto O.: Gut, ich erzähle noch einmal, wie es passiert ist mit meinem Sohn. A:lso::
> Therapeut K.: Das ist ja vielleicht auch wichtig.

Sepp also fordert Otto auf, etwas über den Kontakt zu Ottos Sohn zu erklären. Hier schon tritt eine Besonderheit in ihrer Wirkung hervor.

Vor Gericht oder in anderen institutionellen Kontexten (etwa beim Arzt) hat derjenige, der Fragen stellt, ein ausgesprochenes Machtmonopol über die Situationsdefinition und über die Selektion der Anschlussmöglichkeiten. In diesem Beispiel jedoch verhält es sich genau umgekehrt. Otto bekommt Fragen gestellt und macht daraus seinerseits ein kunstvoll gewobenes Machtspiel mit so vielen Verwirrungen, dass man beinahe zu sehen meint, wie der Therapeut immer nur reformulieren kann, was Otto ihm vorspricht; der Therapeut gerät durch die Wirkung dieser kommunikativen Blendgranate wie in eine Art Trance.

Aus welchen Komponenten besteht die kommunikative Blendgranate? Da ist zuerst die Passivierung («Es ist passiert»), die den Therapeuten zu einem beinah erregten Nachfragen veranlasst. Dann folgt eine weitläufige, widersprüchliche Schilderung: zunächst die Wendung ins Aktive («Ich habe missbraucht») mit Anerkennung eigener Akteurskompetenz – und wieder die irritierte Nachfrage durch den Therapeuten, der Otto mit «Bitte?» ins Wort fällt. Otto reagiert auf dieses «Bitte?» kategorisierend – so, *als* hätte der Therapeut akustisch schlecht verstanden, und wiederholt seinen letzten Äusserungsteil, um dann mit einem Dementi dessen, was er soeben in Akteurskompetenz formuliert hatte, fortzufahren: Es stimme nicht, der Sohn sei «nur dabei gewesen». Hätte er, kontrastierend, einfach gesagt, der Sohn wäre «dabei gewesen» und das kleine Wörtchen «nur» weggelassen, wäre dieser Teil der Aussage trivial. Wieder trägt ein solches Detail die Last einer besonderen Bedeutung; die drei Aussagenteile werden in ihrer Bedeutung gegeneinander verwischt, das Geschehen nebulös verschleiert und *zugleich* so dargestellt, als wäre Otto der einzige Zeuge, der authentisch berichtet. Die Nachfrage des Therapeuten ignoriert genau dieses kleine «nur»; die Frage: «Er war dabei?» macht ja im Fall eines Missbrauchs inhaltlich kaum einen Sinn, sie ist Wirkung der kommunikativen Blendgranate.

Hier hat jeder Teilnehmer ein schweres hermeneutisches Problem, sich nachvollziehend vorzustellen, was Otto entweder in Rede oder in Abrede stellt. Die Anschlussfähigkeit kommunikativer Züge ist blockiert, der Therapeut nutzt eine der häufigen reformulierenden Gesprächstechniken, die Therapeuten oft verwenden (dreimal: «dabei gewesen»). Und schliesslich kann Otto mit einem «Gut» die vorangegangene Situation rückwirkend so kategorisieren, als sei er *aus einer Zeugenposition* heraus in der Lage, die Verwirrung aufzulösen. In diesem Wandel vom verurteilten Täter im Gefängnis zum berichtenden Zeugen liegt wohl auch der Sinn dieses komplexen rhetorischen Manövers.

Die rhetorische Form der kommunikativen Blendgranate erzeugt als Effekt einen «suggestiven Slot», ihre Strategie ist komplex: Sie erzeugt durch geschicktes Informationsmanagement ein Bedürfnis, «mehr» wissen zu wollen. Wer so zu reden vermag, muss implizites Wissen über die Aufmerksamkeitsorganisation seiner Zuhörer haben. Der therapeutische Zuhörer ist gefesselt wie das Kaninchen von der metaphorischen Schlange. Soweit ist der Therapeut vorerst mal geblendet und kann kaum selbstmächtig reagieren.

In diesen momentan entstandenen suggestiven Slot schleust Otto nun etwas ein: Das zuhörende Kaninchen soll nicht verschlungen werden, sondern etwas «schlucken», nämlich eine neue Sicht auf die Dinge. Fragt man, was der Sinn dieser Strategie sein könnte, dann wird die Antwort sein: die Aufnahmebereitschaft bei den Zuhörern und damit die eigene Glaubhaftigkeit zu erhöhen. Otto wechselt von der Täterposition in die Rolle des Zeugen.

Freud hatte somit ganz recht, als er (im obigen Zitat) von «Darstellung» sprach! Darauf nämlich kommt es hier ganz besonders an. Otto stellt etwas *als* passives Geschehen dar, was er selbst aktiv initiiert hat. Ein solches «enactment» ist vielfach vertraut, insbesondere seitens von Opfern, die Behandlung suchen. Die Besonderheit ist hier jedoch nicht nur die Vertauschung des aktiven mit dem passiven Part, sondern dass Otto es schafft, sich in die Rolle eines wohlinformierten Zeugen zu manövrieren und für diese kommunikativ neu erzeugte emotionale Position Aufmerksamkeit bei seinen Zuhörern zu organisieren.

Doppelte Rahmungen

Nach meiner Vermutung befinden wir uns mit schwerer gestörten Patienten häufig in «doppelten Rahmungen», und jeder Versuch, Patienten auf die eine *oder* auf die andere Bedeutung festzulegen, muss deshalb scheitern, weil damit dem Patienten gleichsam die Möglichkeit eingeräumt wird, sich in der anderen Rahmung zu verstecken. Die Rahmungen sind dabei mit unterschiedlichen Selbst- bzw. aktualisierten Rollenaspekten (Täter, Opfer, Zeuge, Gutachter usw.) gekoppelt.

Ich verfüge über eine kleine Sammlung von Gesprächsanfängen aus der Zusammenarbeit mit einer Gruppe erfahrener Therapeuten; wir arbeiten an Transkripten eigener Behandlungen. Im folgenden Beispiel eines Stundenanfangs in einer fortgeschrittenen analytischen Behandlung sehen wir die doppelte Rahmung deutlich:

T (männl.): Frau R., ich würd' heut (.) das Handy anlassn und sollt' e:s meine Familie sein wü::rd ich kurz rangehn wei:l (..) mein Vater im Krankenhaus iss

(1,5)

P: Mein Stiefopa auch. A::sso Vater von Irene. <u>Au</u>:ch (.) heut ins Krankenhaus gekommen

(3)

T: m:mh

(7)

T: Wie geht's Ihnen?

Der Therapeut beginnt die Sitzung mit einer Erklärung über eine erwartbare Sitzungsunterbrechung. Die Patientin reagiert auf eine Weise, die unentscheidbar macht, ob ihre Antwort ins Register der Konkurrenz oder der Solidarität gehört; auch das mehrfache Anhören der Tonaufzeichnung half hier nicht weiter. In anderen hier analysierten Beispielen hatte der zweite Zug eine Entscheidung darüber erbracht, *als* was der Hörer die erste Äusserung auffasst, wie sie kategorisiert wird. Die Äusserung der Patientin über ihren Stiefopa knüpft, erkennbar durch das gedehnte «Au:ch», ausdrücklich an den ersten Zug des Therapeuten an, nach einer Pause von 1,5 Sekunden. Es handelt sich also nicht etwa um einen anderen Gesprächsbeginn durch Einführung eines anderen Themas.

Diese Äusserung ist für das hermeneutische Verstehensregister des Therapeuten nicht entschlüsselbar; er reagiert mit einem «m:mh». Nach einer kleinen Pause von 3 Sekunden gibt der Therapeut ein Hörersignal, als *wäre* gerade etwas gesagt worden. Es wurde aber nichts gesagt, und so hat das kleine prosodische «m:mh» eine konversationelle Funktion: Der Therapeut versucht, sich selbst in die Zuhörerposition zu bringen. Als das nicht gelingt, weil die Patientin schweigt, rekurriert er auf einen alltäglichen Gesprächsbeginn. Auf ihren Stiefopa kommt die Patientin in dieser Sitzung übrigens mit keiner Silbe mehr zu sprechen.

Auch hier kann eine Analysetechnik nicht weiter helfen, die meint, der zweite Zug entscheide über Sinn und Anschlussfähigkeit des ersten. Der zweite Zug selbst ist von so massiver Mächtigkeit, dass er wie ein erster Zug auftritt und ein darauf folgender weiterer Zug gerade nicht folgen kann. Es entsteht ein gemeinsames Schweigen. Wo in den anderen Beispielen gelacht wurde, wird hier geschwiegen – ich betrachte auch das als Affektwechsel, gerade weil die Kommunikation über Unentscheidbarkeiten für einen Moment zusammengebrochen ist. Dann versucht der Therapeut einen Neustart.

Sehen wir uns zum Vergleich ein anderes Beispiel an:

T (männl.): Ä::hh (..) i hab auch noch ne (..) kleine Meldung vorher, ä:hm (1)
P (männl.): Ja::
T: Bei mir wird es jetzt (.) es wird an der Tü:re (-) da muss ich nur schnell aufmachen, weil mir unten was (-) geliefert wird und
(.)
P: ((stöhnt))
T: dass Sie (-) drauf (.) vorbereitet sind
P: ((stöhnt, geräuschvolles Einatmen))
(60)
P: Ja: =Ich hatt grad n angenehmes Erlebnis und eine angenehme Überraschung
(berichtet eine erfreuliche Situation mit seiner Frau)

Die Situation scheint vergleichbar, der Therapeut will auf eine erwartbare Störung vorbereiten. Der Patient antwortet verbal gar nicht auf diese Mitteilung, sondern reagiert mit einem mehrfachen Stöhnen, das für den Therapeuten genügend affektive Information zu enthalten scheint. Mit einer der für Therapeutenäusserungen charakteristischen unvollständigen «Dass»-Konstruktionen fügt er noch die Bemerkung an, dass der Patient sich vorbereitet sehe. Wiederum stöhnt der Patient, und nun folgt eine lange Pause von einer Minute Dauer, in der der Therapeut keine Initiative übernimmt, sondern auf diejenige des Patienten wartet.

Nach dieser langen Pause ergreift der Patient die Initiative und erzählt von einer erfreulichen Situation mit seiner Frau. Das ist nun tatsächlich ein Themenwechsel und signalisiert dem Therapeuten, dass der Patient die Mitteilung über die Störung, wenn auch stöhnend, akzeptiert hat. Beide Beteiligten haben sich stillschweigend darüber verständigt, dass die Ankündigung der Störung zu einem «Vorher»-Teil der Sitzung («'ne kleine Meldung vorher») gehört und dann die «eigentliche Sitzung» beginnt. Hier ist also durch diesen sequentiellen Austausch eine Kategorisierung der Sitzung in «vorher» und «eigentlichen Beginn» ausgehandelt und wechselseitig ratifiziert worden.

Ein nächstes Beispiel zeigt ebenfalls die Abwicklung einer Interaktion in einem Vorher-Teil der eigentlichen therapeutischen Sitzung, die aber, kontrastierend, diesmal vom Patienten initiiert wird:

P (männl.): Vielleicht direkt vorab ä::h nächstn Dienstag (.) könn wir den Termin ausfallen lassen (-) oder verschieben. (1) We::il (-) da müsste ich dringend zu ner Probe ((P und T lachen))
T (weiblich): ä::hmm (1,5) ä::hhm wir können ihn auf Donnerstag verschieben
P: Ja:: ok::ehh ja das müsste gehen (steht auf, geht zu seiner Tasche und holt den Blackberry heraus)
T: Das ist der 25.
P: Auch um 19 Uhr oder? Das (.) klingt gut (-) ich schreibe es (-) sicherheitshalber (--) perfekt!
(8)
((P und T lachen))
P: Dann mach ich den (.) ma aus. (--) Sie sehn gut erholt aus
T: Danke. ((lacht))
P: braungebrannt ((er lacht))

Die kategorisierende Unterteilung der Sitzung wird mit «vorab» klar indiziert. Der Patient steht auf, trägt den neuen, ihm von der Therapeutin mitgeteilten Termin in seinen Blackberry ein und dann beginnt, jedoch ohne erneute Übergangsmarkierung, die eigentliche Sitzung. Es ist deutlich zu erkennen, wo diese Übergangsmarkierung von beiden Teilnehmern erwartet wurde: an der knappen Pause nach dem Ausschalten des Blackberry, vor der Bemerkung, die Therapeutin sehe «gut erholt» aus.

Auch hier können wir das konversationelle Format von der Wirkung her analysieren. Es ist unentscheidbar (und soll es vielleicht auch sein), ob die Äusserung «Sie sehn gut erholt aus» noch zu dem Vorher-Teil gehört oder bereits zur eigentlichen Sitzung. Diese Entscheidung ist der Therapeutin überlassen. Sie reagiert mit einem «Danke». Das ist eine Äusserung des zweiten Zugs, die klar macht, dass sie sich noch im Vorher-Teil der Sitzung befindet, wo gewisse – Freud würde vielleicht sagen: unanstössige – Übertragungselemente untergebracht werden können. Hier lässt sich das, in klinischer Sprache ausgedrückt, Mit-Agieren der Therapeutin deutlich daran erkennen, dass sie eben die fällige Kategorisierung zwischen dem Ende des Vorher-Teils und dem eigentlichen Sitzungsbeginn verwischt. Und flugs spielt der Patient eben diese Karte weiter, indem er das «braungebrannt» noch hinzufügt. Für die Therapeutin wird es immer schwieriger, aus der alltäglichen Gesprächssituation in eine therapeutisch markierte Gesprächssituation überzuwechseln. Sie ist gleichsam Gefangene des rhetorischen Geschicks des Patienten.

An keiner Stelle ist ein Unterschied zwischen einem eher alltäglichen und einem professionellen therapeutischen Gespräch ersichtlich. Hier findet ein Handlungsdialog (Klüwer 2001; Maier 2001) statt, von dem man sagen kann, dass das Vor-Spiel gewissermassen in den verpassten therapeutischen Einsatz hinein verlängert wird.

Schlussbemerkung

Diese Beispiele sollten zeigen, wie vollkommen unzureichend es wäre, Therapie nur als Intervention aufzufassen. Schon gar nicht könnte man eine therapeutische Intervention in Manuale fassen; die komplexen Interaktionslagen, von denen ich hier eine Anschauung geben konnte, verweigern sich einer technischen Lösung. Es will mir immer weniger einleuchten, dass Fragebögen und die Definition als Intervention die Hauptinstrumente einer Forschung sind, die als empirisch bezeichnet wird.

Die eigentümliche Empirie der Therapeutik besteht in den komplexen Tatsachen des Gesprächs. Diese Empirie wird mit solchen Erhebungsinstrumenten unsichtbar gemacht und durch eine andere Empirie, die auch anders ermittelt wird, ersetzt. Da bei dieser meist Fragebögen über das Fortbestehen von Beschwerden, die Qualität der Sitzung, den Grad der Empathie des Therapeuten usw. eingesetzt werden, nenne ich sie die Empirie der Meinungen. Patienten äussern Meinungen über das Gelingen oder Nichtgelingen. Das ist keineswegs falsch, es ist auch nötig. Aber es handelt sich dabei um ein vollkommen anderes epistemisches Objekt als die Empirie der konversationellen Gestalten und Gestaltungen. Wird beides miteinander verwechselt – und das geschieht im öffentlichen und in Teilen des fachlichen Diskurses wie selbstverständlich –, können dadurch Behauptungen über die Therapeutik in die Welt gesetzt werden, die nur die Empirie der Meinungen, nicht aber die Empirie der Therapeutik wiedergeben.

Die Tatsache, dass die von mir gezeigten Beispiele verständlich und entschlüsselbar sind, verweist darauf, dass es sich um lokale interaktive Produktionen handelt und dass diese als verdichtete Areale des sozialen Sinns aufgefasst werden können. In ihnen exemplifiziert sich in individualisierter und zugleich verallgemeinerbarer Form das, was Therapie als Konversation ausmacht: Die grundlegenden Strukturen des therapeutischen Geschehens müssen realzeitlich, nicht in abstrahierten Variablen angesprochen werden. Geschieht dies, dann werden Strukturen sichtbar, die den universalistischen Regelsystemen der therapeutischen Schulen nicht unbedingt entsprechen müssen. Ein mikroanalytischer Blick auf das Geschehen verschiebt die Aufmerksamkeit: von Reparatureffekten bei Störungen hin zu jenen Konversationen, die wir als therapeutische Sitzung bezeichnen. Sie enthalten Formen von Geordnetheit, die wir als Strukturen kommunikativ-sozialer Existenz ansprechen; an ihnen können wir die Konversationsinstrumente beobachten, die diese Strukturen und die Definitionsmächte, die sie bestimmen, hervorbringen.

Anders aber als in einem technischen Modell können wir sofort miteinschliessen, dass das wissenschaftliche Entdecken solcher Objekte in Strukturen der Sorge (Heidegger), der sensiblen Aufmerksamkeit ebenso wie des Begehrens (Lacan) eingebettet ist, ohne die alle psychotherapeutischen Mühen vergeblich wären. Dies ist, was durch die Rede von der «Intervention» auf so verhängnisvolle Weise zum Schweigen gebracht wird. Leider beteiligen sich manchmal sogar Patienten an dieser Verdrängung des sozialen Leids, der Fürsorge und des Begehrens; noch bedauerlicher ist, wenn Therapeuten es tun. Gerade deshalb brauchen wir ein Denken, in welchem diese Dimensionen vergegenwärtigt und geschützt werden. Sie bilden die Grundlage einer subjektzentrierten Sozialität. Hier können soziale Resonanz, Biografie und Existenz ausgearbeitet werden, aber nur dann, wenn wir die Psychotherapie und ihre Erforschung von einer kontrollorientierten auf eine verantwortungsorientierte Modellierung umstellen, in der die Teilnehmer zu voller Verantwortung für ihr Handeln dadurch in den Stand gesetzt werden, dass sie auch die möglichen Gefährdungen eines blossen «Austauschs von Worten» erkennen und sich nicht durch die Illusion blenden lassen, es ginge um technische Interventionen. Das dürfte Freud mit seiner berühmten Formel gemeint haben: «Wo Es war, soll Ich werden».

Literatur

Argelander, H. (1970). *Das Erstinterview in der Psychotherapie.* Darmstadt: Wissenschaftliche Buchgesellschaft.

Auckenthaler, A. (1997). Was bleibt von der klinischen Psychologie? Medikalisierungsprozesse und ihre Folgen. *Journal für Psychologie 5(3)*, S. 63–70.

Bachrach, H. M., Galatzer-Levy, R., Skolnikoff, A., & Waldron, S. (1991). On the efficacy of psychoanalysis. *Journal of the American Psychoanalytic Association 39(3)*, S. 871–916.

Balint, E. (1976). Michael Balint und die Droge ,Arzt'. *Psyche – Zeitschrift für Psychoanalyse 30(2)*, S. 105–124.

Bauriedl, T. (1980). *Beziehungsanalyse.* Frankfurt/Main: Suhrkamp.

Berlin, R. M., Olson, M. E., Cano, C. E., & Engel, S. (1991). Metaphor and Psychotherapy. *American Journal of Psychotherapy, 45(3)*, S. 359–366.

Brede, K. (1989). Zur gesundheitspolitischen Institutionalisierung der Psychoanalyse. Die ‹Praxisstudie› und ihre ‹Kurzfassung›. *Psyche – Zeitschrift für Psychoanalyse 43(2)*, S. 1044–1056.

Buchholz, M. B. (1995). *Psychotherapeutische Interaktion – Qualitative Studien zu Konversation und Metapher, Geste und Plan.* Opladen: Westdeutscher Verlag.

Buchholz, M. B. (2006). Konversation, Erzählung, Metapher. Der Beitrag qualitativer Forschung zu einer relationalen Psychoanalyse. In M. Altmeyer & H. Thomä (Hrsg.), *Die vernetzte Seele. Die intersubjektive Wende in der Psychoanalyse* (S. 282–314). Stuttgart: Klett-Cotta.

Buchholz, M. B. (2007a). *Psycho-News III. Weitere Briefe zur empirischen Verfeinerung der Psychoanalyse.* Giessen: Psychosozial-Verlag.

Buchholz, M. B. (2007b). Sollen Psychoanalytiker Diagnosen stellen? In Dialog-Bremen (Hrsg.), *Gehört-Haben und Erlebt-Haben. Die Psychoanalyse an der Universität. Festschrift zu Ehren von Prof. Dr. phil. habil. Ellen Reinke* (S. 155–188). Bremen: Dialog – Zentrum für angewandte Psychoanalyse.

Buchholz, M. B., & Kleist, C. von (1997). *Szenarien des Kontakts. Eine metaphernanalytische Untersuchung stationärer Psychotherapie.* Giessen: Psychosozial-Verlag.

Buchholz, M. B., Lamott, F., & Mörtl, K. (2008). *Tat-Sachen. Narrative von Sexualstraftätern.* Giessen: Psychosozial-Verlag.

Caspar, F. (2011). Editorial: Hat sich der störungsspezifische Ansatz in der Psychotherapie «zu Tode gesiegt»? *Psychotherapie – Psychosomatik – Medizinische Psychologie (PPmP) 61*, S. 199.

Cooper, A. M. (1990). The Future of Psychoanalysis: Challenges and Opportunities. *Psychoanalytic Quarterly 59*, S. 177–196.

Dittmar, N. (2004). *Transkription. Ein Leitfaden mit Aufgaben für Studenten, Forscher und Laien.* Wiesbaden: VS Verlag für Sozialwissenschaften.

Döll-Hentschker, S., Reerink, G., Schlierf, C., & Wildberger, H. (2006). Zur Einleitung einer Behandlung: Die Frequenzwahl. *Psyche – Zeitschrift für Psychoanalyse 60*, S. 1126–1144.

Douglas, M., & Hull, D. (Hrsg.) (1992). *How Classification Works. Nelson Goodman Among the Social Sciences.* Edinburgh: Edinburgh University Press.

Ekman, P., & Friesen, W. V. (1969). The repertoire of nonverbal behaviour. Categories, origins usage and coding. *Semiotica 1*, S. 49–98.

Elliott, R. (2010). Psychotherapy change process research: Realizing the promise. *Psychotherapy Research 20*, S. 123–135.

Fischer, H. R. (Hrsg.) (2005). *Eine Rose ist eine Rose... Zur Rolle und Funktion von Metaphern in Wissenschaft und Therapie.* Weilerswist: Velbrück.

Forrester, M., & Reason, D. (2006). Conversation analysis and psychoanalytic psychotherapy research: questions, issues, problems and challenges. *Psychoanalytic Psychotherapy 20*, S. 40–64.

Frankel, Z., Levitt, H. M., Murray, D. M., Greenberg, L. S., & Angus, L. E. (2006). Assessing silent processes in psychotherapy: an empirical derived categorization system and sampling strategy. *Psychotherapy Research 16*, S. 615–626.

Freud, S. (1945). *Weitere Ratschläge zur Technik der Psychoanalyse: I. Zur Einleitung der Behandlung* (GW VIII, S. 453 f.), Frankfurt/Main: Fischer.

Freud, S. (1944). *Vorlesungen zur Einführung in die Psychoanalyse* (GW XI). Frankfurt/Main: Fischer.

Grande, T., Porsch, U., & Rudolf, G. (1986). Die biographische Anamnese als Ergebnis der Therapeut-Patient-Interaktion und ihr Einfluss auf Prognose und Interaktionsentscheidungen. In F. Lamprecht (Hrsg.), *Spezialisierung und Integration in Psychosomatik und Psychotherapie* (S. 193–216). Berlin [et al.]: Springer.

Grawe, K., Donati, R., & Bernauer, F. (1994). *Psychotherapie im Wandel. Von der Konfession zur Profession.* Göttingen: Hogrefe – Verlag für Psychologie.

Hartkamp, N. (1994). Sequentielle Strukturen in einer psychotherapeutischen Interaktion: Ergänzung oder Konkurrenz qualitativer und quantitativer Methoden? In H. Faller & J. Frommer (Hrsg.), *Qualitative Psychotherapieforschung* (S. 181–201). Heidelberg: Asanger.

Hartkamp, N., & Wöller, W. (1997). Analyse einer Teamsupervision aus der Perspektive der SASB-Methode: Was lässt sich über latente Teamprozesse aussagen? In M. B. Buchholz & N. Hartkamp (Hrsg.), *Supervision im Fokus – Polyzentrische Analysen einer Supervision* (S. 65–83). Opladen: Westdeutscher Verlag.

Havens, L. L. (1986). *Making Contact: Uses of Language in Psychotherapy.* Cambridge: Harvard University Press.

Henry, W. P. (1998). Science, Politics and the Politics of Science: The Use and Misuse of Empirically Validated Treatment Research. *Psychotherapy Research 8*, S. 126–140.

Heritage, J. (1984). A change-of-state token and aspects of its sequential placement. In J. M. Atkinson & J. Heritage (Hrsg.), *Structures of Social Action* (6. Aufl. 1992, S. 299–346). New York: Cambridge University Press.

Heritage, J., & Maynard, D. W. (Hrsg.) (2007). *Communication in Medical Care. Interaction between primary care physicians and patients.* Cambridge: Cambridge University Press.

Heritage, John C., & Robinson, Jeffrey D. (2011). ‹Some› versus ‹Any› Medical Issues: Encouraging Patients to Reveal Their Unmet Concerns. In Ch. Antaki (Hrsg.), *Applied conversational analysis. Intervention and change in institutional talk* (S. 15–32). Basingstoke und New York: Palgrave Macmillan.

Holzman, P. S. (1985). Psychoanalysis: Is the Therapy Destroying the Science? *Journal of the American Psychoanalytic Association 33(4)*, S. 725–770.

Hülzer-Vogt, H. (1991a). *Kippfigur Metapher – metaphernbedingte Kommunikations-konflikte in Gesprächen. Ein Beitrag zur empirischen Kommunikationsforschung* (Bd. 1: Gesprächsanalyse). Münster: Nodus Publikationen.

Hülzer-Vogt, H. (1991b). *Kippfigur Metapher – metaphernbedingte Kommunikations-konflikte in Gesprächen. Ein Beitrag zur empirischen Kommunikationsforschung* (Bd. 2: Materialien). Münster: Nodus Publikationen.

Jorgensen, C. R., Hougaard, E., Rosenbaum, B., Valbak, K., & Rehfeld, E. (2000). The Dynamic Assessment Interview (DAI), Interpersonal Process Measured by Structural Analysis of Social Behavior (SASB) and Therapeutic Outcome. *Psychotherapy Research 10(2)*, S. 181.

Kächele, H. et al. (2006). Psychoanalytische Einzelfallforschung: Ein deutscher Musterfall Amalie X. *Psyche – Zeitschrift für Psychoanalyse 60*, S. 387–425.

Kächele, H., & Pfäfflin, F. (2009). *Behandlungsberichte und Therapiegeschichten: Wie Therapeuten und Patienten über Psychotherapie schreiben* (H. Kächele, Hrsg.). Giessen: Psychosozial-Verlag.

Klüwer, R. (2001). Szene, Handlungsdialog (Enactment) und Verstehen. In W. Bohleber & S. Drews (Hrsg.), *Die Gegenwart der Psychoanalyse – die Psychoanalyse der Gegenwart* (S. 347–358). Stuttgart: Klett-Cotta.

Kruse, J., Biesel, K., & Schmieder, C. (2011). *Metaphernanalyse: Ein rekonstruktiver Ansatz.* Wiesbaden: VS Verlag für Sozialwissenschaften. [elektr. Version: Zugegriffen am 16.01.2012 über http://www.worldcat.org/oclc/634478182].

Kühnlein, I., & Mutz, G. (1997). Wirkt Psychotherapie wie ein Medikament? Thesen zu einer sozialwissenschaftlichen Fundierung der Psychotherapieforschung. *Journal für Psychologie 5*, S. 33–46.

Lamott, F., Mörtl, K., & Buchholz, M. B. (2010). Costruzioni biografiche al servizio della difesa. Le autointerpretazioni fornite dai pedofili. In M. Casonato & F. Pfäfflin (Hrsg.), *Pedoparafilie: prospettive psicologiche, forensi, psichiatriche* (S. 307–328). Milano: Franco Angeli.

Langer, S. K. (1942). *Philosophy in a new key: A study in the symbolism of reason, rite, and art* (3. Aufl. 1979). Cambridge: Harvard University Press.

Lebovici, S. (1988). Die ärztliche Orthodoxie und der Beruf des Analytikers. *Jahrbuch der Psychoanalyse 23*, S. 26–36.

Lepper, G. (2000). *Categories in Text and Talk. A Practical Introduction to Categorization Analysis.* London [et al.]: Sage Publications.

Leudar, I., Sharrock, W., Truckle, S., Colombino, T., Hayes, J., & Booth, K. (2008). Conversation of emotions: On turning play into psychoanalytic psychotherapy. In A. Peräkylä, C. Antaki, S. Vehviläinen & I. Leudar (Hrsg.), *Conversation Analysis and Psychotherapy* (S. 173–188). Cambridge und New York: Cambridge University Press.

Levitt, H. M. (2001). Sounds of Silence in Psychotherapy: The Categorization of Clients' Pauses. *Psychotherapy Research 11*, S. 295–311.

Levitt, H. M., & Piazza-Bonin, E. (2011). Therapists' and clients' significant experiences underlying psychotherapy discourse. *Psychotherapy Research 21*, S. 70–85.

Lewandowska-Tomaszczyk, B. (2007). Polysemy, Prototypes, and Radial Categories. In D. Geeraerts & H. Cuyckens (Hrsg.), *The Oxford Handbook of Cognitive Linguistics* (S. 139–169). New York: Oxford University Press.

Lippe, A. L. von der, Monsen, J. T., Ronnestad, M. H., & Eilertsein, E. (2008). Treatment failure in psychotherapy: The pull of hostility. *Psychotherapy Research 18(4)*, S. 420–432.

London, I. (1944). Psychologists' misuse of auxiliary concepts of physics and mathematics. *Psychological Review 51*, S. 266–303.

Lorenzer, A. (1970). *Sprachzerstörung und Rekonstruktion.* Frankfurt/Main: Suhrkamp.

Luhmann, N. (1984). *Soziale Systeme. Grundriss einer allgemeinen Theorie.* Frankfurt/Main: Suhrkamp.

Maier, C. (2001). Die Bedeutung des Handlungsdialogs in der Therapie mit psychotischen Patienten. *Psyche – Zeitschrift für Psychoanalyse 55*, S. 1–25.

Malloch, S., & Trevarthen, C. (Hrsg.) (2010). *Communicative musicality: Exploring the basis of human companionship.* Oxford: Oxford University Press.

McGarty, G. (1999). *Categorization in Social Psychology.* London [et al.]: Sage Publications.

Mörtl, K., Buchholz, M. B., & Lamott, F. (2010). Gender Constructions of Male Sex Offenders in Germany: Narrative Analysis of Group Psychotherapy. *Archives of Sexual Behavior 39(1)*, S. 203–212.

Najavits, L. M. (1993). How Do Psychotherapists Describe Their Work? A Study of Metaphors for the Therapy Process. *Psychotherapy Research 3*, S. 294–299.

Newberger, E. H., & Bourne, R. (1978). The Medicalization and Legalization of Child Abuse. In A. S. Skolnick & J. H. Skolnick (Hrsg.), *Family in Transition* (5. Aufl. 1986, S. 212–249). Boston und Toronto: Little, Brown and Company.

Oevermann, U. (1993). Das Verbatim-Transkript einer Teamsupervision. In B. Bardé & D. Mattke (Hrsg.), *Therapeutische Teams* (S. 7–149). Göttingen: Vandenhoeck & Ruprecht.

Orlinsky, D. E., & Howard, K. I. (1986). Process And Outcome In Psychotherapy. In S. L. Garfield & A. E. Bergin (Hrsg.), *Handbook of Psychotherapy and Behavior Change* (S. 311–383). New York: John Wiley & Sons.

Orlinsky, D. E., & Ronnestad, H. (2005). *How Psychotherapists Develop. A Study of Therapeutic Work and Professional Growth.* Washington: American Psychological Association.

Pain, J. (2009). *Not Just Talking. Conversational Analysis, Harvey Sacks' Gift to Therapy.* London: Karnac.

Parin, P., & Parin-Matthey, G. (1983). Medicozentrismus in der Psychoanalyse. Eine notwendige Revision der Neurosenlehre und ihre Relevanz für die Theorie der Behandlungstechnik. In S. O. Hoffmann (Hrsg.), *Deutung und Beziehung* (S. 86–106). Frankfurt/Main: Fischer.

Peräkylä, A. (2004). Making Links in Psychoanalytic Interpretations: A Conversation Analytical Perspective. *Psychotherapy Research 14*, S. 289–307.

Peräkylä, A. (2005). Patients' responses to interpretations: A dialogue between conversation analysis and psychoanalytic theory. *Communication and Medicine 2*, S. 163–176.

Peräkylä, A. (2007). Communicating and responding to diagnosis. In J. Heritage & D. W. Maynard (Hrsg.), *Communication in Medical Care. Interaction between primary care physicians and patients* (S. 214–248). Cambridge: Cambridge University Press.

Peräkylä, A. (2008). Conversation analysis and psychoanalysis: Interpretation, affect, and intersubjectivity. In A. Peräkylä, C. Antaki, S. Vehviläinen & I. Leudar (Hrsg.), *Conversation Analysis and Psychotherapy* (S. 100–120). Cambridge und New York: Cambridge University Press.

Peräkylä, A., Antaki, C., Vehviläinen, S., & Leudar, I. (2008). Analysing psychotherapy in practice. In A. Peräkylä, C. Antaki, S. Vehviläinen & I. Leudar (Hrsg.), *Conversation Analysis and Psychotherapy* (S. 5–26). Cambridge [et al.]: Cambridge University Press.

Petersen, P., Gruber, H., & Tüpker, R. (Hrsg.) (2011). *Forschungsmethoden künstlerischer Therapien.* Wiesbaden: Dr. Ludwig Reichert Verlag.

Plessner, H. (1970). *Philosophische Anthropologie*. Frankfurt/Main: Fischer.

Polansky, N. A. (1971). *Ego Psychology and Communication: Theory for the Interview*. New York: Atherton Press.

Porsch, U., Grande, T., & Rudolf, G. (1986). Die Person des Therapeuten als Einflussgrösse bei der Befunddokumentation Psychotherapie suchender Patienten. In F. Lamprecht (Hrsg.), *Spezialisierung und Integration in Psychosomatik und Psychotherapie* (S. 214–251). Berlin [et al.]: Springer.

Pynchon, T. (2008). Gegen den Tag (2. Aufl.). Reinbek bei Hamburg: Rowohlt.

Reinke, E. (1991). Psychoanalyse zwischen politischer Psychologie und Medizinalisierung. *Psychosozial 14(47)*, S. 8–18.

Rieff, P. (1966). *The Triumph of the Therapeutic*. New York: Harper & Row.

Robson, C. (2002). *Real World Research*. Oxford: Blackwell Publishing.

Rothwell, P. M. (2005). External Validity of Randomized Controlled Trials: «To whom do the results of this trial apply?» *The Lancet I, Vol. 365*, S. 82–93.

Rudolf, G., Grande, T., Porsch, U., & Wilke, S. (1986). Prognose und Indikation – Von der Objektivierung der Patienteneigenschaften zur Analyse der Arzt-Patient-Interaktion. In F. Lamprecht (Hrsg.), *Spezialisierung und Integration in Psychosomatik und Psychotherapie*. Berlin [et al.]: Springer.

Saladin, R., & Grimmer, B. (2009). Das Arbeitsbündnis aus gesprächsanalytischer Sicht. Kooperation im psychoanalytischen Erstgespräch im Kontext von Themenwechseln. *Psychotherapie und Sozialwissenschaft 10(1)*, S. 37–70.

Scarvaglieri, C. (2011a). *«Nichts anderes als ein Austausch von Worten ...» Empirische Untersuchungen zum sprachlichen Handeln in der Psychotherapie* (Dissertation Universität Hamburg), Hamburg.

Scarvaglieri, C. (2011b). Sprache als Symptom, Sprache als Arznei. Die linguistische Erforschung von Psychotherapie. *Psychotherapie und Sozialwissenschaft 13(1)*, S. 37–58.

Szecsödy, I., Kächele, H., & Dreyer, K. (1993). Supervision – an intricate tool for psychoanalytic training. *Zeitschrift für psychoanalytische Theorie und Praxis 8(1)*, S. 52–70.

Schegloff, E. A. (2000). Das Wiederauftauchen des Unterdrückten. *Psychotherapie und Sozialwissenschaft 2(1)*, S. 3–29.

Schegloff, E. (2007). *Sequence Organization in Interaction. A Primer in Conversation Analysis*. Cambridge: Cambridge University Press.

Schneider, W. L. (1996). Die Komplementarität von Sprechakttheorie und systemtheoretischer Kommunikationstheorie. Ein hermeneutischer Beitrag zur Methodologie von Theorievergleichen. *Zeitschrift für Soziologie 25*, S. 263–277.

Schneider, W. L. (2008). Systemtheorie und sequenzanalytische Forschungsmethoden. In H. Kalthoff, S. Hirschauer & G. Lindemann (Hrsg.), *Theoretische Empirie*.

Zur Relevanz qualitativer Forschung (S. 129–165). Frankfurt/Main: Suhrkamp.

Schröter, M. (1996). Forschen oder Heilen? Über einen «Geburtsfehler» der Psychoanalyse. *Merkur 50(568)*, S. 631.

Shedler, J. (2010). The Efficacy of Psychodynamic Psychotherapy. *American Psychologist 65*, S. 98–109.

Shedler, J. (2011). Die Wirksamkeit psychodynamischer Psychotherapie. *Psychotherapeut 56*, S. 265–277.

Signerski, H. (2011). Qualitative Musiktherapieprozessforschung. In P. Petersen, H. Gruber & R. Tüpker (Hrsg.), *Forschungsmethoden künstlerischer Therapien* (S. 295–310). Wiesbaden: Dr. Ludwig Reichert Verlag.

Spence, D. P., Mayes, L. C., & Dahl, H. (1994). Monitoring the Analytic Surface. *Journal of the American Psychoanalytic Association 42(1)*, S. 43–64.

Stern, D. N. (2004). *The Present Moment in Psychotherapy and Everyday Life.* New York [et al.]: W.W. Norton & Company.

Stiles, W. B., & Shapiro, D. A. (1989). Abuse of the Drug Metaphor in Psychotherapy Process-Outcome Research. *Clinical Psychology Review 9*, S. 521–543.

Streeck, U. (2004). *Auf den ersten Blick. Psychotherapeutische Beziehungen unter dem Mikroskop.* Stuttgart: Klett-Cotta.

Thomä, H., & Kächele, H. (2006). *Psychoanalytische Therapie III – Forschung.* Heidelberg [et al.]: Springer.

Thompson, S. G., & Higgins, J. P. T. (2005). Can meta-analysis help target interventions at individuals most likely to benefit? *The Lancet I, Vol. 365*, S. 341–346.

Tress, W., Henry, W. P., Strupp, H. H., Reister, G., & Junkert, B. (1990). Die Strukturanalyse sozialen Verhaltens (SASB) in Ausbildung und Forschung. Ein Beitrag zur ‹funktionellen Histologie› des psychotherapeutischen Prozesses. *Zeitschrift für psychosomatische Medizin 36(3)*, S. 240–257.

Updike, J., & Praesent, A. (2009). *Die Witwen von Eastwick.* Reinbek bei Hamburg: Rowohlt.

Wallerstein, R. S. (1986). *Forty-Two Lives in Treatment. A Study of Psychoanalysis and Psychotherapy.* New York: The Guilford Press.

Wampold, B. E. (2001). *The Great Psychotherapy Debate – Models, Methods and Findings.* Mahwah und London: Lawrence Earlbaum.

Wilke, S. (1992). *Die erste Begegnung. Eine konversations- und inhaltsanalytische Untersuchung der Interaktion im psychoanalytischen Erstgespräch.* Heidelberg: Asanger.

Wolff, S. (1994). Innovative Strategien qualitativer Sozialforschung im Bereich der Psychotherapie. In M. B. Buchholz & U. Streeck (Hrsg.), *Heilen, Forschen, Interaktion. Psychotherapie und qualitative Sozialforschung* (S. 39–67). Opladen: Westdeutscher Verlag.

Unsagbares in der Psychoanalyse – bildungstheoretisch diskutiert

Rainer Kokemohr

Als Nicht-Psychoanalytiker nehme ich die Frage nach der Lehrbarkeit der Psychoanalyse als Thema auf, das im Kern auch Bildungsprozesse betrifft, sofern man unter Bildung anderes als nur eine lernende Aufnahme neuer Informationen versteht. Ich teile die Sorge, psychoanalytisches könne wie bildungsbedeutsames Sprechen didaktisch vereinnahmt, auf positiviert Sagbares reduziert und in seinen Potentialen beschnitten werden. In den unterschiedlichsten Kulturen und Disziplinen neigt Didaktik heute dazu, Welt wider besseres Wissen auf ein ökonomisch verwertbares «So ist es!» und Bildung auf Sprachspiele und Lebensformen zu reduzieren, die die Verwertbarkeit nachwachsender Generationen sichern. Kann auch Psychoanalyse von Sprachspielen – wenn nicht der Verwertbarkeit, so doch von solchen der Wiedereinpassung in kollektive Lebensformen – eingehegt werden?

Psychoanalytisches und bildungsbedeutsames Sprechen sind dem Anspruch verpflichtet, Blockaden in Entwurf und Entfaltung von Welt- und Selbstverhältnissen zu überwinden. Psychoanalytisches und bildungsbedeutsames Sprechen unterscheiden sich in dem, was sie zur Sprache zu bringen suchen. Während Ersteres zur Sprache zu bringen sucht, was un- oder vorbewusst ist und als solches als schon in früherer Erfahrung irgendwie gegeben gedacht wird, lässt sich letzteres als Prozess auffassen, etwas zur Sprache zu bringen, das, sei es für das sich bildende Individuum, sei es in seiner Kultur, noch nicht oder nicht manifest gegeben ist. Beide, psychoanalytisches und bildungsbedeutsames Sprechen, setzen dort ein, wo sich Grundfiguren eingelebter Welt- und Selbstverhältnisse als unzureichend für die Auslegung und Aneignung problematischer Erfahrungen erweisen. Beide gelten dem Versuch, vermöge anderer Grundfiguren mögliche Welt- und Selbstverhältnisse zu entwerfen, die deutungs- und handlungsstärker sind. Mit diesem Einsatz führen sie uns zunächst in die Verflüssigung je gegebener Welt- und Selbstverhältnisse und setzen uns, wenn auch auf unterschiedlichen Wegen, der Krise der vorprädikativen und präsuppositiven Aggregierungen unseres Wissens, Denkens, Fühlens und Handelns aus, bevor sie im glückenden Fall unser Welt- und Selbstverhältnis verändern und Latentes, noch nicht Objektiviertes, Präsymbolisches zur Sprache bringen, das, von objektiviertem Wissen verschattet, unser Welt- und Selbstverhältnis durchzieht.

So verstanden arbeiten psychoanalytisches und bildungsbedeutsames Sprechen an der Grenze der Sagbarkeit. Ihr Sprechen ist anderes als ein Darstellen von Wirklichem. In der Verflechtung von Signifikant und Signifikat[30], im Anspruch des Anderen vermittelt und in Übertragungsprozessen erschlossen, stellt es Wirklichkeit sagend her. Als Herstellen von Wirklichkeit ist es ein «Zeitigen der Zeitlichkeit»[31] und trägt als solches die Differenz von Sein und Dasein in sich. Psychoanalytisches und bildungsbedeutsames Sprechen stellen, was sie sagen, als wirklich her, indem sie es Möglichem, Ungesagtem abgewinnen. In ihrem Sagen sind Wirklichkeit und Möglichkeit gleichursprünglich verschränkt. Sie operieren an der Grenze eines vielleicht Unsagbaren.

Darstellendes Sagen von Wirklichem hat Referenzfunktion. Es verweist auf etwas. Doch zugleich wird in solchem Sagen Ungesagtes evoziert, das als Mögliches über je Dargestelltes hinausweist. Aus der Differenz, aus dem Mehr des ungesagt Möglichen im dargestellt Wirklichen entspringt jener Sinn, der Gesagtes zum Moment unserer Welt- und Selbstverhältnisse macht. Deshalb lässt sich das, was im psychoanalytischen Gespräch, ebenso wie das, was in Bildungsprozessen geschieht, weder auf die Darstellungsfunktion des Sagens und damit nicht auf theorie- oder modellförmig eingehegtes Wissen noch auf die didaktisierende Frage nach einer Sicherheit gebenden Methode reduzieren, *wie* hier zu lehren oder zu lernen sei.[32] Die Frage nach Lehr- und Lernbarkeit bleibt an die Differenz von Darstellung und Sinn gebunden.

Doch als zur Sprache bringendes Darstellen von Wirklichem können psychoanalytisches und bildungsbedeutsames Sprechen missverstanden werden. Leicht gerät aus dem Blick, dass sich gesagt Wirkliches vor dem Hintergrund eines anders, vielleicht nur schwer, vielleicht nicht sagbaren Möglichen konturiert. Gegen solches Vergessen ist die Frage nach der Sagbarkeit im Bildungs- und im psychoanalytischen Prozess an der Schwelle der Differenz von Dasein und Sein, in der Gleichursprünglichkeit von Wirklichkeit und Möglichkeit zu stellen.

Ich nehme die Frage an einem besonderen Beispiel auf, einer Szene des Films «Shoah» von Claude Lanzmann, die ich in der hier gebotenen Kürze auslege. Sie führt an die Grenze der Sagbarkeit und kann angesichts des im Nichtgesagten Unaushaltbaren zu dessen politischer, ideologischer, psychologischer oder anders abwehrender Verschattung verführen. Doch dank ihres aufklärerischen Erbes sind Psychoanalyse und

---

30 Zum Verhältnis von Signifikant und Signifikat vgl. Alain Juranville (1990, S. 55–62 et passim).

31 Wie Stefan Scharfenberg (2011, S. 55 ff.) in seiner eindringlich kritischen Rekonstruktion der ricœurschen Theorie des Erzählens und ihres Bezugs auf Heideggers Daseinsphilosophie formuliert.

32 Erfahrungen mit fremden, z.B. ostasiatischen oder afrikanischen Kulturen lassen leichter verstehen, was gemeint ist. Wenn sich Diskurse und Sätze zwischen verschiedener Angehörigen verschiedener Kulturen auf die naheliegende Referenzfunktion reduzieren, verfehlt Verständigung die je Sinn tragenden Grundfiguren. So verkennt etwa die in okzidentaler Kultur dominante Definition als Operationsmodus von Referenz die Gegenläufigkeit der Kräfte, die etwa in chinesischer Tradition Begriffen zugeschrieben wird; vgl. etwa Huang (2009, S. 130 ff.) oder Jullien (2001, S. 186 ff.). Was ein Begriff jeweils ist, wird so zu einer Herausforderung, die das Referenzschema sprengt.

Bildungstheorie in dem Interesse verbunden, sich solcher Verschattung zu stellen und in der Darstellung von Wirklichem Mögliches sowohl im Sinne eines nur Ungesagten wie auch eines schlechthin Unsagbaren mitzulesen.

Lanzmanns Film «Shoah» aus dem Jahr 1985 bringt Stationen, Strategien und Methoden der Judenvernichtung in Auschwitz und Treblinka ins Bild und zur Sprache. Er stellt, was geschehen ist, nicht in einer Kunstform, etwa einem Spiel- oder einem Dokumentarfilm dar. Ein solcher Film erforderte um der Qualität willen die Wiederholung von Szenen, die das Gezeigte zum Fall einer Regel, zum Ausdruck eines Deutungsrahmens machen, der, sobald man ihn begriffen hat, dem Gezeigten die Wucht des absolut Erschreckenden, des absolut Unerhörten nimmt. Der Film «Shoah» zeigt keine wiederholbaren Szenen. Lanzmann bittet Auschwitz- und Treblinka-Überlebende zu sprechen. In der oft unter grössten Mühen ermöglichten Improvisation entstehen Szenen, die das unfassbar Ungeheuerliche der Shoah evozieren. Solche Szenen lassen sich in verschiedenen Hinsichten lesen. So kann man nach Regie und Dramaturgie oder auf der Ebene handelnder Figuren nach deren Verstrickung in Schuld oder Ohnmacht fragen. Doch so wichtig solche Deutungsversuche sein mögen, sie tendieren dazu, das Gesehene methodisch einzuhegen. Der Film «Shoah» fordert dazu heraus, sich in der Analyse des Gesagten der Evokation des ungesagt Ungeheuerlichen auszusetzen.

In der gewählten Szene befragt Lanzmann den überlebenden Friseur Abraham Bomba. Wir hören, dass Bomba zusammen mit anderen Friseuren den Frauen in der Gaskammer, Minuten vor deren Ermordung, die Haare hat abschneiden müssen.

Um Bomba, inzwischen in Tel Aviv lebend, in der Vergegenwärtigung dieser Situation das Sprechen zu erleichtern, hatte Lanzmann ihm vorgeschlagen, einem Freund in einem israelischen Friseursalon inmitten des laufenden Betriebs die Haare zu schneiden, also in der erinnernden Wiederholung des Handelns das Geschehene zu bezeugen. Während langer 20 Minuten greift Abraham Bomba Lanzmanns insistierende Fragen auf. Er greift jene Möglichkeit des Sagens auf, die Lanzmanns Fragen ihm bieten. Lanzmann fragt, wie es geschah, und Abraham Bomba berichtet. Ich deute Weniges an.

Lanzmann: Abraham, can you tell me how did it happen? How were you chosen?
Bomba: There came an order – from the Germans.

Lanzmanns Eröffnungsfrage *Sagen Sie mir, wie es geschah?* fragt nach einer Darstellung jenes Geschehens, über das zu sprechen er von Bomba erwartet. Das *did [...] happen* setzt das Geschehene als ein in der Vergangenheit Gegebenes an, das *it* markiert den grammatischen Ort des zu Sagenden. Hier wird eine Geschehensdarstellung als Redeform des Faktischen aufgerufen. Sie setzt den Darstellenden derart in zeitliche Distanz zum Dargestellten, dass das dargestellte Geschehen aus der Perspektive des Hier und Jetzt als vergangen, abgeschlossen markiert wird.[33] Auch eine Geschehensdarstellung ist nicht einfach eine wahre Aussage. Sie untersteht wie alles individuelle Sagen der pragmatischen Fokalisierung des hier und jetzt Sprechenden. In Lanzmanns Wie-Frage und in Bombas Einsatz liegt die Pragmatik gerade darin, dass Fragender und Antwortender Redefiguren eines allgemeinen Welt- und Selbstverhältnisses folgen, die sie von eigenen personalen Aktivitäten oder Befindlichkeiten absehen und als auf den objektiven Sachverhalt Blickende erscheinen lässt.

Ein solcher Blick artikuliert sich in Abraham Bombas Antwort *There came an order*. *There, da* kam ein Befehl, direkt, nackt, ohne weitere Bestimmung. Statt eines *uns wurde befohlen*, das Bomba als Individuum im Feld des Geschehens markiert hätte, kommt *an order*, ein anonym einbrechendes Schicksal, das die von ihm Betroffenen ins Nichts der Ohnmacht stellt. Nur zögernd ergänzt Bomba *from the Germans*, die, auch sie, im Kollektivplural ohne individuelles Gesicht bleiben. In dieser Rede ist es der Befehl selbst, der, gleichsam aus einem Jenseits der vom Satz aufgerufenen Szene herkommend, die, die er trifft, zur Arbeit in die Gaskammer schickt. Dieser Befehl ist kein Anspruch, auf den sich antworten liesse, dem gegenüber es eine Wahl gäbe. Wo Befehlende fern und Befohlene der Artikulation entzogen sind, kann sich Interaktion nicht artikulieren. Bomba weiss, wie er an anderer Stelle sagt, dass er bei geringster Abweichung vom Befehl den todgeweihten Frauen gleich nicht mehr zu leben gehabt hätte. Der Satz *There came an order* gibt der vom ungenannt anstehenden Tod bedrohten Existenz die Form des Unerbittlichen.

In solcher Unerbittlichkeit wird der Bericht gleichsam in seine äusserste Form getrieben. Aber das der Szene inhärente, alle Subjektivität ausblendende Moment der Gewalt ist schon in seinem Einsatz aporetisch. Es widersetzt sich jeder Detaillierung, die konkretes Handeln oder situative Handlungsverstrickung in den Blick bringen könnte. Doch weil ein Bericht Detaillierung fordert und Detaillierung vom insistierend fragenden Lanzmann angemahnt wird, ist Bombas berichtende Distanz bedroht vom Einbruch eines anderen Sagens, eines Erzählens.

Die Ereigniserzählung unterscheidet sich von der Geschehensdarstellung, was mit nur wenigen Andeutungen skizziert werden soll. Während letztere das Damals vom Jetzt scheidet, kommt der Erzählende in der Vergegenwärtigung des Erzählten nicht umhin, sich als Mithandelnder nicht nur ins erzählte Geschehen, sondern in das Erzählen des Geschehens selbst einzubeziehen. Zeit wird hier nicht mehr – als Vergangenheit und Gegenwart im Sinne der Alltagsorientierung – als Gegebenes vorausge-

---

33 Vgl. zur weit gespannten narratologische, strukturalistische und hermeneutische Momente weiterführenden Diskussion um die verschiedenen Formen und Funktionen des Erzählens die Arbeiten des Interdisciplinary Center for Narratology der Universität Hamburg, die im Internet zugänglich sind. Einen hilfreichen Überblick über die hier interessierende Frage von Geschehensdarstellung und Ereigniserzählung gibt das dort geführte narratologische Begriffslexikon (Hühn et al. 2003).

setzt. Sie – und mit ihr das jeweilige Welt- und Selbstverhältnis – wird vielmehr im Erzählen selbst prozediert. [34] Deshalb setzt Erzählen den Erzählenden dem Risiko aus, dass in der Verflechtung von Erinnerung und Gegenwartsorientierung sein Welt- und Selbstverhältnis, seine Position im Hier und Jetzt problematisch wird. Auch wenn wir in durchschnittlichen Ereigniserzählungen darauf vertrauen, dass sich Erzählende im Umgang mit den Zeitebenen und ihrer Rolle im erzählten Geschehen als souveräne Subjekte artikulieren, ist doch jedes Erzählen grundsätzlich von Krise oder Zusammenbruch des erzählten Welt- und Selbstverhältnisses bedroht. Im Fall konsistenten Erzählens resultiert aus solcher Bedrohung das Glück des Sieges über Sprach-, Welt- und Selbstverlust. Geschehensdarstellung und Ereigniserzählung sind kategorial verschiedene Formen redenden In-der-Welt-Selbstseins, wie man in Anlehnung an Ricœur und dessen Heidegger-Bezug sagen kann. [35]

Gedrängt von Lanzmanns Fragen nähert sich Bombas Rede der Situation, als die Frauen zusammen mit den Kindern aus der Entkleidungsbaracke kommend in die Gaskammer getrieben werden.

Lanzmann: [...] and suddenly, you saw the women come in?
Bomba: Yes, they came in.
Lanzmann: How were they?
Bomba [mit erhöhter Stimme]: They were undressed, all naked, without cloth, without anything else.
Lanzmann: All of them completely naked?
Bomba: Completely naked, all the women, and all the children.

Erneut bittet Lanzmann Abraham Bomba, vom Geschehen zu berichten: *[...] you saw the women come in? [...] How were they?* Doch indem diese Frage den Befragten dem Blick auf die ankommenden Frauen aussetzt, insinuiert sie, stärker als die Eingangsfrage, affektive Geschehensbeteiligung. Bombas Ton ändert sich, seine Stimme wird lauter. Sein generalisierender Zugriff *They were undressed, all naked, without cloth, without anything else* weist Frauen und Kinder als nackte Objekte aus, aller differenzierenden Kleidung, aller humanen Sinnschichten beraubt.

---

34   Zur erzählenden Artikulation von Zeit vgl. Weinrich (1971), bes. S. 28 ff.

35   Heidegger bestimmt die fundamentalen ontologischen Charaktere des In-der-Welt-Seins als ursprüngliche Einheit von Existentialität, Faktizität und Geworfensein. Darstellendes wie erzählendes Sprechen seien durch die Differenz von Sein und Dasein, durch die Gleichursprünglichkeit von Geworfensein und Entwurf bestimmt. Nur theoretisch seien die drei Charaktere klar zu unterscheiden, in sprachlichem Handeln immer zugleich gegeben. Doch Formen des Sprechens können Verschiedenes betonen. Während die Ereigniserzählung eher das Moment der Existentialität betont, hebt die Geschehensdarstellung eher auf Faktizität ab, was zugleich bedeutet, dass Existentialität und Geworfensein tendenziell verschattet werden (vgl. Heidegger 1963, S. 41).

Lanzmanns drängendes Fragen fordert Bomba ein Sprechen im erinnernd vorlaufenden Blick in den anstehenden Tod ab. Wir wissen nicht, welche nicht genannten Bilder seine Rede begleiten. Aber die angestrengte Stimme erlaubt zu vermuten, dass sein Sprechen vom Grauen eines Welt- und Selbstverhaltens bedroht ist, das ein jedes Sagen transzendiert. Noch rettet sich das sprechende Ich angesichts des den Frauen und Kindern bevorstehenden Todes in verallgemeinernden Modalausdrücken _completely_ naked, _all_ the women, _all_ the children vor dem Untergang in pathischem Mit-Sein in die Differenz von Jetzt und Damals. Noch rettet es sich darstellend aus der Unmöglichkeit seines Mit-Seins mit jenen, die er erinnert. Doch negativ, gleichsam jenseits des Dargestellten, im Fehlen einer Rede, die Individuen und Individuelles hervorhöbe, evoziert der Bericht, was er nicht sagt.

In Frage und Antwort steigt die Last der Spannung zwischen Gesagtem und Ungesagtem.

Lanzmann fragt: What was your impression the first time you saw arriving these naked women with children? What did you feel?

Durch eine doppelte Verschiebung bricht die Frage die Darstellungsform auf. Indem sie nach _your impression_, nach Bombas damaligem Eindruck fragt, setzt sie den inneren Vorgang an die Stelle eines objektiv zu Beobachtenden. Indem sie den Blick auf _the first time_ als den Einbruch des lebensweltlich Unmöglichen noch vor jeder deutenden Abwehr richtet, stärkt sie die Emphase.

Abraham Bomba weist die Frage zurück:

I tell you something to have a feeling over [it?] there was very hard to feel anything to have a feeling – because working there day night between that people between ah bodies men and women your feeling disappeared you are dead with your feeling _[schnell gesprochen bis *]_ you have no feeling at all*...

Er weist den Blick auf die Innenwelt kraft der Unterscheidung zwischen dem jetzt sprechenden und jenem damals in die Situation verstrickten Ich [36] zurück. Zunächst antwortet das jetzt sprechende Ich dem Fragenden belehrend: _I tell you something._ Doch was hier zu sagen sei, wird semantisch nicht dem erzählten, dem damaligen Ich zugeschrieben. Vielmehr tritt an seine Stelle zunächst eine gleichsam personlose, von keinem Aktor geprägte Aussage. Dort überhaupt ein Gefühl zu haben, _to feel anything, to have a feeling,_ sei sehr schwer gewesen. Die Frage stelle sich nicht. Erst nach dieser

---

36 Zur «funktionale[n] Scheidung zwischen dem erzählenden Ich als Narrator und dem erzählten Ich als Aktor und die psychologische und ideologische Dissoziierung der beiden Ichs» vgl. Schmid (2008, S. 217 ff.). Die hier genutzten Aspekte, vom Autor für die literarische Erzählung entwickelt, gelten auch für nicht literarisches Erzählen.

Zurückweisung wird der Blick auf jene gelenkt, denen das Mitfühlen gilt. Sie erscheinen changierend zwischen Distanz und Nähe, indem sich die Verlorenheit des sprechenden Ich niederschlägt. Einerseits sind sie *that people*, zwischen denen Tag und Nacht zu arbeiten gewesen sei, die *bodies*, und andererseits individuierbare *men and women*, die aus dem Schatten von *that people* treten.

Trotz des belehrenden Tons spricht hier kein souveränes Ich. In der Emphase des Einspruchs, verbunden mit der Hereinnahme des Fragenden in den Vorstellungsraum der Frage *I tell you something*, wehrt das sprechende Ich jedes Sprechen über sein damaliges Gefühl ab. Ein Gefühl habe es nicht gegeben, wie im Bezug auf ein verallgemeinerndes *you* als der allgemein menschlichen Grundform des erzählten Ich betont wird. Im Umkehrschluss bedeutet die Emphase des *you have no feeling at all*, dass sich indirekt das sprechende, damals seines Fühlens beraubte und noch hier und jetzt ob des Raubes getroffene Ich artikuliert. Was zunächst im Präteritum *your feeling disappeared* formuliert wird, gleitet über in die zeitlose Bedrohung *you are dead with your feeling ... you have no feeling at all.* Hier wird nicht nur der anstehende, *men and women* gleich vernichtende Tod berührt. Im *you are dead with your feeling* kündigt sich, im Tod des Fühlens metonymisch verschoben, der reale Tod als jederzeit gegenwärtiges Ende allen Fühlens, allen Daseins, letztlich als Nichtung des Fühlens überhaupt die Nichtung eines jeden möglichen Welt- und Selbstverhältnisses an.

Doch noch schweigt das getroffene Ich nicht. Erinnernd an den Berichtston des «matter of fact» wandelt sich Abraham Bombas Antwort zur Erzählung dessen, was einmal geschah. [37]

Bomba: ... you have no feeling at all – *[schnell gesprochen bis *]* and matter of fact I'll tell you something what did happen* – in the gas chamber when I was chosen in over there to work as a barber some of women they came in from a transport from my town from Czestochowa – and from the women from the number of women I know a lot of people
Lanzmann: You knew them?
Bomba: I know them – I live with them in my town I live with them in my street – and there was ah some of them they were my close friends and *[bis * mit zunehmend lauter und angestrengter Stimme]* when they saw me all of them started talking me «Abe what's 'n that? What you are doing here? What's going t'happen with us?»*

---

37 In narratologischem Terminus könnte man auch hier von Ereigniserzählung sprechen. Doch um den harmlosen Ton zu meiden, ziehe ich die indirekte Redeweise vor.

Was als Darstellung des Geschehens zu beginnen schien, wird zum Ich-riskanten Ereignis. Wieder gibt es ein *I tell you something*. Doch hier leitet es die Schilderung dessen ein, was dem erzählten Ich zu einem bestimmten Zeitpunkt in der Gaskammer widerfahren sei. Ein Transport ihm bekannter Frauen aus seiner Heimatstadt sei gekommen.

Das sprechende Ich nimmt in einem Tempusbruch, einer Auflösung der temporalen Syntax auf jene Frauen Bezug: Im individuierenden Blick auf die ihm gut bekannten Frauen *from my town* wandelt sich das vorausgehende Präteritum *they came in* zum Präsens *I know them*. Auf Lanzmanns überraschte Rückfrage *you knew them* wird wiederholt: *I know them – I live with them in my town I live with them in my street.*[38] Das Zurückliegende wirkt gleichsam als Gegenwart fort, unabgeschlossen, unabschliessbar wirkt es im aktuellen Welt- und Selbstverhältnis des erzählenden Ich fort, bevor der Blick auf die ihn ansprechenden Freunde im wiedergewonnenen Präteritum gebannt wird und diese in der Wiedergabe erlebter Rede gegenwärtig werden: *When they saw me all of them started talking me «Abe what's 'n that? What you are doing here? What's going t'happen with us?»* Die Rede wandelt den Fluss der Vergangenheit in vergegenwärtigendes Mit-Sein, bevor sie sich angesichts der fragenden Frauen wieder in die Vergangenheitsrede rettet.

Was sagt der Tempuswechsel? Ist er unzureichender Beherrschung der englischen Sprache geschuldet? Englisch war erst in seinen Jahren als Erwachsener in den USA zu Bombas Umgangssprache geworden. Da er aber trotz Lanzmanns deutlich korrigierendem *you knew them?* beim *I know them* bleibt, verweist der Tempuswechsel auf den Sprung vom distanzierenden Blick auf Vergangenes in die Ebene des Geschehens. Während im distanzierenden Blick das darstellende *Ich* im Sinne des lacanschen, sozial konstituierten *Moi* als sozial anerkannter Geltungsanker fungieren kann, von dem aus Gesagtes in der sozial geteilten Arena der verschiedenen Ichs zu bezeugen wäre, wird es im Tempuswechsel gleichsam vom *ich* im Sinne des lacanschen *je* unterspült. Es gerät in Gefahr, sich im Blick auf das aufzulösen, was zu sagen wäre, aber nicht gesagt werden kann.

Doch noch gewinnt der Erzähler in der Wiedergabe erlebter Rede Distanz zurück. Das erzählte Ich sieht sich im Blick der Ankommenden *they saw me*, bevor es sich vor der Angst der Ankommenden, der Ungeheuerlichkeit der Situation und der Unbegreiflichkeit seines Handelns sieht: «*What you are doing here? What's going t'happen with us?»*

Statt der Wiedergabe einer Antwort an die Frauen wendet sich das erzählende Ich, in rhetorischer Frage die Unmöglichkeit einer jeden Antwort insinuierend, an den fra-

---

38 Zwar ist im Film nicht ganz eindeutig zu erkennen, ob Bomba *live* oder *lived* sagt. Doch da beide Male das mögliche End-d des *lived* verschliffen ist, ist es sehr wahrscheinlich, dass es nicht bis zur Wahrnehmungsgrenze verschluckt, sondern nicht gesagt wird.

genden Lanzmann: *[In abfallendem Ton]* *What could you tell them?* Diese Abweisung ist keine Wiedergewinnung darstellender Souveränität. In der Wiederholung des Satzes, jetzt aber ohne das *them* der Fragenden, wird die Unmöglichkeit einer Antwort zur Unmöglichkeit eines Sprechens überhaupt: *What could you tell!*, bevor der sprechende Bomba den Blick von seinem erzählten Ich ab- und auf einen Freund hinwendet, an dessen Schicksal sich andeutet, wovor die Stimme, die Sprache selbst versagt:

Bomba: What could you tell! A friend of mine he worked as a barber he was also a good barber in my home town, *[bis * mit zunehmend lauter und angestrengter Stimme]* When his wife and his sister – came into the gas chamber* ___ *[Abbruch der Rede, 66 Sekunden; bis ** intensive Zungen- und Kaubewegungen].*
**Lanzmann: Go on, Abe, you must go!
[10 Sekunden]
Lanzmann: You have to!
Bomba [sehr leise]: I can't do it. *[etwas lauter]* It's too hard.
Lanzmann: Please!
[7 Sekunden]
Lanzmann: We have to do it, you know it!
[10 Sekunden]
Bomba [auf Jiddisch]: Ich kann es nicht.
Lanzmann: You have to do it, I know it's very hard. – I know and I apologize for it.
Bomba [30 Sekunden. Blickt in die Ferne, wischt sich wieder Tränen ab.]
Bomba: Don't keep me (long?) please
Lanzmann: Please *[leise]* (you must go on?).
Bomba: [15 Sekunden, dann mit leiser Stimme] I told you it's going to be very hard. *[10 Sekunden]* It was taken into bags ......

Die Stimme, die Sprache versagt. Sie versagt in dem strengen Sinne, dass hier kein Sagen mehr sein kann. Zu sagen wäre das Mit-Sein im anstehenden Tode. Aber mitseiend ist der anstehende Tod nicht sagbar. Ein sagendes Mit-Sein im Tode gibt es nicht. Nur als sprachloser Schatten absoluten Grauens, von keinem Bilde, von keinem Mythos zu binden, fällt er ein. Sagen liesse sich nur ein objektivierter Tod, aus der Sicht des Beobachters wahrgenommen als das Ende organischen Lebens, physiologischer Existenz. Im Schweigen Bombas, in seinem Ringen mit der Stimme, mit der Vergeblichkeit des Sprechens scheint die Privation der Sprache auf – durch einen nicht objektivierbaren Tod, der, Menschen von Menschen angetan, diese Frauen in den Gaskammern der Nazis vernichtet.

Erst nach langer Pause, unbeherrschbaren Tränen und nach Lanzmanns langem Drängen kehrt Bombas Stimme zurück. In wiederum metonymischer Bewegung lenkt sie den Blick aufs Frauenhaar, *it*, das, zur Verwertung durch die deutsche Kriegs-industrie in Säcke gefüllt, im Bericht zu bannen sucht, was nicht zu sagen ist.

Bombas Schweigen ist das verzweifelte Zeugnis, dass vom hier anstehenden Tod schlechthin nicht zu sprechen ist. Das «Vorlaufen zum Tode» (Agamben 2007, S. 16) führt in das Schweigen einer Sprachlosigkeit, das die Ontologik des Sprechens auf eine Ethik hin transzendiert, die vielleicht nur in einem korczakschen Sinne, um den Preis praktischen Mit-Seins im Tode also, nicht zu sagen wäre. [39]

Was bedeutet Abraham Bombas Schweigen für die Interpretation und Lehrbar-keit psychoanalytischen und bildungsbedeutsamen Sprechens, wenn diese als Arbeit an der Sagbarkeit in der Gleichursprünglichkeit von Wirklichkeit und Möglichkeit zu verstehen sind? In einem wichtigen Text hat Ilse Grubrich-Simitis schon 1984 das Schweigen Holocaust-Überlebender gegenüber ihren Kindern grundsätzlich ähn-lich interpretiert (Grubrich-Simitis 1984, S. 1–28). Als Psychoanalytikerin hofft sie auf die Kraft der Sprache in Formen der Sagbarkeit, die traumatisches Schweigen zu überwinden und Wunden zu heilen erlauben. Die anthropologische Möglichkeit dazu sieht sie in dem, was sie als «Ichfunktion der Metaphorisierung» (ebd., S. 17) ansetzt. Durch «das Hereinbrechen des total Sinnlosen, des schlechthin Unbegründeten und Unbegründbaren» (ebd., S. 18) sei diese Funktion geschädigt und die «Abgrenzung zwischen innerer und äusserer Realität, Phantasie und Tat [...] [sc. und die Unter-scheidung] von Vergangenheit, Gegenwart und Zukunft» (ebd., S. 19) geschwächt worden. Aus der Schwächung resultiere ein Konkretismus des Sagens, in dem «der Boden der Wirklichkeit, von dem das Metaphorische sich abstossen kann» (ebd., S. 17), verloren gegangen sei und mit ihm die Unterscheidung zwischen metaphorischer und «nicht-metaphorische(r)» (ebd.) Bedeutung. Zu überwinden sei der Verlust nur durch die «Wiedergewinnung der Fähigkeit zur Metaphorisierung», «die Raum gibt für feinste Abstufungen, für Abbilder von Abbildern [...]» (ebd., S. 27), also für mög-liche Welt- und Selbstentwürfe, die dem Trauma widerstehen, es in anderen Bildern überwinden.

Das Argument setzt das eingangs angedeutete Credo von Psychoanalyse und Bil-dungstheorie voraus, alles zu Sagende könne und solle gesagt, alles zu Sagende in die Sag- und Lebbarkeit der Welt eingeholt werden. Sie werde als metaphorisches Sagen möglich, ein Sagen, das der Argumentation zufolge das ‹eigentlich› zu Sagende durch ein anderes Sagen – quid pro quo – ersetzt.

Grubrich-Simitis nimmt auf, dass eine jede kulturelle Wirklichkeit semiotisch artikuliert und dem schlechthin Möglichen metaphorisch abgewonnen ist. Doch in

---

39 Die Verzweiflung mancher Zuhörer angesichts dessen, was die Filmszene aufruft, wie sie sich im Anschluss an den Vortrag Luft zu schaffen und das Unsagbare irgendwie sagbar zu machen gesucht hat, scheint mir die Unerträglichkeit dieser Unmöglichkeit zu bezeugen. Es überrascht nicht, dass die Unerträglichkeit in besonderem Mass Menschen eines Berufs-standes trifft, der der Sagbarkeit zu dienen auf den Plan getreten ist.

solcher Argumentation kommt es darauf an, wie die sagende Gleichursprünglichkeit von Wirklichkeit und Möglichkeit gefasst wird. Die Deutung, metaphorisches Sagen sei eine Ersetzung eines ‹eigentlich› zu Sagenden durch ein anderes Sagen – quid pro quo –, wird vom Schweigen des Abraham Bomba herausgefordert. Denn was wäre im «‹Tod der Sprache, [sc. im] Tod der Zeit›», wie Grubrich-Simitis Elie Wiesel zitiert, der «Boden der Wirklichkeit, von dem das Metaphorische sich abstossen kann» (ebd., S. 19)? Schon Nietzsche hatte Metaphern als «vollständiges Überspringen der Sphäre, mitten hinein in eine ganz andere und neue» (Nietzsche 1980, S. 879) gedeutet, und zwar so, dass der Sprung sich von nichts abhebe und nur dem Wunsch nach anthropomorpher Weltauslegung geschuldet, also ontologisch ohne Grund sei. Folgt man dieser Auffassung [40], die die Gleichursprünglichkeit von Wirklichkeit und Möglichkeit voraussetzt und metaphorisches Sprechen nicht als ein abbildendes noch ein stellvertretendes Darstellen, sondern als ein sagendes Herstellen kultureller Wirklichkeit begreift, dann bezeugt Bombas Schweigen in der Unmöglichkeit metaphorischen Absprungs die wirkliche Möglichkeit radikaler Sinnlosigkeit und in ihr den Blick auf und die Daseinsverantwortung für ein Sein, das den Menschen, statt ihn als Substanz, als Objekt zu nehmen und zu nichten, als Moment einer unhintergehbaren Relation anerkennt, der sich der Sagende, selbst Moment der Relation, noch im Scheitern seines Sagens nicht entziehen kann. Bombas Schweigen ist, wenn man so formulieren darf, ein relationales Schweigen. Es ruft auf, was eine Quid-pro-quo-Metaphorisierung verschatten müsste. Der Widerstand solchen Schweigens löst sich in keinem ersatzweisen Sagen auf.

Jean-François Lyotard hat der Grenze der Sagbarkeit sein Buch «Der Widerstreit» gewidmet und an dessen Anfang die Frage der Bezeugbarkeit des Todes in der Gaskammer gesetzt. Die, die die Shoah bezeugen könnten, sind tot (Lyotard 1989, S. 17 ff., Nr. 1 und 2). Die, die wie Bomba gesehen haben, könnten gesehenes Geschehen darstellen, nicht aber als Mit-Seiende den Tod in der Gaskammer bezeugen.

Aus der Unmöglichkeit eines solchen Diskurses sieht Lyotard das «Gefühl» entspringen, neue «Idiome», neue Diskursarten suchen zu müssen, um das Unsagbare sagend zu bezeugen (ebd., S. 33, Nr. 22). Dies von Lyotard berufene Gefühl grundiert gleichsam vor aller Sagbarkeit unsere Welt- und Selbstverhältnisse als wirklich. Es ist eben jenes Gefühl, das, von Lanzmann im *What did you feel?* erfragt, Bomba in die Sprachlosigkeit bringt. In diesem Sinne ist sein Schweigen ein neues «Idiom», eine neue Diskursart im Sinne Lyotards, die in der Unmöglichkeit des Sagens anderes, dem dargestellten Wirklichen Innewohnendes bezeugt: radikale, in keinem Sagen, in kei-

---

40 Diese Auffassung ist in der Metaphernforschung seit den 1960er Jahren entfaltet worden. Eine gute Rekonstruktion der Diskussion bietet Schöffler (1987). Eine Sammlung wichtiger Texte zur Metaphernforschung enthält Haverkamp (1983).

nem Verstehen einzuholende Nichtung von Sinn. Sein Schweigen schreit nach Sinn, wo Sinn, wo Humanität nicht ist.

Es liegt nahe, hier mit Grubrich-Simitis zu formulieren, alles Sagen gelte der Arbeit, sich, um Sinn zu gewinnen, vom «Boden» nun nicht der Wirklichkeit, sondern *des* Nicht-Sinns abzustossen. Doch auch in solcher Formulierung substanziiert unsere okzidentale Semantik des Nicht-Sinns die metaphysische Vorstellung eines letzten tragenden Grundes. Sie verfehlt, dass Bombas Schweigen uns nötigt, die Relationalität menschlichen Daseins ohne metaphysische Letztbegründung zu leben. Kann Psychoanalyse, kann Bildung auf die radikale, von der Shoah ins Hier und Jetzt gebrachte Nichtung von Sinn antworten?

Mit dieser Frage kehre ich zum Rahmenthema der Tagung zurück. Als Nicht-Psychoanalytiker vermute ich, dass das, was für die Psychoanalyse und *die* Bildung gilt, auch fruchtbar für die Psychoanalyse und *ihre* Bildung ist. Die Geschichte der Psychoanalyse ist wie die der Bildungstheorie eine Geschichte des Streitens um Sinn. Das Streiten hat seinen Grund im Fehlen eines absoluten Geistes als eines sie tragenden Metadiskurses, der alle Möglichkeit in sich aufhöbe und ein jedes je zu Sagende einholte. Deshalb gehört Widerstreit zum Eigensten theoretischen Sprechens über Psychoanalyse und Bildung, und ein Ertragen eines die Substanzvorstellungen des Daseins aufbrechenden Schweigens gehört zur Praxis psychoanalytischen wie bildungsbedeutsamen Sprechens selbst.

Literatur

Agamben, G. (2007). *Die Sprache und der Tod*. Frankfurt/Main: Suhrkamp.

Grubrich-Simitis, I. (1984). Vom Konkretismus zur Metaphorik. *Psyche 38*, S. 1–28.

Juranville, A. (1990). *Lacan und die Philosophie*. München: Boer.

Haverkamp, A. (Hrsg.) (1983). *Theorie der Metapher*. Darmstadt: Wissenschaftliche Buchgesellschaft.

Heidegger, M. (1963). *Sein und Zeit*. Tübingen: Niemeyer.

Huang, Ch.-Ch. (2009). *Konfuzianismus: Kontinuität und Entwicklung. Studien zur chinesischen Geistesgeschichte*. Bielefeld: transcript.

Hühn, P., Kiefer, J., Schönert, J., & Stein, M. (2003). *Narratologisches Begriffslexikon* (verlinktes_p6_lexikon_200603). Zugegriffen am 09.01.2012 über http://www.icn.uni-hamburg.de/fachartikel.

Jullien, J. (2001). *Der Weise hängt an keiner Idee. Das Andere der Philosophie*. München: Fink.

Klass, T., & Kokemohr, R. (1998). «Man muss noch Chaos in sich haben, um einen tanzenden Stern gebären zu können» – Bildungstheoretische Reflexionen im Anschluss an Nietzsches ‹Also sprach Zarathustra›. Ein Buch für Alle und Keinen. In C. Niemeyer, H. Drerup, J. Oelkers, & L. v. Pogrell (Hrsg.), *Nietzsche in der Pädagogik? Beiträge zur Rezeption und Interpretation* (S. 280–324). Weinheim: Deutscher Studien Verlag.

Lanzmann, C. (1985). *Shoah* [DVD]. Arte Edition (2007–2009).

Lyotard, J.-F. (1989). *Der Widerstreit* (2. Aufl.). München: Fink.

Nietzsche, F. (1980). *Über Wahrheit und Lüge im aussermoralischen Sinne*. In G. Colli & M. Montinari (Hrsg.), *Nietzsche, F., Sämtliche Werke, Kritische Studienausgabe in 15 Bänden* (Bd. 1, S. 871–890). Berlin [et al.]: de Gruyter.

Scharfenberg, S. (2011). *Narrative Identität im Horizont der Zeitlichkeit. Zu Paul Ricœurs «Zeit und Erzählung»*. Würzburg: Königshausen und Neumann.

Schöffler, G. (1987). *Denken in Metaphern. Zur Logik sprachlicher Bilder*. Opladen: Westdeutscher Verlag.

Schmid, W. (2008). *Elemente der Narratologie* (überarb. Aufl.). Berlin [et al.]: de Gruyter.

Weinrich, H. (1971). *Tempus. Besprochene und erzählte Welt* (überarb. Aufl.). Stuttgart: Kohlhammer.

Psychoanalyse als Bildung

Bildung zwischen Pathos und Passion
Grenzgänge zwischen Psychoanalyse und Bildung

Philipp Stoellger

Chiasmus von Psychoanalyse und Bildung

Die Psychoanalyse, zumal die Therapie, hat es mit ‹Patienten› zu tun, mit Leidenden also, deren ‹Leidensdruck› hoch genug ist, um sich in die Hände der Therapeuten zu begeben. Steht es mit den Institutionen der Bildung ähnlich: Haben nicht auch sie mit Patienten zu tun, mit Leidenden und mit deren Leidensdruck? Da würde man zögern, auch wenn die Situation nicht *ganz* unähnlich erscheint. Nur sind die Leiden und der Druck recht anders verfasst, hoffentlich. Ein Schüler oder Student als ‹Patient› verstanden, wäre doch zuviel der Passivität. Gelten beide doch in der Regel eher als ‹Kunden› oder ‹Dienstleistungsempfänger›. Zugleich sollen sie ‹tätig› sein, arbeiten und möglichst selbständig werden im Lauf ihrer Bildungsgeschichte. – Nur darin begegnet der Patient von Analyse und Therapie wieder dem Patienten in Schule und Universität. Dennoch, ein Student ist kein Patient (in der Regel wenigstens). Und sind Analyse und Therapie als Bildungsveranstaltungen zu verstehen? Wäre dem so, sollten sie ein Schulfach sein, was sicher nicht unsinnig wäre.

Bildung ist im besten Fall Bildung *aus Passion*, mit und aus Leidenschaft für das Bildungsziel und den Weg dorthin. In dunklen Fällen wird daraus Bildung aus leidvoller Passion. ‹Pathos mathos› hiess das einst: aus Leiden lernen. Das Verhältnis von Psychoanalyse und Bildung ist jedenfalls so kompliziert, wie von irritierenden Berührungen und Nähen gezeichnet. Gelingende Bildung wird nicht immer den ‹kürzesten Weg› wählen, sondern *Umwege* in Kauf nehmen, an deren Wegrand die reizvollsten Blüten zu finden sind. Mit Analyse und Therapie könnte es ähnlich gehen. ‹Ockham's Razor› ist für beide kein brauchbares Besteck. Nur ist die Passion, von der Analyse und Therapie ausgehen, leidlich, leidvoll, wenn nicht lebensgefährlich wie Traumata. Auch wenn sich dergleichen in Bildungsprozessen einstellen kann, soll es das nicht. Die Passion zur Bildung ist anders, nämlich hoffentlich licht und lustvoll, wenn auch manches Leidliche dabei aufkommen wird. Die Frage des Folgenden ist merklich und vielfach kompliziert, aber zunächst ganz schlicht: *Was hat Psychoanalyse mit Bildung zu tun?*

Bildung als ‹Therapie› zu verstehen, wäre ebenso irritierend, wie Analyse und Therapie als Bildung. Gleichwohl ist doch jede Analyse eine Bildungsgeschichte, wenn auch ‹tiefer gelegt›, auf der Ebene des sonst Verdrängten und Unzugänglichen. Bildung ‹des› Unbewussten oder zumindest Arbeit daran; und von daher wäre eine Wendung, in der der Bildungscharakter von Analyse wie wohl auch Therapie merklich wird. War doch bereits die münchhausische Urzeugung der Analyse eine Bildungsgeschichte: eine Genealogie der Psychoanalyse aus dem Geist der Autodidaktik. Und noch die unendlichen Konfessionsspaltungen der vielen Psychoanalysen waren Lösungen der Schüler von ihren Lehrern, prominent Lacans Kehre. Psychoanalyse wird nicht nur gelehrt und gelernt, sie *ist* stets eine ‹ganz besondere› Bildungsgeschichte. Ergo ist die Ausgangslage so klar wie klärungsbedürftig: Psychoanalyse und Bildung überkreuzen einander, durchkreuzen sich gelegentlich und zehren ebenso voneinander, wie sie sich ausdifferenzieren. Ein Modell, diese Dialektik zu verstehen, wäre der *Chiasmus* von Psychoanalyse und Bildung – dem im Folgenden in verschiedenen Aspekten nachgegangen werden soll.

Glauben und Vertrauen

Brigitte Boothe merkte an, «dass die Psychoanalyse die Fähigkeit zum Glauben für den therapeutischen Pakt dringend braucht, den Glauben andererseits aber unter Generalverdacht stellt.»[41] Sie kultiviere eine Glaubensgemeinschaft – von Patient und Therapeut. Gilt Gleiches zwischen Schüler und Lehrer, also nicht ‹Meister-Schüler-Verhältnisse›, sondern für ‹normale› Bildungsprozesse? Hier stocke ich schon. Denn Glauben wird hier meist nur ‹belief› meinen, nicht ‹faith›: ein Meinen, auch wenn es mit guten Gründen einhergeht, aber nicht ein Glauben im religiösen Sinne. Sonst würden Analyse wie Bildung zu einer religionsähnlichen Veranstaltung überhöht. Das sei ferne, hoffentlich. Hier empfiehlt sich eine alternative Formulierung: Psychoanalyse wie Bildung bedürfen einer *Suspension des ‹Glaubens› zugunsten von Vertrauen* – mit der *Risikobereitschaft*, sich in die Abgründe des Selbst zu begeben. Es dürfte ausreichen, zwischen Therapeut und Patient ein *Vertrauensverhältnis* zu finden (und es vorab zu unterstellen, auf dass es sich einstelle und belastbar werde), um miteinander in die Tiefen der Seele zu steigen. Bedarf es eines analogen Vertrauens im Kontext von Bildung? Auch wenn moderne, zumal spätmoderne soziale Systeme und deren funktionale Ausdifferenzierungen ohne *personales* Vertrauen ‹funktionieren› müssen (in Ökonomie, Verwaltung, Recht), gibt es gleichwohl Kommunikationsprozesse, die von leibhaftiger Kopräsenz, Face-to-Face-Kommunikation und personalen Vertrauensverhältnissen leben: Bildung, Analyse wie Therapie und manches in der Religion ist nicht anders denkbar. Die Grenzen des ‹E-Learnings›, der Fernsehgottesdienste und Beichtmaschinen wie auch der webbasierten ‹Therapie› zeigen das nur zu klar.

---

41 So Brigitte Boothe in ihrem Einführungsvortrag zu dieser Tagung unter dem Titel «Augenbildung».

In Zeiten der Technisierung von Bildung scheint es dort weder Glauben noch Vertrauen zu brauchen. Wenn Kontrolle statt Vertrauen herrscht, Evaluation statt Vertrauen in die Lehrer und Studierenden – dann ist längst als entbehrlich erklärt, was doch für ein Bildungsverhältnis basal ist: Vertrauen in die Gewissenhaftigkeit auf beiden Seiten, in die Kompetenz des Lehrenden und das ‹commitment› der Lernenden. Wenn in der Wissenschaft zunehmend auf Kontrolle gesetzt wird, *behebt* das nicht einfach Vertrauensprobleme, es *befördert* sie vor allem: Es führt zum Umbruch der sozialen Grammatik und vom Vertrauen ins Misstrauen als Voraussetzung. Denn zu den gefährlichen Nebenwirkungen von Kontrolle gehört, dass sie *immer noch mehr* Kontrollbedarf weckt. Die grassierende Evaluationswut, der ‹morbus evaluitis›, zeigt das.

Meist ohne bösen Willen verbreiten Kontrollmassnahmen Vertrauensverlust. Dann verlässt man sich auf die Kontrollen, das Risiko des Vertrauens wird entsorgt und Misstrauen breitet sich aus (nicht nur der Politik gegenüber). Zwischenmenschlich ist das fatal.

Daher ist auch die Kunden- oder Klientenmetaphorik so abwegig in Bildungs- wie Therapiekontexten, an Universität und Schule ebenso wie im Therapiegespräch (auch wenn das in der Schweiz allemal kommerzialisierter ist als in Deutschland). Wo der Patient oder Schüler zum Kunden wird, wechseln der Code und die Grammatik: Bei noch so viel Rhetorik des Vertrauens greift eine immer noch tiefer liegende ökonomische Rahmung, die das Vertrauen zum Verkäufer wie die Vertrauenswürdigkeitsrhetorik des Verkäufers zum schalen Schein werden lässt. Ökonomische, kommerzielle Verhältnisse sollen oder müssen in ‹modern times› gerade *ohne* Vertrauen ‹funktionieren›, auch wenn dieses nicht immer entbehrlich scheint oder der Mangel an Vertrauenswürdigkeit sich schmerzlich bemerkbar macht. Wenn dann in der Vertrauensforschung auf den vermeintlich ‹natürlichen Altruismus› hingewiesen wird oder auf oxytocinbasiertes Vertrauen, erscheinen diese Naturalisierungen des ‹sozialen Kapitals› (welch ein Ausdruck!) wie verspätete Kompensate des Verlorenen. Nur ist hier keine Nostalgie ratsam, denn dass sich Vertrauen oder Altruismus ‹von selbst› verstünden oder ergäben, ist eine naive Voraussetzung. Weniges ist schwerer und fragiler als die Genese von Vertrauen.

Psychoanalyse und -therapie wie Bildungsprozesse *bedürfen* jedenfalls dieses ‹Je ne sais quoi›, das im glückenden Fall ‹emergiert› (und zu den Gelingensbedingungen gehört), ohne dass es ‹gemacht› werden könnte. Alle analytische wie pädagogische Rhetorik, Vertrauen müsse ‹erarbeitet› werden, stimmt für die Arbeit der Bewährung des Vertrauens. Dessen Genese aber ist phänomenologisch mit dem Ausdruck einer ‹passiven Genesis› genauer benannt: ‹Seinesgleichen entsteht›, es kann auch begünstigt (oder behindert) werden, aber es ist kein Gegenstand des ‹Machens› oder der ‹Technik›, sondern zeigt sich den ‹petites perceptions› an den Rändern und in den

Zwischentönen der Kommunikation – und so leise es kommt, so schnell vergeht es wieder. Es ist eine atmosphärische Tönung der Verhältnisse, die von Missklängen (etwa einer neoliberalen Rhetorik) leicht verdorben werden kann.

In Psychoanalyse wie Bildung gibt es allerdings ‹oberhalb› des Vertrauens auch *Glaubensgehalte* (nicht ohne gewisse Gewissheiten): dass es eine Seele gebe, dass diese gesund und heil werden könne, dass eine weltanschaulich geladene Theorie davon hilfreich sei, dass der Schüler wie der Patient autonom seien und es wagen sollten, davon Gebrauch zu machen; dass sie letztlich nur sich selber helfen oder selber lernen können, dass diese Subjekte im Grunde gut und fähig seien etc. Aber sind das Glaubensgehalte, an denen ‹mein Herz hängt›, von denen ich in Leben und Tod abhängig bin? Für denjenigen, der darauf setzt, könnte das so sein – mit gefährlichen Konsequenzen. Denn wäre das nicht ein Glaube, der von einer vorgängigen Seelentheorie abhängig wäre, von einer *Theorie* also? Das jedenfalls wäre für die Lebensformen christlicher Religion ein ‹theoretischer Fehlschluss›.

Passionen – als kommunikative Passivität

Brigitte Boothe notierte weiter: «Die Psychoanalyse kultiviert eine Haltung der Empfänglichkeit für Eindrücke»; sie nennt diese *kommunikative Rezeptivität*. Dem wird man in Analyse wie Bildung nur zustimmen wollen. Damit ist ein Regulativ benannt, nach dem sich gut zu richten wäre. Es lohnt hier, noch eine kleine Wendung weiterzugehen: Wie stünde es mit ‹kommunikativer *Passivität*›? Das hätte zwei Aspekte: zum einen geteilte Passionen, zum anderen ‹mehr› als Rezeptivität, eben Passivität – sei es das Nichtstun, sei es das Werden (des Selbst), jedenfalls die Formen des *Anderen* der Aktivität? Bedarf es doch in Analyse wie Bildung des ‹musement›, des Otium (als Medium der Selbstsorge), der Versonnenheit wie der Nachdenklichkeit. Daran ist zu erinnern, nicht nur weil es leicht vergessen wird, wenn Analyse wie Bildung stets als ‹Arbeit› begriffen werden, sondern auch, weil dergleichen ‹Befindlichkeiten› wären, in denen ‹Bilder› entstehen vom Vergangenen und Kommenden, dunkle (Angst) wie lichte (Glück), mit allen Farben und Schattierungen dazwischen.

Nur: Wenn mit der Wendung von der (immer noch durch Kapazitäten bzw. Vermögen grundierten) ‹Rezeptivität› zur Passivität übergegangen wird, wird es missverständlich. Analyse und Therapie gehen aus von einem ‹Leidensdruck›, der einen solchen Schwellenwert erreicht, dass die Hilfe eines anderen gesucht wird. Das ist bei Bildungsprozessen anders: Der Leidensdruck kommt später, spätestens in Prüfungen. Die Ausgangslage ist eher licht als dunkel. Ein Bildungsweg (und sei es nur eine ‹Ausbildung›) geht (hoffentlich) von einer Lust aus, nicht von Leid. Und die Reise auf diesem Bildungsweg wird wohl nur derjenige durchhalten, der eine lustvolle Vision vor Augen hat. Aus Lust durchs Leid zur Lusterfüllung, hoffentlich nicht, ohne einen Sinn für die Realitäten zu finden. Das wäre der ‹idealtypische› Bildungsweg, affektiv kurz gefasst. Aus Leid durch dessen Vertiefung in der Analyse hin zu einer Akzeptanz und Befreiung vom Leidensdruck in einem glücklichen, ausgeglichenen Seelenleben – wäre das der Weg der Affekte in Analyse und Therapie?

Dann hätten Bildung und Analyse gegenläufige Ausgangslagen (Lust oder Leid), wären als ‹Arbeit am Selbst› meist leidlich (aber auch lustvoll, wenn man etwas erkennt oder hinter sich bringt); und final hätten beide eine lustvolle Vision, eine Erhebung, Erhellung, Erleichterung bis zum glücklichen Leben? So einfach wird es kaum sein. Aber die Differenz im Anfang, die Nähe im Ziel und die Gemeinschaft im leidlichen Arbeitsweg dazwischen – dies lässt nach der Bedeutung von Lust und Unlust fragen, von Glück und Leid wie von Aktivität und Passivität.

In Bildungsprozessen gelten Arbeit und Aktivität als vorzüglich, in Analyse und Therapie die Arbeit des Erinnerns, Wiederholens und Durch*arbeitens*. Passivität in der Bildung gilt hingegen als Faulheit und Müssiggang. In Analyse und Therapie ist das hingegen differenzierter: Passiv ist basal der Patient mit seinem Leidensdruck, das ist die unlustvolle Ausgangslage. Daher ist die Aktivität der Analyse der tägliche Weg zur Arbeit am Selbst – und heil würde nur derjenige, der sich mit dieser Arbeit dem infiniten Ziel nähert. Aber anders als die meisten Bildungstheorien hat die Analyse einen differenzierten Sinn für das Passive: Denn in der Analyse ist Erkenntnis vor allem ‹passive Synthesis› (wie Husserl Assoziation, Affektion, Konnotation etc. nannte). Soll der Patient zum Agent werden – ein heilsamer Wechsel und Streit –, geht das nicht durch ein ‹heroisches Ergreifen seiner Eigentlichkeit›, sondern nur im Wechselspiel von Tun und Leiden, im Wechselbad der Gefühle von Lust und Unlust und im Rollenwechsel von Ego und Alter, innen und aussen.

Literarische Inszenierungen davon sind *Bildungsromane* oder schon Augustins' Konfessionen, Heinrich Seuses Vita und andere Heiligenviten. In diesen meditativen Lebensbeschreibungen scheinen Analyse (als Meditation der Selbstwerdung) und Bildung (als Prozess der Bildwerdung im Sinne der Imago wie als Heilungs- und Heilsprozess) noch ineinander zu liegen bis hin zu Rousseaus «Confessions», pietistischen Romanen oder Karl Philipp Moritz' «Anton Reiser». Es sind Geschichten nicht nur der Selbsterkenntnis, sondern auch der (religiösen oder profanen) *Selbstwerdung* als Ganz- und Heilwerden, die die Arbeit der ‹Selbstsorge› (Foucault) inszenieren – und im Medium der Narration dem geneigten Leser zu Meditation und Mitvollzug ansinnen.

Die *hermeneutische Wette* solcher Meditationsmedien ist, dass in der Lust und Arbeit des Lesens imaginativ Gegenwart werden möge, was sie erzählen, auf dass derjenige, der im Lesen lebt, darin auch erlebt und durchlebt, was das Gelesene vor Augen führt. Die Wette kann man vom Traumerleben bestätigt sehen: «Wenn ich mich im Traum vor Räubern fürchte, ist diese Furcht real», meinte Freud (1900, S. 444). Das hatte schon Descartes gesehen: Man könne «sich nicht traurig fühlen oder von einer anderen Leidenschaft erregt sein, selbst wenn man schläft oder träumt, ohne dass es wahr wäre, dass die Seele eine solche Leidenschaft in sich hat» (Descartes 1996, S. 47). Wenn das stimmt, ist das liquide Medium der Emotionen und Affekte im Lesen wie im Träumen vorübergehend indifferent gegenüber der Differenz von Imaginär und Real, wenn das (erlesene oder erträumte) reale Imaginäre nicht unwirklich ist, sondern so wirklich und wirksam wie sogenannte ‹reale› Erlebnisse. *Dann* wird Lesen wie Träumen und Erinnern wie Imaginieren zum Medium ‹realer Gegenwart›, ohne dass noch eine Differenz des Auratischen und vermeintlich Sekundären bliebe. Daher gilt dergleichen nicht nur für hohe Literatur, sondern für jeden Arztroman und jeden Albtraum – mit potentiell gefährlichen Folgen.

Das ermöglicht eine Frage an Bildungskontexte. Schlafende oder träumende Schüler und Studenten gelten als ‹unaufmerksam›, ebenso wie das Gemeindemitglied, das seinen Kanzelschlaf geniesst. Selbstredend – ist das doch kränkend für den Lehrer oder Prediger. Aber – ist es so eindeutig? Einem schlafenden Patienten gegenüber sind Therapeuten erstaunlicherweise erheblich toleranter als Lehrer, nicht nur, weil es der ‹freien Assoziation› dienlich sein könnte, sondern vielleicht auch, weil die Ansprüche auf Aufmerksamkeit seitens des Lehrers andere sind als diejenigen seitens des Therapeuten. Ob das mit Selbstwertfragen zu tun hat, mag man erwägen. Aber der Schlaf als legitime Phase im Therapieprozess ist signifikant leichter zu tolerieren als im Bildungsprozess (auch wenn die Schlaf- und Traumforschung zeigen könnte, wie wichtig der Schlaf kognitionspsychologisch sein mag).

Bildungskontexte sind intolerant gegenüber schweifender Aufmerksamkeit, zumindest wenn diese in Schlaf und Traum abschweift. Dabei ist dieser Schwellenbereich des kommenden Schlafs so imaginativ wie kreativ (wie nicht erst Freud meinte, sondern schon ‹die Dichter› meinten). Nun ist eine verschlafene Vorlesung sicher eine schlechte Prüfungsvorbereitung. Dagegen wäre eine verschlafene, ja verträumte Therapiesitzung sicherlich nicht die schlechteste – wenn man diese zwielichtige Zone als Raum besonderer Seelenarbeit versteht. Sollte man ein solches Abschweifen bis in den Traum und seine Bilder auch für Bildungskontexte tolerieren? Wäre dann der Schulschlaf ein legitimes Bildungsmedium? Nun, ich würde zögern, spätestens wenn die Studierenden in der Vorlesung zu schnarchen beginnen. Mit Brigitte Boothe gesagt: Das wäre eine nicht sehr *kommunikative* Rezeptivität, und die ‹geteilte Aufmerksamkeit› würde zur ‹ungeteilten›, die sich nur noch auf die eigene Welt richtet, nicht mehr auf die gemeinsame. Aber – ist es so eindeutig? Zumindest den Kanzelschlaf würde ich nicht als sündig oder teuflisch verkürzen wollen, sondern als nicht ganz illegitime Abschweifung, wenn es gut geht, in die imaginationsreiche Meditation des Gehörten. Ist ein erträumtes Reich Gottes weniger Grund zur Freude als ein gepredigtes? Und woher könnte man predigen, wenn man nicht davon geträumt hätte wie die Propheten?

Quer zur Rezeptivität: Pointen der Passivität

Die anspruchsvolleren Meditationsmedien sind Bildungs- und Therapiemedien, klassisch gesagt: Heiligenviten, kraft derer der Leser auch ein wenig heilig werden mag, wenn er imaginativ mitspielt. Solche Texte oder deren Gebrauch könnte man ‹Heilsmedien› nennen (wie die Predigt als narrative Auslegung es prätendiert). Pädagogisch und analytisch sind es Bildungs- oder Heilungsmedien – wenn denn die hermeneutische Wette gewonnen würde. Das wird sie im gelingenden Fall, wenn im Lesen *gearbeitet* wird: Wenn man denkend liest und lesend denkt, mehr noch: wenn man imaginierend liest und lesend imaginiert, was denn dort steht.

Dabei sind diese Arbeit und das Imaginieren in gewisser Weise vom Halluzinieren zu unterscheiden (bei dem kein Text vor Augen steht). Es bedarf doch eines Lesens ‹des Anderen›, des Textes. Insofern ist eine Gegebenheit im Spiel, der gegenüber der Leser rezeptiv ist und auch *passiv* ausgesetzt – wie gegenüber dem Blick des Lehrers oder des Therapeuten. Das kann zur ‹*kommunikativen Passivität*› werden, wenn dieser Blick nicht bedrückt wie das ‹allsehende Auge Gottes›, das Emblem des Panoptikums, sondern ‹animiert› und sprachfähig werden lässt. Der Text als Drehbuch für das ‹Kino im Kopf› gibt Rollen und eine kleine Welt vor, in der der Leser leben kann, wenn er denn im Lesen lebendig wird.

Husserl meinte, Rezeptivität sei die minimale Form der Ich-Aktivität (Husserl 1972, S. 114).[42] Aber er entdeckte doch noch eine *andere* Passivität, die er ‹pur› oder ‹ursprünglich› nannte: etwa in den *Affektionen, Assoziationen und Konnotationen* (Husserl 1991, S. 131; Holenstein 1971, S. 117). Diese quer zur Rezeptivität stehenden Formen der Passivität führte er auf Kants ‹Synthesis der produktiven Einbildungskraft› zurück.[43] «Es ist die Genesis, in der sich das Ich und korrelativ die Umwelt des Ich konstituiert. Es ist eine passive Genesis» (zit. nach Holenstein 1971, S. 119), beispielsweise in der Entstehung der Zeiterfahrung, die im Blick auf ihre Eigendynamik ‹passive Genesis› heisst, da in ihr nicht vom Ich synthetisiert wird, sondern *ihm ohne seine ichhafte Beteiligung etwas widerfährt*.[44] Es geht darin

---

42 Vgl. zur Sache die massgeblichen Studien von Holenstein 1971 und 1972.

43 Husserl 1966, S. 275 f.: «Wenn *Kant* in seinem grossen Werk von einer analytischen Synthese spricht, so meint er das darin in expliziten Formen des Begriffs und Urteils sich entfaltende Erkennen, und dieses weist nach ihm zurück auf eine produktive Synthese. Das ist aber nach unserer Auffassung nichts anderes als das, was wir passive Konstitution nennen, als das nach unserer phänomenologischen Methode enthüllbare Zusammenspiel der sich beständig höher entwickelnden Intentionalitäten des passiven Bewusstseins, in denen sich passiv eine überaus vielgestaltige immanente und transzendente Sinngebung vollzieht und sich organisiert zu umfassenden Sinngestalten und Seinsgestalten, wie es die immanente Einheit des Erlebnisstromes ist und hinsichtlich der Transzendenz die Einheit der Welt mit ihren universalen Formen.»

44 Vgl. Holenstein 1971, S. 130: «Für die Konstitutionserlebnisse, bei denen der Akzent weniger auf das Erleiden als auf das Nichtengagiertsein des Ich gesetzt wird, auf das Ausbleiben aller ‹Ingerenz der Ichaktivität›, ergänzt oder ersetzt Husserl den Begriff der Passivität gelegentlich durch den der Inaktivität.» – Nur notiert sei, dass Holensteins Rückgriff auf den Erlebnisbegriff problematisch ist, denn die passive Genesis muss nicht *erlebt* werden. Hierin ist Kamlahs Vorschlag hilfreich, den Begriff des *Widerfahrnisses* als umfassender anzusetzen (vgl. Kamlah 1972, S. 38 f.).

nicht um ein (unlustvolles) Erleiden, sondern um ein (prä- und nicht intentionales) *Widerfahren ohne Ichaktivität.*[45]

Odo Marquard erklärt scheinbar trivial: «Wir Menschen sind stets mehr unsere Zufälle als unsere Wahl» (Marquard 1987, S. 118; S. 127 ff.), und verweist dazu ‹wie üblich› auf Geburt und Tod[46], zwei Passivitäten, deren Schlechthinnigkeit schlecht bestritten werden kann. Sollte das nicht auch für das Träumen gelten, vielleicht sogar für das Lernen und ‹Gebildetwerden›? Dann ergäbe sich ein Konflikt zur herrschenden Selbstverständlichkeit: Bildung sei gewählt, nicht zugefallen, erarbeitet, nicht erschlafen, und ziele auf maximale Selbstbestimmung in Vollmacht der eigenen Autonomie und Freiheit. Das ist ein ‹Glaubensgehalt›, dessen Gewissheit fraglich werden kann – für Psychoanalytiker mit ihrer Vorstellung von den Abgründen des sich frei glaubenden Ich eher noch als für Pädagogen, sofern sie guthumanistischer Tradition folgen.

Odo Marquard irritierte diese Glaubensgewissheit: «Die Wahl, die wir sind, wird getragen durch sie als die Nichtwahl, die wir sind: Zukunft braucht Herkunft; Wahl braucht Üblichkeiten [...]. Wir Menschen sind stets mehr unsere Üblichkeiten als unsere Wahl, und erst recht sind wir stets mehr unsere Üblichkeiten als unsere absolute Wahl.» (ebd., S. 125) Das kann leicht einen ‹neokonservativen› Ton bekommen, wenn damit auf die ‹guten alten Traditionen› verwiesen würde, die zu wahren seien. Aber es ist auch eine transzendentaltheoretische Einsicht in die Bedingungen der Möglichkeit von Freiheit und Selbstbestimmung. Denn die Selbstbestimmung in Bildungsgeschichte wie Therapie zehrt von Vorgaben, die einzusehen, durchzuarbeiten und anzuerkennen bekanntlich zu jeder gelingenden Analyse gehört. Darin ist die Analyse mit ihrem Blick in die Abgründe, die wir sind, gründlicher als manche Pädagogik.

«Das Schicksalszufällige ist die Wirklichkeit unseres Lebens, weil wir Menschen stets ‹in Geschichten verstrickt› sind (Wilhelm Schapp), denn (das hat vor allem Hermann Lübbe gezeigt) Handlungen werden dadurch zu Geschichten, dass ihnen etwas dazwischenkommt, passiert, widerfährt [...] darum kann man Geschichten nicht planen, sondern muss sie erzählen.» (ebd., S. 129) Im Vorgriff auf die noch zu erörternde Figur des ‹Widerfahrnisses› mit Marquard gesagt: «Unser Leben besteht aus diesen Handlungs-Widerfahrnis-Gemischen, die die Geschichten sind: ebendarum überwiegt in ihm das Schicksalszufällige.» (ebd.)

---

45 Nicht ohne Ich*beteiligung*, zumal nicht ohne meine ‹Getroffenheit›! Husserls Erörterung der Passivitätsthematik, die sich um 1920 verdichtet, wird von ihm in den 1930er Jahren revidiert und kritisiert im Blick auf Fundierung «in einer ichlosen» Passivität (zit. nach Holenstein 1971, S. 139). E. Holenstein zeigt, dass die «Nichtbeteiligung» des Ich von Husserl «immer nur als eine relative verstanden» wurde (ebd.). Allerdings, auch wenn die Ichbeteiligung relativ ist, ist doch die passive Genesis nicht Rezeptivität, sondern dieser vorausgehend.

46 Auch wenn es gegenüber der Kategorie der Passivität kritisch gemeint war, trifft P. Natorp den damit verbundenen thematischen Punkt: «Das Ich ist, als beziehendes, immer aktiv, nie bloss passiver Zuschauer; ist doch auch das Schauen selbst ein Akt und nicht ein blosses passives Verhalten. Reine Passivität wäre Tod.» (Natrop 1912, S. 56 f.)

Das Unvergessliche

Nur – diese Zufälle, die wir sind und in denen wir werden, sind recht verschieden getönt in Analyse und in Bildungszusammenhängen. Das zeigt sich in dem beiden gemeinsamen und doch von beiden so verschieden besetzten Topos des *Unvergesslichen*. In einer phänomenologischen Miniatur erinnert Hans Blumenberg an die zum geflügelten Wort gewordene Bildungsdefinition des französischen Ministerpräsidenten Edouard Herriot: «*Bildung sei das, was übrig bleibt, wenn man alles vergessen hat.*» (Blumenberg 1998, S. 24 f.) [47] Darin zeigt sich eine Skepsis gegenüber jeder ‹Polymathie› und das explizite, thematische ‹Wissen von …›. Vielmehr ist Bildung das (mehr oder minder grosse und plurale) Universum an Selbstverständlichkeiten, die bleiben, wenn man alles andere vergisst, und die gerade in diesem Vergessen merklich werden. Bei aller Skepsis gegenüber dem ‹Schulwissen› zeigt Herriot ein durchaus unselbstverständliches Vertrauen darauf, *dass* da etwas übrig bleibt. Fast scheint ein metaphysisches Staunen darüber angebracht, dass hier etwas sei und nicht vielmehr nichts. Der Seinsgrund der Bildung in diesem Sinne des ‹unvergesslichen Horizonts› kann nicht das eigene Tun sein. Denn auch wenn alles Getane zerfällt, alles Gelernte vergessen wird, alles Gewusste im Zweifel versunken ist, bleibt etwas, was wir sowenig gemacht haben, wie wir es vergessen können. Anders gewendet: Dass Bildung sei und nicht vielmehr nichts, ist die hier valente Selbstverständlichkeit im Hintergrund, phänomenologisch formuliert: *dass* Lebenswelt sei, dass diese einen unvergesslichen Horizont bilde, aus dem wir nicht herausfallen können, und dass sie kulturell verfasst, eben ‹gebildet› sei.

Bemerkenswert ist, dass der Ministerpräsident (oder wer immer diesen Satz gebraucht, also auch Blumenberg) die Verlust- oder Entzugsform des *Vergessens* zur negativen Umschreibung der Bildung wählt. Nimmt man die erwähnte Differenz von Kennen und Können, zeigt sich, dass hier vom Kennen (bzw. Wissen) ausgegangen wird, denn nur das kann man vergessen. Was bleibt, wäre dann entweder ein unvergesslicher Rest an Kenntnis oder aber alles Können. Wollte man die Wendung ergänzen (wobei man ihre Prägnanz verlöre), müsste sie lauten: *Bildung ist, was übrig bleibt, wenn man alles vergessen und verlernt hat, was sich vergessen und verlernen lässt.* Das

---

47 Man wüsste gern, wie das Zitat im Französischen lautet, nicht zuletzt, was hier mit ‹Bildung› übersetzt wurde: ‹instruction›, ‹éducation›, ‹formation intellectuelle› oder gar ‹culture›. Auch Harald Weinrich schreibt den Satz Edouard Herriot zu, allerdings in der Fassung: «Kultur ist das, was übrig bleibt, wenn man alles vergessen hat.» Das spricht dafür, dass im Französischen «culture» steht (vgl. http://www.h-quandt-stiftung.de/deutsch/kolloq/13_wei2.htm, zugegriffen am 19.01.2012). Nach Auskunft von französischer Seite lautet das Zitat im Original (wenn es denn von Herriot stammt, der Bürgermeister von Lyon war): «La culture est ce qui reste, quand on a tout oublié». – Bei P. Bourdieu wird der Satz als geflügeltes Wort vom Übersetzer ebenfalls Edouard Herriot (1872–1957) zugeschrieben (Bourdieu 1984, S. 518). Es scheint mir nicht abwegig, dass Blumenberg über diese Fussnote auf den Satz oder auf die Zuschreibung gestossen ist. – «Bildung ist das, was übrig bleibt, wenn man vergessen hat, was man gelernt hat» wird auch Edward Wood Halifax (1881–1959) oder dem englischen Staatsmann und Schriftsteller George Halifax (1633–1695) zugeschrieben (vgl. die Aussage des Präsidenten des Deutschen Lehrerverbandes, Kraus 2000).

Kitharaspielen und Fremdsprachen kann man nicht vergessen, so gesehen gehörten sie zu Herriots Rest der Bildung, aber beides ist *verlernbar*. Nimmt man die ergänzte Wendung, wird sichtbar, dass im Unterschied dazu auch manches Können *un*verlernbar ist: etwa die Muttersprache zu sprechen und zu schreiben, das Gehen, Fahrradfahren, Schwimmen oder auch Umgangsformen wie Rituale.[48] «Deshalb ist es so wichtig, zwischen einem Lernen zu unterscheiden, das auf Projekten beruht, wo auch ein Verlernen leichter möglich ist – und einem Erlernen, in dem ich selbst überhaupt erst zu demjenigen werde, der ich bin. Dieses passive Lernen, das mir widerfährt, weist zurück auf meine Vorgeschichte, die begonnen hat, noch bevor ich selber sie in Angriff genommen habe.» (Waldenfels 2000, S. 187) Führt man diese Einsicht über die Bildungsgeschichte des Individuums weiter, wird deutlich, dass soziale (oder generische) *Unvergesslichkeiten im Spiel der Bildung* sind: die retrospektiven, teils gegenwärtig repräsentierten, teils auch nicht mehr (als noch nicht wieder) repräsentierten Geschichten, in die wir verstrickt sind. Sie hängen uns nach, sei es als Erblasten oder -vermögen. Dem nachzugehen hiesse, Hans Blumenbergs memoriale Phänomenologie der Geschichten, in denen wir leben, mitzuvollziehen.

Blumenberg variiert den Bildungssatz Herriots phänomenologisch: *«Bildung ist kein Arsenal, Bildung ist ein Horizont.»* (Blumenberg 1998, S. 25) Er verbindet also unausdrücklich beide ‹Definitionen›: Was bleibt, wenn man alles vergessen hat, *ist* der Horizont. Damit unterstellt er, bei aller Bildungskrise und trotz allem Traditionsabbruch ‹sei da noch etwas, was übrig bleibt› oder übrig geblieben ist. So gesehen gilt der Grundsatz von Thomas von Aquin «tempus est causa oblivionis»[49] mitnichten generell, sondern Zeit ist auch ein Grund der Bildung im Sinne dessen, was ‹sich bildet›, was Form, Gestalt und Gewohnheit wird. Prägnanter könnte man formulieren: *Erst im Vergessen zeigt sich die Bildung, oder mit der Zeit zeigt sich das Unvergessliche.*

Unvergessliche Bilder

Hier liegt es nahe, an die Analyse zu denken – in der sich mit der Zeit das Unvergessliche zeigt, wenn man lang genug die Erinnerungen durchgearbeitet hat. Ist das Unvergessliche die ‹Bildung› – oder das Trauma am Grunde des Selbst? Oder *zeigt* sich mit dem Unvergesslichen, woran Analyse und Therapie arbeiten und was das Woher und Wohin von Bildung ausmacht? Zeigt sich hier, was mir widerfuhr und zufiel und was ich nolens volens ‹geworden› bin? Dann wären in der *Vorvergangenheit* Bildung und Trauma eins – wofür ja manche Schulerinnerung sprechen mag, die als

---

48 Abgesehen wird hier von pathologischen Störungen wie der Aphasie etc.

49 Sancti Thomae de Aquino 1999, I–II, q. 53, a. 3 ad 3.

verdrängte verwahrt wird im Reich des Unvergesslichen. Kehrt hier das alte ‹pathos mathos› wieder, aus und im Leiden zu lernen, bis dahin, dass Lernen ordentlich leidlich zu sein habe, es ‹weh› tun müsse, damit man etwas lernt daraus?

Das Unvergessliche könnte eine Fluchtlinie der Bildungsarbeit sein, die sie mit Analyse und Therapie teilt: Woher wir kommen und was unser Selbstwerden mitbestimmt, *ist* das Unvergessliche, das in Träumen, Neurosen und Ängsten wiederkehrt. Es durch Erinnerung im Durcharbeiten endlich ‹loszuwerden›, davon ‹lassen zu können›, ist ein Ideal von Freiheit, das man teilen kann oder skeptischerweise auch nicht. Aber es ist für Bildung wie Therapie jedenfalls nicht einsinnig *negativ*, unlustvoll zu besetzen. Denn auch die glücklichen Widerfahrnisse prägen sich als solche Unvergesslichkeiten ein – von denen wir leben.

‹Bildung *durch* Leiden› klingt finster, wenn sie dem Leiden einen pädagogischen Sinn ‹gibt›, bis zur ‹Bildung *als* Leiden›. Foucault kannte das «schmerzvolle Verhältnis von Kindheit und Zivilisationsgewalt» (Mersch 2002, S. 66), auf der Suche nach den Spuren der Gewalt im Prozess der so vielgepriesenen ‹Kultivierung›, den «Spuren des Leids, der erdrosselten Hoffnung, unterdrückter Triebe oder zufälliger Schicksalsschläge» (ebd.), zumal diese ‹Schläge› nicht immer nur diejenigen des ‹Schicksals› sind. Die einprägsamen Ereignisse der Selbstwerdung sind mit ‹Torturen› verbunden, mit Zurichtung und Disziplinierungen, die nicht zuletzt im Widerstand zur Genese meiner Selbst beitragen. In diesem Sinn kann Mersch sogar von der «kulturellen Konstruktion als *erlittene* Passivität» (ebd., S. 68) sprechen.

Nur – das folgt einer Üblichkeit, die keine sein sollte: dass Passivität schnell mit Leid und Unlust konnotiert wird oder mit Untätigkeit und Unselbständigkeit. Beides ist möglich, aber einseitig und daher halbseitig blind. Denn Passivitäten sind auch die glücklichen Zufälle, die wir stets mehr sind als unsere Wahl. Eine hermeneutische These ist daher: *Psychoanalyse wie Bildung sind Arbeit an Bildern mit Bildern* – allerdings auf verschiedene Weise. Psychoanalyse wie -therapie arbeiten an und mit traumatischen, traumhaften und in summa Traumbildern, die auf dem Umweg der Worte mit Metaphern und Metonymien bearbeitet werden: erinnert, wiederholt und durchgearbeitet, um sie im dunklen Fall umzubesetzen durch andere Bilder und im lichten von ihnen zu zehren und zu leben. Bildung indes arbeitet weniger an traumatischen und traumhaften als an ‹realen› und ‹symbolischen› Bildern, um Ahnungslosigkeit zu besetzen, Vorbilder zu setzen und Bilder zu finden, an denen man sich orientieren kann und bestenfalls auch, um das Bildvermögen (in Gedächtnis und Einbildung) zu befördern. Insofern sind Psychoanalyse wie Bildung *Bilderarbeit* – wobei unvergesslich ist, dass Bilder nicht einfach ‹erarbeitet› werden, sondern kommen, bleiben, gehen und ihre Eigendynamik haben, bei aller Arbeit an ihnen.

Eine von Wittgenstein her bekannte Vorstellung ist, *‹ein Bild hält uns gefangen›*. Dagegen wären Psychoanalyse und Bildung Arbeit gegen die Gefangenschaft durch dunkle oder falsche Bilder. Dann bedarf es der Arbeit nach dem Modell: *Ein Bild wird uns befreien* aus dieser Gefangenschaft. Statt Gefangenschaft und Befreiung wäre nämlich differenzierter: Ein Bild macht uns krank und ein Bild wird uns heilen, oder ein Bild belastet uns und drückt uns nieder, auf dass andere Bilder erleichtern und erheben, oder von Bildern werden wir in den Abgrund gezogen, während andere uns tragen und herausführen aus diesen Abgründen.

In gewisser Weise erscheint die Traumtheorie der ‹Traumdeutung› als eine Bild-theorie, genauer als eine Bildproduktions- (im Traum), Bildbeschreibungs- (Ekphra-sis der Traumerzählung) und Bildinterpretationstheorie (im analytischen Gespräch). «Der Traum denkt also vorwiegend in visuellen Bildern, aber doch nicht ausschliess-lich.» (Freud 1900, S. 73)

Für die passive Genesis der Bilder (im Sinne Husserls ohne Ichbeteiligung) ist die liminale Bedingung das Einschlafen. Denn wenn der Schlaf kommt, geht die Zensur des Verstandes, und es kommt, was bisher der Zensur zum Opfer fiel: das freie Spiel der Bilder. Als bedürfte das freie Spiel der Einbildungskraft einer Entbindung von der kritischen Vernunft, auf dass die bunten Nachtschattengewächse blühen können.

Dass sich Freud dabei massgeblich auf Friedrich Schleiermacher bezieht, ist be-merkenswert. «Das Charakteristische des wachen Zustandes ist nach Schleiermacher (1862, S. 351), dass die Denktätigkeit in *Begriffen* und nicht in *Bildern* vor sich geht. Nun denkt der Traum hauptsächlich in Bildern, und man kann beobachten, dass mit der Annäherung an den Schlaf in demselben Masse, in dem die gewollten Tätigkeiten sich erschwert zeigen, *ungewollte Vorstellungen* hervortreten, die alle in die Klasse der Bilder gehören.» (ebd.)

So heisst es in Friedrich Schleiermachers «Psychologie» von 1862: «In der Annä-herung an den Schlaf ist ein Zurükktreten der Denkfunctionen und dessen, was damit zusammenhängt und ein Hervortreten des freien Spiels der Bilder.» (Schleiermacher 1862, S. 351) Das mag auf dem Hintergrund der Schlaf- und Traumtheorien und der Ästhetik der Romantik erkannt worden sein, gilt aber darum nicht weniger, zumindest Freuds Erachten nach. Denn er teilt mit Schleiermacher die Einsicht in die Genese der Bilder aus der Passivität des Schlafs, die wie bei Husserl als passive Synthesis im Sinne einer fehlenden Ichaktivität verstanden wird: «Was zuerst aufhört ist die Macht der Selbstthätigkeit in der Production des Denkens und der Willensthätigkeiten, was zuletzt aufhört, ist das willkürliche Spiel der Vorstellungen und Bilder [...]. So werden wir sagen können in Beziehung auf die Selbstthätigkeit sei das Einschlafen der Null-punkt.» (ebd., S. 352)

Bei Freud klingt das etwas theoretisch diszipliniert, energetisch differenzierter und sc. durch seine ‹Psychodynamik› elaborierter: «Die Verschiebung erfolgt in der Regel nach der Richtung, dass ein farbloser und abstrakter Ausdruck des Traumge-dankens gegen einen bildlichen und konkreten eingetauscht wird. Der Vorteil, und somit die Absicht dieses Ersatzes, liegt auf der Hand. Das Bildliche ist für den Traum *darstellungsfähig* [...]. Aber nicht nur die Darstellbarkeit, auch die Interessen der Verdichtung und der Zensur können bei diesem Tausch gewinnen. Ist erst der abstrakt ausgedrückt unbrauchbare Traumgedanke in eine bildliche Sprache umgeformt, so ergeben sich zwischen diesem neuen Ausdruck und dem übrigen Traummaterial leichter als vorher die Berührungen und Identitäten, welcher die Traumarbeit bedarf und die sie schafft, wo sie nicht vorhanden sind, denn die konkreten Termini sind in jeder Sprache ihrer Entwicklung zufolge anknüpfungsreicher als die begrifflichen.» (Freud 1900, S. 335 f.)

Die erste ‹Verschiebung› ist seines Erachtens ein Tausch des Abstrakten für das Konkrete (eine invertierte Metonymie also). Dass hier ein Vorteil und eine Absicht vorlägen, ist indes eine starke Unterstellung, mit der ein intentionales Bewusstsein davon vorausgesetzt wird. Es wird gesprochen, als wäre hinter der passiven Genese des Traums und seiner Bilder ein Dramaturg oder Marionettenspieler am Werk. «Der Selbstbeobachter [...] hat nur die Mühe, die Kritik zu unterdrücken; gelingt ihm dies, so kommt ihm eine Unzahl von Einfällen zum Bewusstsein, die sonst unfassbar geblieben wären. Mit Hilfe dieses für die Selbstwahrnehmung neu gewonnenen Materials lässt sich die Deutung der pathologischen Ideen sowie der Traumgebilde vollziehen. Wie man sieht, handelt es sich darum, einen psychischen Zustand herzustellen, der mit dem vor dem Einschlafen (und sicherlich auch mit dem hypnotischen) eine gewisse Analogie in der Verteilung der psychischen Energie (der beweglichen Aufmerksamkeit) gemein hat. Beim Einschlafen treten die ‹ungewollten Vorstellungen› hervor durch den Nachlass einer gewissen willkürlichen (und gewiss auch kritischen) Aktion, die wir auf den Ablauf unserer Vorstellungen einwirken lassen; als den Grund dieses Nachlasses pflegen wir ‹Ermüdung› anzugeben; die auftauchenden ungewollten Vorstellungen verwandeln sich in visuelle und akustische Bilder.» (ebd., S. 122, mit Verweis auf Schleiermacher)

Das ‹Ungewollte› daran in der Medialität des (inneren) Bildes ist das Interessante daran, das Symptomatische. Denn hier *zeigt sich* etwas (als etwas im Bild), ohne von der Intentionalität reguliert zu sein. Das Nachlassen der ‹Ichaktivität›, um mit Husserl zu sprechen, ist die Möglichkeitsbedingung für dieses nicht intentionale Sichzeigen von Träumen, Ängsten und Hoffnungen – mit und von denen wir leben, oder *trotz* derer und gegen die wir leben. Ohne die Gewahrwerdung dieser Horizontlinien keine Analyse und keine Therapie. Aber gilt selbiges auch für Bildungsprozesse im üblichen Sinne? Könnte sich aus dieser These vom *Kommen der Bilder im Einschlafen* (wie vom Kommen der Musen in der Dämmerung) ein Aspekt für Bildungsprozesse ergeben? Wenn Bildung *auch darin* bestünde, sich seiner Imagination zu bedienen zu wagen, sich Bilder zu machen und dies zu üben wie ein Regisseur, der einen Text auf die Bühne bringen will – dann wären Gebrauch und Übung der Einbildungskraft wesentlich für die Bildung. Das lässt sich hermeneutisch auch nachvollziehen: Wer einen Text liest, wird nur so viel davon haben, wie er die Textwelt imaginativ erschafft, die vom Text vor Augen ‹gemalt› werden soll. Denn nicht der Text malt, sondern bestenfalls der Leser, wenn er sich vorstellt, was er liest. Die alte Frage: «Verstehest du auch, was du liest», [50] heisst auch: «Stellst du dir eigentlich genau vor, was du liest und denkst?» Die ‹Education der Imagination› ist ein manchmal fast zu weisser Fleck auf der Landkarte der pädagogischen Praxis, gerade wenn so viel mit Bildern gearbeitet wird, dass deren Medialität, Genesis und Eigendynamik kaum bildtheoretisch reflektiert werden.

Arbeit in Bildern mit Bildern an Bildern erscheint als ein Tertium von Analyse, Therapie und Bildungsprozessen – ein gemeinsamer kreativer Arbeitsraum, eine bei aller Differenz geteilte Medialität. Das provoziert sicher Rückfragen. Bildungsprozesse gelten in der Regel als Arbeit mit dem Logos am Logos: mit Worten an Worten, mit Erkenntnis an der Erkenntnis; kognitiv und mehrfach ‹logisch›, um nicht ‹logozentrisch› zu sagen. Weil das zu eng wäre, kommen zum Logos zwei nicht auf diesen zu reduzierende Dimensionen: Ethos und Pathos. Das ist in Analyse wie Therapie längst präsent. Nur – wie ist das Verhältnis der drei jeweils bestimmt? Was ist basal, was dominiert und worauf kommt es ‹vor allem› an, hier wie dort? Ist Bildung ‹im Grunde› ein Pathosprozess, wie man es in Analyse und Therapie vertreten könnte? Und ist Bildung ein verwandtes Austarieren von Lust und Realität wie in Analyse und Therapie? [51]

Welche Bildungsbilder?

Als Suchformel ergibt sich aus dem Bisherigen die Frage nach den *Bildungsbildern* von Psychoanalyse und anderen Bildungsprozessen. Ein dominantes Bild für die Analyse wie für andere Bildungsprozesse ist – wie kritisch notiert – der *Weg aus der Heteronomie in die Autonomie,* aus dem Dunkel ins Licht, aus der Gefangenschaft in die Freiheit oder aus der Passivität in die Aktivität. Das ist zunächst das schlichte Modell der Aufklärung und ihrer Pädagogik: aus dem Dunkel ins Licht, um Licht ins Dunkel zu bringen. «Es werde Licht ...» Dass Bildung ein Prozess der Selbstbestimmung des autonomen Subjekts oder der Selbstverwirklichung des schöpferischen

---

50 Apostelgeschichte, Kapitel 8, Vers 30: «Da lief Philippus hin und hörte, dass er den Propheten Jesaja las, und fragte: Verstehst du auch, was du liest?» (Lutherbibel 1984).

51 Eine kritische Randbemerkung: Von ‹Bildung› zu sprechen klingt mittlerweile wie ein Souvenir aus dem Jurassic Park der Kulturgeschichte: Einst fantasierte man von Bildung mit Lust und Leidenschaft – aber es geht längst um Ausbildung mit Sinn für Realität und Ökonomie. Ist diese Umstellung von Bildung auf Ausbildung ein Schritt von der Lust in die Realität, von einer Kultur für höhere Töchter an der Universität hin zu Technik und Naturwissenschaft für erwachsene Söhne an der ETH? Schlichte Gemüter werden das wohl so sehen.

Individuums sei, gehört zum Credo neuzeitlichen Selbstverständnisses. In der Tradition des Renaissance-Humanismus und dessen Renaissance im Neuhumanismus[52] seit dem 18. Jahrhundert ist Bildung ‹Arbeit› des Ich an sich. Der Homo Faber realisiert sein ‹Wesen› oder seine Bestimmung, indem er arbeitet oder, hyperbolisch formuliert, ‹Welten erzeugt›.

«Die Umstände werden – durch Selbstbestimmung – von den Menschen selber gestaltet und hergestellt», das kennzeichnet nach Odo Marquard das «Zeitalter der Machbarkeit» (Marquard 1981, S. 69; S. 67).[53] Die so eröffnete ‹Defatalisierung› der Wirklichkeit verdrängt, was einst Fatum genannt wurde, ins Obsolete, Ortlose und Triviale oder in die Gestalt des Ästhetischen. ‹Wirklich› hingegen ist dann, was gemacht ist: nicht allein ‹verum factum›, sondern schon ‹ens est factum›. Diese Defatalisierung ist grundsätzlich jedenfalls zu begrüssen und auch in theologischer Perspektive forciert worden. Denn die «Depotenzierung des Schicksals [...] beginnt [...] beim Antifatalismus des Christentums» (ebd., S. 71) oder, genauer gesagt, bereits bei demjenigen des Judentums. Denn das Fatum ist der unterlegene Konkurrent des allmächtigen Gottes. Kontingenz gibt es nur, weil und sofern *er* sie gibt. In dieser Umbesetzung ‹gibt es› allerdings auch in christlicher Perspektive das für uns Unverfügbare noch – und zwar ‹wirklich›, sei es notwendig oder kontingent –, nur anders: einerseits als das, was *er* will und tut, andererseits als naturaler wie kultureller Horizont des schon Verfügten diesseits oder jenseits unserer Wahl.

Betreiben Judentum und Christentum Defatalisierung, ist jenseits der Religion, am ‹nachchristlichen› Horizont, eine Refatalisierung zu erwarten, so Marquards neuzeitkritische Hintergrundvermutung (ebd., S. 76 ff.). Nun wäre zunächst alles andere zu erwarten, denn ‹conservatio sui› und ‹ens et verum factum› eröffnen dem neuzeitlichen Menschen ungeahnte Horizonte, die er auch zu bevölkern weiss. Nur tritt mit der Zeit der *sedimentierte Hintergrund* immer deutlicher zutage, dass der Mensch nie am Anfang anfängt, nicht alles machen kann und das auch nicht muss, sondern ihm das meiste schon im Rücken liegt. Diese faktizitären Möglichkeitsbedingungen des

---

52 E. Lichtenstein argumentiert plausibel für die Bedeutung des Renaissance-Humanismus im Übergang des mystisch-theosophischen Bildungsbegriffs zum neuhumanistischen: «Es sind [...] die Motive des Renaissance-Platonismus gewesen, die über Shaftesbury einen entscheidenden Einfluss auf die Verwandlung des deutschen Bildungsbegriffs zu einer humanistisch-pädagogischen Kategorie gehabt haben.» (Lichtenstein 1966, S. 15)

53 «Alles ist machbar, alles steht zur Disposition, alles kann und muss verändert werden, und Veränderung ist immer Verbesserung.» (Marquard 1981, S. 69) Vgl. nicht völlig identisch: Marquard 1977 und Brezinka 1977. – Bemerkenswert ist, dass der mystische Hintergrund des Bild- und Bildungsmodells bei Johann Georg Gichtel mit der Arbeit des Geistes an der Seele bestimmt wird: «[D]ass die Kraft Sophiae im Herzen sich bilden möge, wie in den Erstlingen, daran muss unser Wille arbeiten», so «dass wir selbst unsere Macher sind.» (Theosophia Practica, Leyden 1722, III, zit. nach Lichtenstein 1966, S. 12). – Zur Geschichte der Bestimmung der Bildung durch Arbeit und Machen gehört auch Leibniz' hermeneutische Interpretation der ‹Entfaltung› der Unendlichkeit des Individuums: «Eine Seele aber vermag in sich selbst nur das zu lesen, was in ihr deutlich vorgestellt ist; sie kann ihre Falten nicht auf einen Schlag entfalten, denn diese reichen ins Unendliche.» (1956, S. 55) Ebenso Shaftesburys – an Cassirer erinnernde – ‹forming forms» «als aktive, geistig-seelische Prinzipien [...], die aus der Bewegung der ‹Urform› [...] hervorgehen», und die «inward form» der Seele mit der «Aufgabe der ‹Selbstbildung›, der selfformation» (Lichtenstein 1966, S. 14).

Handelns, dass dieses einen retrospektiven Horizont hat und zudem einen prospektiven, mit dem ihm Zukunft zukommt, sind unvermeidliche ‹Vorgaben›. In Marquards Worten wird das zum Truismus: «Menschliche Praxis macht stets nur das Wenige, was noch zu machen ist: damit sie möglich sei, muss in einem sehr beträchtlichen Umfang schon ‹nichts mehr zu machen› sein.» (ebd., S. 79)

Marquards Kritik an dem – auch von der Theologie gelegentlich vertretenen – Neoabsolutismus ist erfrischend prägnant: Die «neoabsolutistische Philosophie des Selbermachens ist [...] nicht nur Theologie nach dem Ende Gottes, sondern auch Anthropologie nach dem Ende der Menschlichkeit» (ebd., S. 82). Denn sie verkündet eine Machbarkeit, die den Menschen zur Disposition zu stellen droht. Für eine entsprechende Bildungstheorie hätte das ‹transintentionale› Folgen: Wer der Bildung in emphatischer Selbstbestimmung zuspricht und nach reiner Selbständigkeit ruft, provoziert den Verdacht, er taumle in gar nicht ‹heilignüchterner› Trunkenheit einem neuen Absoluten hinterher. Und das wäre in der Tat fatal, ohne Ironie. Marquard neigt angesichts dessen zur Schwarzmalerei: «Resultat der modernen Entmächtigung der göttlichen Allmacht ist nicht nur der offizielle Triumph der menschlichen Freiheit, sondern auch die inoffizielle Wiederkehr des Schicksals.» (ebd., S. 85 f.) Die These ist doppelt verführerisch: Sie ermutigt entweder zum entgegengesetzten Rekurs auf einen theistischen Allmachtsgott oder zur Steigerung der Freiheit – beides, um die Refatalisierung zu minimieren –, und beides forcierte nur seine nichtintentionale Kehrseite.

Demgegenüber scheint mir eine Erinnerungsarbeit an den Faktizitäten und Vorgaben wie den Unverfügbarkeiten und Unvermeidlichkeiten hilfreicher, die christlich wie ‹nachchristlich› den Horizont durchziehen, in dem wir leben. Bildung, sei sie Selbstbestimmung, Selbstverwirklichung oder final Selbständigkeit, gar ‹in Sachen Religion›, lebt von und mit *Bedingungen* und *Bestimmungen*, die einem nolens volens *zufallen* und teils zukommen, teils zuwiderlaufen: den Kontingenzen einer Tradition, einer Kultur, einer Geschichte und Lebenswelt und nicht zuletzt auch derer, die ein jeder in sich selbst und als die anderen vorfindet. Das Andere des sich selbst bestimmenden Selbst erscheint allerorts, je genauer man hinsieht.

Schon das grosse Wort ‹*Autonomie*› entpuppt sich bei näherem Hinsehen als etwas sehr anderes als das, was das Pathos der Selbstbestimmung und zumal der Jargon der Selbstverwirklichung insinuieren. Denn die kantische Autonomie ist nicht ein Ausleben der Neigungen in Willkürfreiheit, sie ist auch keine Bestimmung meiner selbst allein durch mich selbst, sondern eine Bestimmung des Selbst, die es nicht selbst setzt, sondern als ‹Faktum der Vernunft› vorfindet und um aller anderen willen zu befolgen hat (vgl. Fischer und Hattrup 1999, bes. S. 13 ff.; S. 140 ff.). Einer fröhlich-freien Selbstverwirklichung erscheint die kantische Autonomie daher durchaus als *Heteronomie* im Namen der Vernunft. Nicht nur im Kern der Autonomie findet sich deren Anderes, sondern auch in dem sich selbst entzogenen und verborgenen

Selbst: Die Geschichte der Aufklärung ist demgemäss eine Wiederkehr der ‹anderen Vernunft› wie des ‹Anderen der Vernunft›, nicht jenseits meines Selbst, sondern *in ihm* und in der rätselhaften Verfassung ihrer selbst (Böhme und Böhme 1983, S. 32 ff.; S. 50 ff.): die intrinsisch kritische Verfassung des Selbst[54], deretwegen es meist am Abgrund seiner Krise wandelt.

Wenn und sofern Bildung als ein ‹Gut› gilt, wenn sie sogar ‹Glück› verspricht – ist sie jedenfalls kein ‹Wellness-Glück und -Gut›. Sie ist banalerweise nicht einfach ‹Lust›, sondern mit mancherlei Unlust verbunden: mit Beschränkung, Verzicht oder Askese. Deswegen ist sie Arbeit, weil sie einen nicht ‹im Schlaf› überkommt. Bildung ist kein Traum (auch wenn man von ihr träumen kann), denn erträumte Bildung ist noch nicht Bildung, sondern eben nur ein Traum. Das ist zumindest nennenswert, wenn Bildung als Unterhaltung ‹camoufliert› wird, mit dem Flair des Infotainments, auf dass die Modulbuchungen der Programmierung des Videorekorders ähnlich werden mögen. Aber mit der Perspektive von Arbeit, Askese und Unlustresistenz – ist nur die Hälfte der Bildungsgeschichte geschrieben. Die lustvollen Kehrseiten dessen sind unvergesslich, sonst würde man diese Geschichte nie begonnen, geschweige denn fortgeschrieben haben. Analoges ist wohl auch für die Analysen und Therapien zu unterstellen, sofern sie nicht in den Abgrund der Unlust stürzen.

---

54 Das Revival der ‹Bildung› und der entsprechende Reformeifer sind nicht von einem Mangel allein motiviert, sondern von einer Krisenlage: alles voll von Programmen und Ordnungen – und dieser Pluralismus provoziert verschärft die Suche nach Orientierung.

Literatur

Aquino, Sancti Thomae de (1999). *Summa theologiae* (3. Aufl.). Torino: San Paolo.

Blumenberg, H. (1998). Bildung ist, was übrig bleibt. In ders., *Begriffe in Geschichten* (S. 24 f.). Frankfurt/Main: Suhrkamp.

Böhme, H., & Böhme G. (1983). *Das Andere der Vernunft. Zur Entwicklung von Rationalitätsstrukturen am Beispiel Kants.* Frankfurt/Main: Suhrkamp.

Bourdieu, P. (1984). *Die feinen Unterschiede. Kritik der gesellschaftlichen Urteilskraft.* Frankfurt/Main: Suhrkamp.

Brezinka, W. (1977). Grenzen der Erziehung. In O. Marquard (Hrsg.), *Schicksal? Grenzen der Machbarkeit: ein Symposion* (S. 68–90). München: DTV.

Descartes, R. (1996). *Die Leidenschaften der Seele* (K. Hammacher, Hrsg.). Hamburg: Meiner.

Fischer, N., & Hattrup, D. (1999). *Metaphysik aus dem Anspruch des Anderen. Kant und Levinas.* Paderborn et al.: Schöningh.

Freud, S. (1900). *Die Traumdeutung* (Studienausgabe Bd. 2, 8. Aufl. 1998). Frankfurt/Main: Fischer.

Holenstein, E. (1971). Passive Genesis. Eine begriffsanalytische Studie. *Tijdschrift voor Filosofie 33*, S. 112–153.

Holenstein, E. (1972). *Phänomenologie der Assoziation. Zu Struktur und Funktion eines Grundprinzips der passiven Genesis bei E. Husserl.* Den Haag: Nijhoff.

Husserl. E. (1961). *Phänomenologische Psychologie. Vorlesungen Sommersemester 1925* (Husserl-Archiv Bd. IX) (W. Biemel, Hrsg.). Den Haag: Nijhoff.

Husserl, E. (1966). *Analysen zur passiven Synthesis: aus Vorlesungs- und Forschungs-manuskripten 1918–1926* (Husserl-Archiv Bd. XI) (M. Fleischer, Hrsg.). Den Haag: Nijhoff.

Husserl, E. (1972). *Erfahrung und Urteil. Untersuchungen zur Genealogie der Logik* (L. Landgrebe, Hrsg.). Hamburg: Meiner.

Kamlah, W. (1972). *Philosophische Anthropologie: sprachkritische Grundlegung und Ethik.* Mannheim, Wien und Zürich: Bibliografisches Institut.

Kraus, J. (2000, 06. Dezember). *Gymnasium zwischen kulturellem Auftrag und Nützlichkeitsdenken (Festvortrag des Philologenverbandes Niedersachsen).* Zugegriffen am 23.12.2011 über www.lehrerverband.de/fest.htm.

Leibniz, G. W. (1956). *Principes de la nature et de la Grâce, fondés en Raison. Monadologie / Vernunftprinzipien der Natur und der Gnade. Monadologie.* (H. Herring, Hrsg.). Hamburg: Meiner.

Lichtenstein, E. (1966). *Zur Entwicklung des Bildungsbegriffs von Meister Eckhart bis Hegel.* Heidelberg: Quelle und Meyer.

Marquard, O. (1977). Ende des Schicksals? Einige Bemerkungen über die Unvermeid-
lichkeit des Unverfügbaren. In ders. (Hrsg.), *Schicksal? Grenzen der Machbarkeit:
ein Symposion* (S. 7–25). München: DTV.

Marquard, O. (1996). Apologie des Zufälligen. Philosophische Überlegungen zum
Menschen. In ders., *Apologie des Zufälligen: philosophische Studien* (S. 117–139).
Stuttgart: Reclam.

Marquard, O. (1981). Ende des Schicksals? Einige Bemerkungen über die Unvermeid-
lichkeit des Unverfügbaren. In ders., *Abschied vom Prinzipiellen* (S. 67–90).
Stuttgart: Reclam.

Mersch, D. (2002). *Was sich zeigt. Materialität, Präsenz, Ereignis.* München: Fink.

Natorp, P. (1912). *Allgemeine Psychologie nach kritischer Methode.* Tübingen:
Mohr Siebeck.

Schleiermacher, F. D. E. (1862). *Psychologie* (sämtliche Werke III, Bd. 4).
Berlin: Reimer.

Waldenfels, B. (2000). *Das leibliche Selbst. Vorlesungen zur Phänomenologie des
Leibes.* Frankfurt/Main: Suhrkamp.

Die psychoanalytische Behandlung – eher «Bildung» als «Heilung»?

Günther Bittner

Freud hat schon früh geahnt, dass sich die psychoanalytische Behandlung nicht auf ein medizinisches Heilverfahren reduzieren lassen würde. Was sie aber darüber hinaus noch sein soll, ist nie so recht klar geworden. Freud sah ihre Besonderheit einmal im «Junktim zwischen Heilen und Forschen» (GW XIV, S. 293); ein andermal wollte er sie dem Gesprächspartner nicht als Heilverfahren, sondern «um ihres Wahrheitsgehalts willen» (GW XV, S. 169) empfehlen, und schliesslich charakterisierte er sie einmal beiläufig als «eine Art Nacherziehung» (GW XI, S. 469).

All diese Bestimmungsversuche entsprechen dem Blickwinkel des Psychoanalytikers. *Dieser* ist es, der forscht und zugleich heilt: *Er* entdeckt die Wahrheiten; *er* unterwirft den Analysanden der Nacherziehung.

Nehmen wir stattdessen die Perspektive des Analysanden ein und knüpfen dabei an Freuds Rede von der «Nacherziehung» an, die jenes andere, das medizinische Heilverfahren Überschreitende sozusagen im pädagogischen Feld lokalisiert. «Nacherziehung» ist sicher keine glückliche Bezeichnung dafür. Sie lässt an schwer erziehbare Jugendliche denken; ausserdem ist darin wieder der Psychoanalytiker als der Handelnde und der Analysand als das Objekt der Beeinflussung gedacht.

Ich sage also stattdessen: Der Analysand «bildet sich» mithilfe der Analyse, und indem er sich bildet, heilt er sich zugleich (so Gott will, setze ich vorsichtig hinzu). – Ist «bilden» ein transitives, intransitives oder reflexives Verb? Ich stimme insoweit Peter Bieri zu, der in einem Vortrag an der Pädagogischen Hochschule Bern unter dem Titel «Wie wäre es, gebildet zu sein?» ausführte: «Bildung ist etwas, das Menschen mit sich und für sich machen: Man bildet sich. Ausbilden können uns andere, bilden kann sich jeder nur selbst. Das ist kein blosses Wortspiel. Sich zu bilden ist tatsächlich etwas ganz anderes, als ausgebildet zu werden. Eine Ausbildung durchlaufen wir mit dem Ziel, etwas zu können. Wenn wir uns dagegen bilden, arbeiten wir daran, etwas zu werden – wir streben danach, auf eine bestimmte Art und Weise in der Welt zu sein.» (Bieri 2005, S. 1/7)

Bildung wäre somit etwas, was ich mit mir selber mache: *Ich bilde mich.* In drei Punkten allerdings unterscheide ich mich von Bieri: «Daran *arbeiten*, etwas zu werden» beschränkt das Sich-Bilden allzu einseitig auf das gedanklich Konzipierte und bewusst Intendierte.

Das berührt den zweiten Dissenspunkt. Wenn Bieri davon spricht, dass wir «danach streben», auf eine bestimmte Weise in der Welt zu sein, unterstellt er eine wertbesetzte Zielvorstellung, auf die hin ich mich bilde. Meine Vorstellung von Bildung ist eher wertneutral konzipiert: Sie umfasst alles, was ich verwenden konnte, um mich zu dem zu bilden, der ich faktisch heute bin. So habe ich als Definition versucht: «Bildung – das ist der Gang meines Lebens, meine persönliche Biografie unter dem Gesichtspunkt betrachtet, was ich aus meinem Leben gemacht habe bzw. was mein Leben aus mir gemacht hat.» (Bittner 1996, S. 63 f.)

Damit ist zugleich der dritte Dissenspunkt angesprochen: *Ich* bilde mich, das ist wahr. Aber nicht in einem monadischen Raum. Bildung umfasst zugleich die Einflüsse von aussen, die Wechselfälle des Lebens, die meinen Lebensweg bestimmen – und dann stellt sich eben wieder die bildungstheoretisch entscheidende Frage: was *ich* mit dem mache, was das Leben mit mir gemacht hat.

Vor Kurzem habe ich ein Buch mit dem von Pestalozzi entlehnten Titel «Das Leben bildet» (2011) veröffentlicht. Die These dort war: Vor allen «Bildungsinhalten», die die Schule und andere Bildungsinstitutionen vermitteln, ist der biografische Verlauf meines Lebens der eigentliche und grundlegende Bildungsprozess. In den Worten eines für die Psychoanalyse aufgeschlossenen Erziehungswissenschaftlers: Das Curriculum vitae ist das «alle partikularen Curricula umfassende Curriculum des ganzen Lebens» (Loch 1979, S. 38).

Wichtig war für mich dabei, das Verständnis von «Bildung» über den kognitiv-reflexiven Bereich hinaus zu erweitern; bildend sind nach dieser Auffassung auch und sogar in erster Linie die bildhaften Eindrücke, die präreflexiv-unbewusst aufgenommen und verarbeitet werden. Bildung wäre demnach nicht allein und nicht einmal in erster Linie die herbartsche «Bildung des Gedankenkreises» und des reflexiv-bewussten, sondern mehr noch die des unbewussten Subjekts, des von mir sogenannten «Proto-Subjekts».

Damit kommt zugleich die psychoanalytische Entwicklungspsychologie ins Spiel. Alles, was die Psychoanalyse an kindlicher Entwicklung beschrieben hat – angefangen von den freudschen und eriksonschen Phasen und ihrer individuellen Bewältigung bis hin zu den von Stern studierten Prozessen der Säuglingsentwicklung – rechne ich in diesem Sinne zur «Bildung». Bildungsprozesse im hier gemeinten Sinne spielen sich überwiegend in einem basalen vorsprachlichen Bereich ab, in den Frühphasen ohnehin, in denen noch keine elaborierte Sprache zur Verfügung steht. Aber auch im späteren Lebensverlauf «bildet sich» vieles subliminal, unterhalb der Schwelle der bewussten Wahrnehmung und der sprachlichen Reflexion.

Vor diesem Hintergrund betrachtet, ist die psychoanalytische Behandlung zweifellos ein Bildungsprozess: ein Prozess der Veränderung an den subliminalen Eindrücken, an denen ich mich in der Frühzeit gebildet habe, zugleich mithilfe der Deutungen des Analytikers die Bildung eines herbartschen «Gedankenkreises» – und dies alles in Eigenaktivität des Analysanden. Er selber ist es, der «sich bildet» an dem, was ihm die Analyse zur Verfügung stellt:

- eine besondere Art von Begleiter auf dem Bildungsweg (den Analytiker)
- eine besondere Art von Aktionsraum (die analytische Situation)

Im Folgenden soll also die analytische Behandlung als Bildungsprozess im oben skizzierten Sinne, und das heisst zugleich: aus der Perspektive des Analysanden, der «sich bildet», reflektiert werden. Dies soll in drei Schritten geschehen:

1. Das Material, aus dem biografische Bildungsprozesse erschlossen werden können, sind, so soll gezeigt werden, autobiografische Erzählungen von Analysanden über ihre Analysenerfahrungen.
2. Wenn es «das Leben» ist, das bildet, wie ich in meinem Buch behauptet habe, wird weiter zu erörtern sein, was der analytische «Aktionsraum» an realer (nicht bloss «virtueller», z. B. in Form von Übertragung etc.) bildender Lebenserfahrung bereit hält;
3. soll der Primat des «Bildens» gegenüber dem «Heilen» begründet und damit die Eingangsfrage, was die analytische Behandlung über das medizinische Heilverfahren hinaus noch ist, abschliessend beantwortet werden.

Analysenerinnerungen ehemaliger Analysanden als autobiografische Quelle

Die analytische Behandlung (im weiten Sinne verstanden, d.h. die therapeutische ebenso wie die Lehranalyse umfassend) ist für den, der sich ihr unterzieht, in aller Regel ein markanter Teil seiner Biografie. Psychoanalytische Behandlungsgeschichten sind, besonders wenn sie von Analysanden selbst erzählt werden, in ihrem Kern Bildungsgeschichten. Sie sind ein Stück von dem, was der Patient aus seinem Leben gemacht bzw. was sein Leben, z.B. das Zusammentreffen mit diesem konkreten Analytiker, aus ihm gemacht hat. Die (pädagogische[55]) Biografieforschung interessiert sich dafür, wie Menschen markante Ereignisse ihres Lebens retrospektiv charakterisieren und in welchem Sinne sie diese als bildungsbedeutsam bewerten.

Die analytische Behandlung kann in diesem Sinne Gegenstand autobiografischer Reflexion sein. Es ist wichtig, dass dabei die Licht- und Schattenseiten der Analysen-

---

55   Eine psychoanalytische Biografieforschung im eigentlichen Sinne gibt es bis heute noch nicht.

erfahrung zur Sprache kommen. Deshalb sind autobiografische Rückblicke ehemaliger Analysanden (z.B. Moser 1979; von Drigalski 1979) von grossem theoretischen Interesse – auch und gerade da, wo sie Problematisches zur Sprache bringen.

Auf die Frage, «was hat die Analyse einem Menschen, der sich ihr unterzogen hat, gebracht?», bin ich zum ersten Mal im Rahmen der Zusammenarbeit mit Peter Heller an seinem Bericht über seine Kinderanalyse bei Anna Freud gestossen (vgl. Bittner und Heller 1983). Dort ist mir klar geworden, dass sich die Abwägung der Vor- und Nachteile einer Analyse nicht auf den Gesichtspunkt beschränken kann, ob der Patient von irgendwelchen «Symptomen» (bei Heller war es ein Pavor nocturnus) geheilt worden ist. Die Bilanzierung, sagte ich damals, ist, wenn überhaupt, nur mit Blick auf den Lebenszusammenhang im Ganzen zu leisten (ebd., S. 259).

Ich lese in einem alten, seinerzeit sehr bekannt gewordenen Analysenbericht nach: Tilmann Mosers «Lehrjahre auf der Couch» aus dem Jahr 1974, schon wegen des programmatischen Titels, den bereits Kohut in seinem «Brief an den Autor», der ursprünglich ein Vorwort hätte werden sollen, ironisierte: «dass, wenn Wilhelm Meisters Lehrjahre ohne Vorwort ausgekommen sind, das auch für Tilmann Mosers Lehrjahre gelten sollte» (Moser 1979, S. 9). «Lehrjahre» spielt zwar zunächst auf «Lehranalyse» an, aber doch auch auf den Bildungsroman «Wilhelm Meister». Kritisch kommentiert worden ist Mosers Intention, dem Analytiker «ein Denkmal setzen» zu wollen (ebd., S. 35); das Buch ist seinem «geduldigen Analytiker» (ebd., S. 5) sogar gewidmet. Schon dies weist auf die Wichtigkeit des Analytikers in diesem Bildungsroman «Tilmann Mosers Lehrjahre» hin, allerdings auch auf die Ambivalenz dabei, wie der Analytiker auf den Einfall mit dem Denkmal treffend repliziert: «Das würde ja heissen, dass ich tot bin.» (ebd., S. 35) Insofern ist der Eindruck einer «Verhimmelung» des Analytikers und einer Unterdrückung der «negativen Übertragung» (ebd., S. 27) nicht von der Hand zu weisen.

Ich will nur eine Episode herausgreifen:

«Es ereignete sich eines Tages, dass ich ein paar Minuten nach Beginn der Stunde entdeckte, wie wohlgelaunt ich war; ich bekundete dies durch einen Grunzlaut, averbal, behaglich, ziemlich animalisch. Als Antwort kam von ihm ebenfalls ein sonorer Grunzlaut, tiefer, bestätigend, eine ebenso animalische Bekundung einfacher Anwesenheit. Und nun entspann sich ein Grunzdialog, wie wenn Muttersau und einziges Ferkel in der Sonne liegen, einander nicht sehen, aber sich in ihrer Sprache, also für unser grobes Ohr averbal, doch nicht ohne tierischen Genuss an breiter Modulation, mitteilen wollen: ‹Hallo, bist du da?› – ‹Ja, ich bin da, du auch?› ‹Na klar, Sau, das hörst du doch?› ‹Wieso, ich hab' nichts gehört, sag's noch mal!› Und dann grunzen sie eine Weile im Wechselgesang vor sich hin, weil es so schön ist, beieinander zu sein und an den Lauten und der Kürze des Echos die Nähe des anderen zu messen.» (ebd., S. 66 f.)

Ein «moment of meeting» hätte man das später im Gefolge von Stern et al. (2002) wohl genannt. Moser charakterisiert es als symbolisch für «postdepressiven Frieden, als wiedergewonnene Freude am Spiel und am eigenen Wachstum» (Moser 1979, S. 66).

Ich denke, es war noch mehr als das. Es war das Glücksgefühl, Resonanz (im wortwörtlichen Sinne!) zu bekommen, und mehr noch: diese Resonanz selbst, d.h. durch eigene Aktivität hervorlocken zu können. Wie entwicklungsnotwendig ihm diese Resonanz war, geht wenig später auch aus seiner Erzählung hervor, wie er zuvor die Analyse bei einem anderen Analytiker abgebrochen habe, dem er seinen Eindruck mitteilte: «‹Sie kommen mir vor wie ein kühler Diplomat an seinem Chefschreibtisch.›» (ebd., S. 70) Die Passung, die einen Wachstums- und Bildungsprozess ermöglicht hätte, wäre hier einfach nicht gegeben gewesen.

Mosers Bildungsgeschichte hat ihn in ihrem Fortgang zunächst ein Stück weit von der Psychoanalyse weggeführt; eines seiner späteren Bücher beschimpfte den Analytiker (nicht den seinen, sondern den Analytiker überhaupt) als «sprechende Attrappe». Zu seinem biografischen Bildungsprozess gehörte die anfängliche Begeisterung für die Psychoanalyse ebenso wie deren spätere, zumindest partielle Verwerfung. Er war lebenslang auf der Suche nach einer Intensität der präverbalen, sinnlich fühlbaren Resonanz, die ihm erst die Körpertherapie als Ergänzung zur Psychoanalyse bieten konnte.

Dörte von Drigalski (1979) beschrieb nur wenig später ihre «Lehr- und Irrfahrt durch die deutsche Psychoanalyse» unter dem Titel «Blumen auf Granit. Eine Irr- und Lehrfahrt durch die deutsche Psychoanalyse». Sie erzählt von zwei Analysen, einer bei einer Frau und einer zweiten, längeren und dramatischeren bei einem Mann.

Sie beschreibt das Aufnahmeinterview mit ihrer späteren (ersten) Analytikerin, bei der sie sich «kritisch beäugt ohne Vorschussvertrauen» (von Drigalski 1979, S. 7) fühlte. «Schliesslich setzte sie [die Analytikerin] zu einer Frage an. Ob ich mich manchmal richtig ärgern könne? In neutralem Ton; für mich klang er abwertend, verurteilend, säuerlich, knarrend und neutral. Ich fühlte mich gründlich missverstanden, [...] nicht gemocht» (ebd.).

Auch die Wohnung der Analytikerin gefiel ihr nicht. «Auf einem kleinen Bild an der Wand wuchsen aus kargem Felsen ein paar Blümchen, sprengten dabei den Stein; alles einfarbig, schwarz-weiss-grau.» (ebd., S. 12) Dieses kleine Bildchen gab ihrem Buch seinen Namen.

Der zweite Analytiker war ihr vom ersten Eindruck her sympathisch. Aber bald gab es Verwicklungen. Sie wollte «Du» zu ihm sagen, wie z.B. in Gestalttherapiekursen üblich. Er lehnte ab, unter Berufung auf das «Setting» (ebd., S. 49). Wenig später «kamen wir auf das Onanieren. Ich meinte, genau genommen müsste ich das doch einmal in der Stunde tun [...]. Meine spielerische Idee stiess auf dezidierte Ablehnung. Die konnte ich fühlen; dabei hatte ich gar keinen realen Plan gehabt.» (ebd., S. 50) So ging es weiter, bis keine Verständigung mehr möglich war. «Westwallstimmung» breitete sich aus (ebd., S. 53).

Sie wollte ihn offenbar provozieren, ihn vielleicht verlegen machen (was ja ihr gutes Recht als Analysandin ist). Sie wollte eine Reaktion hervorlocken, wollte «spielen» – ähnlich wie Tilman Moser im oben erwähnten Beispiel.

Aber der grosse Unterschied ist: Hier handelte es sich um eine Frau und einen Mann. Daher waren die «Spiele», die hier im Raum standen, nicht ganz so unschuldig wie das Wettgrunzen mit der Muttersau.

Der Analytiker meinte «das Setting» verteidigen zu müssen. Ich bin überzeugt: Es ging ihr gar nicht wirklich um etwas Sexuelles. Es ging ihr, wie schon bei der ersten Analytikerin, darum, «gemocht zu werden» und dies als Resonanz zu spüren. Wenn er sie das hätte spüren lassen können, auf ganz unschuldige Weise, wäre die Westwallstimmung sicher leicht aufzulösen gewesen.

Auch Dörte von Drigalski verwendet, wie Tilmann Moser, das Wort «Lehre» im Titel ihres Buches. Was hat ihre Lehrfahrt sie «gelehrt»? Nun, dass der «Westwall» nicht zu brechen war, dass die Resonanz ausgeblieben ist und sie mit dem Gefühl, «nicht gemocht» zu werden, weiterleben musste. Bildungserfahrungen in meinem Verständnis sind ja nicht nur positive, sondern alle, die den Weg eines Lebens bestimmt haben.

Auch hier muss die «bildende» Erfahrung im Kontext des weiteren Lebensverlaufs gesehen werden. Das Leben hält Möglichkeiten bereit, augenscheinliche Negativerfahrungen zu kompensieren. Das Buch schliesst mit den Sätzen: «Schlicht hilfreich waren mir Männer, die mich einfach so schön fanden, richtig und adäquat. [...] Stimmende Äusserungen in freundlichem, erwachsenem Klima (– ‹Dein schönes Becken› – ‹Ihr esst gut in X› – ‹Pfleg' Deinen Luxuskörper› –) haben mögliche Traumen jedenfalls zumindest übertünchen können.» (Drigalski, 1979, S. 276 f.)

In diesem Sinne frage ich heute auch mich selbst: Was hat die Psychoanalyse aus mir, was habe ich aus diesem Stück meines Lebens, das die Psychoanalyse ist, gemacht? Ich lese in meinem ersten psychoanalytischen Buch nach, das ich 1974 veröffentlicht habe und das, wie ich damals schrieb, ein Dokument meiner Selbstanalyse sein sollte.

Ich stosse dort auf einen Aufsatz «Bemerkungen zu S. Freuds ‹Teufelsneurose›», der 1972 in «Psyche» erschien. Mich faszinierte an der Geschichte des Christoph Haitzmann sein von Freud herausgearbeitetes Dilemma zwischen Freiheits- und Sicherheitssuche: wie er immer wieder «sein Leben sichern» wollte und wie dies stets auf Kosten seiner Freiheitsbedürfnisse ging. Ich zog in diesem Aufsatz Konsequenzen für die Praxis der Analyse. Sollte es Konstellationen geben, fragte ich, in denen diese für den Analysanden, der Sicherheit, d.h. Befreiung von Ängsten vor existentieller Bedrohung sucht, ihrerseits zur Falle wird: in dem Sinne, dass er zwar etwas bekommt, das seine Ängste mindert, aber um einen zu hohen Preis an zumindest temporärer Unterwerfung?

Ich habe die drei Analysen, die ich bis zu dem Zeitpunkt durchlaufen hatte, offenbar zwiespältig erlebt, wie einen «Teufelspakt»: Man braucht sie, wenn man nicht weiterweiss, aber man verkauft seine Seele dabei. Ich habe mich in keiner dieser Analysen wirklich wohl gefühlt: Ich wäre nie in der Versuchung gewesen, einem meiner Analytiker ein «Denkmal» zu setzen wie Tilmann Moser. – Doch halt: Von meiner ersten Analytikerin habe ich einen Gedanken übernommen, an dem ich lebenslang festgehalten und den ich weiter ausgearbeitet habe: dass das freudsche Es eine Lüge sei, es nur ein in sich gespaltenes Ich gebe.

Die Suche nach diesem Ich begann erst, nachdem ich meine Analysen absolviert hatte. Die Analytiker waren sozusagen die «Teufel» gewesen, mit denen ich notgedrungen einen Pakt schliessen musste, erstens wegen meiner Neurose und zweitens wegen meines Berufsziels. Dann erst begann meine Ich-Erkundung.

Im Lauf dessen, was ich meine Selbstanalyse nannte, wurde mir später allerdings klar, dass der «Teufelspakt» etwas war, das sich *in mir* abspielte und das ich auf den Analytiker mehr oder weniger projizierte. Der eigentliche Feind, von dem ich mich befreien wollte bzw. musste, war das «teuflische Introjekt»: etwas in mir, das mir die Luft abschnürte. Diesem galt mein Kampf, dieses wollte ich vernichten. Mein ganzes Leben war ein Kampf mit diesem bösen, lebensfeindlichen Introjekt. Später nannte ich es den «dunklen Begleiter» oder, mit einem Ausdruck Jungs, den «Schatten».

Zeitweise dachte ich, ich könnte durch «das Weibliche» erlöst werden; ich glaubte an Jungs Anima (vielleicht glaube ich heute noch daran). Aber wahrscheinlicher scheint mir, dass ich mein Leben unerlöst und unversöhnt beenden werde. Also: Eine «Erlösung von mir selbst» hat mir die Psychoanalyse nicht gebracht; oder höchstens in dem Sinne, dass sie mich vom Zwang zum Ja-Sagen, zum Gut-sein-Wollen, zum Zufriedensein mit der Welt, wie sie nun einmal ist, befreit hat. Ich darf der sein, der ich bin: der «Geist, der stets verneint».

Das ist bekanntlich der Satz, den Goethe im «Faust» dem Mephisto in den Mund legt. Ich habe lernen müssen, dass ich von diesem «Geist» nicht befreit werden kann, weil er eben kein «Introjekt» ist, wie ich zuerst dachte, sondern ein Teil meines Naturells. Also musste ich mich mit ihm arrangieren, so gut es ging: einen «Pakt» mit ihm schliessen.

Ein Bildungsprozess? Nicht im Sinne von Emporbildung zu edler Menschlichkeit, sondern als Suche nach dem, der ich ungeschönt und «wirklich» bin. Bei dieser Suche ist allerdings nicht viel Erbauliches herausgekommen. Vielleicht war das auch die aus dem Unbewussten determinierte «Absicht»: Es drängte mich, die dunklen Seiten biografischer Bildungsprozesse nicht zu unterschlagen, die in idealisierender Betrachtung (in der Pädagogik wie auch in der Psychoanalyse) regelmässig zu kurz kommen. Es ging dabei um die Suche nach dem «gewachsenen Felsen» in mir, um ein Bild Freuds zu gebrauchen, oder, mit Jung gesprochen, nach dem «psychisch Objektiven», das sich eindeutigen Bewertungen wie «gut» und «schlecht» entzieht. Schön ist dies in einem von C. G. Jung verwendeten Bild für seinen eigenen biografischen Bildungsprozess ausgedrückt: «Die Reise von Wolkenkuckucksheim bis in die Wirklichkeit hat lange gedauert. Pilgrim's Progress bestand in meinem Fall darin, dass ich 1000 Leitern hinunter klettern musste, bis ich dem Klümpchen Erde, das ich bin, die Hand reichen konnte.» (zit. nach Freud und Jung 1974, S. XXX)

Wenn ich das Geschriebene überschaue: Es kommt mir stimmig vor. Doch ich könnte mir denken: Wenn ich etwas ganz anderes geschrieben hätte, würde es mir ebenso stimmig vorkommen. Das könnte so klingen, als wollte ich die Aussage damit in die völlige Beliebigkeit stellen, frei nach Wittgenstein: «Wahr ist, was immer mir als wahr erscheinen wird.» (1918, S. 394) Doch ist die Intention eine andere. Mit Solms bin ich der Meinung, dass das Unbewusste «das eigentlich reale Psychische» und «uns durch die Daten des Bewusstseins […] unvollständig gegeben» ist (Freud 1900, S. 617 f., zit. nach Solms 2008, S. 812). Die Worte, die wir gebrauchen, wenn wir innere Befindlichkeiten beschreiben, sind nicht identisch mit diesen Befindlichkeiten. Das Unbewusste, das mich dazu brachte, diese oder jene Formulierung zu wählen, entzieht sich seinerseits der sprachlichen Formulierung; sonst wäre es ja ein Bewusstes. Diese Relativität des Sprachlichen zu begreifen – das war für mich die eine grundlegende Bildungserfahrung. Die andere war diese Selbst-Umschaffung zum «Geist, der stets verneint», zum Einzelgänger und Querkopf, vielleicht gar zum Misanthropen.

Ob ich zufrieden bin mit diesem Bildungsprozess und seinem Resultat? Ja und nein. Ja insofern, als mir dieser Nein-Sager immer noch lieber ist als der fromme katholische Ja-Sager, der ich vorher war.

Nicht zufrieden bin ich trotzdem, und zwar grundsätzlich. Das wurde mir in einem Gespräch deutlich, das ich jüngst mit einem analytischen Kollegen führte. Dieser hatte das Gefühl, trotz Analyse immer noch nicht aus seinem Gutmenschentum, das nicht «Nein» sagen kann und sich jede Last aufladen lässt, herausgekommen zu sein. Er teilte diese Enttäuschung nach Beendigung der Analyse seiner Analytikerin in einem Brief mit. Er berichtete ihr einen Traum, in dem ein Bekannter durch «Handauflegen» in einer einzigen Stunde geheilt worden sei. Sie schrieb zurück, der Weg der Analyse sei der langwierigere, aber doch der bessere. Sie schlug ihm vor, es mit einer erneuten Analyse zu versuchen; vielleicht würde es ihm dann gelingen, die alten quälenden Muster abzulegen oder wenigstens zu vermindern.

Der Kollege sagt, er habe sich über diesen Brief geärgert: Wenn es diese Analyse nicht gebracht hat, dann mach einfach dasselbe noch einmal. Ich sagte, für mich sei das Gefühl der Unzufriedenheit am Ende eigentlich das Wichtigste, das man aus einer Analyse mitnehmen kann – die Erkenntnis: Das war ja ganz schön, für eine Weile auf dem Lebensweg begleitet zu sein; was aber jetzt noch übrig ist, musst du selber machen. So gesehen wäre gerade die Unzufriedenheit, das Nicht-angekommen-Sein, der eigentliche «Bildungseffekt».

Das Bildende scheint in diesen vier Analysenrückblicken zu sein: dass diese Menschen eine «Grundtendenz» (Heller 1997) ihres Lebens, ihrer «Lebensneurose» vielleicht, wie Freud das einmal nannte, durch die Analyse zu fassen bekamen, nicht einmal in erster Linie reflexiv durch «Bewusstmachen», sondern indem sie sich mithilfe ihrer – positiven oder negativen – Analysenerfahrung instand setzten, «etwas von» dieser Grundtendenz zu leben.

«Etwas von» will sagen: Im Kern bleibt diese Grundtendenz unerkannt, weil unbewusst. Wenn ich aber zu beurteilen versuche, wohin die Analyse mich gebracht hat, kann ich nicht anders urteilen als vom aktuellen Bewusstseinsstandpunkt aus. Die Bewegung aus dem Unbewussten, die die Analyse angeblich in Gang setzen soll, ist so nicht fassbar. Jung sagt: «Man ist ein psychischer Ablauf, den man nicht beherrscht oder nur zum Teil.» Es wäre gut, wenn man diesen Ablauf spüren könnte oder wie Nietzsche am Ende der «drei Verwandlungen» sagt: ein Kind werden, ein «aus sich selbst rollendes Rad» (Nietzsche 1883, S. 31). Nur: Wie in aller Welt will man feststellen, ob das eingetreten ist?

Die Analyse: Ein Stück reales «bildendes» Leben

«Führt Psychoanalyse ins Leben?», war die Frage, die in diesem Beitrag zu behandeln mir angetragen wurde. Sie rief die Erinnerung an eine vor etwa dreissig Jahren mit Peter Heller erörterte, das genaue Gegenteil präsumierende Frage wach: «Verschluckt die Psychoanalyse das Leben?» Heller schreibt in unserem gemeinsamen Buch, *ich* hätte ihm diese Frage gestellt. Ich meine mich anders zu erinnern: *Er* habe sie ins Gespräch gebracht; und ich hätte ihn nur ermuntert, seine Auffassung dazu darzulegen.

Wie dem auch sei: Erörternswert ist die Antwort, die er – der Analyseerfahrene, der als Kind von Anna Freud, als Erwachsener von Ernst Kris und Heinz Lichtenstein Analysierte, der in der Wiener analytischen Subkultur Aufgewachsene, von Peter Blos und Erik H. Erikson zeitweise in der Burlingham-Rosenfeld-Schule Unterrichtete, mit der Tochter von Dorothy Burlingham zuzeiten Verheiratete – gegeben hat:

«In meinem Fall verschwand zweifellos der Pavor nocturnus, und in beiden Analysen verstärkte sich die Arbeitsfähigkeit.» [...] «[Doch] [...] zweifellos ist es ein Negativum, wenn man sich sagen muss: ‹Ich habe ein Leben lang daran laboriert, mich mit dem analytischen Eingriff auseinanderzusetzen, und habe immer wieder versuchen müssen, mich aus dieser Umklammerung zu befreien›. Die Analyse, wie ich sie gekannt habe, hat häufig sehr wohl ‹Leben verschluckt› und Menschen halbwegs gebrochen.» (Heller 1983, S. 297)

Ich habe damals als positiven Ertrag von Hellers Kinderanalyse hervorgehoben: dass diese ihn, das von den Eltern vernachlässigte «arme Kind reicher Leute», mit einer Geschichte beschenkt habe, die es wert war, noch mit sechzig Jahren in seinem Erinnerungsbuch erzählt zu werden. Diese Interpretation ist von Heller kritisiert worden: «Wenn Bittner [...] meint, die Analyse bei Anna Freud hätte mir u.a. eine Aufgabe fürs Leben gegeben [...] infolge der Begegnung mit einer zweifellos ausserordentlichen Persönlichkeit, so dürfte er zwar recht haben, aber es wäre diese Leistung [...] der Analyse nicht unbedingt als Positivum anzurechnen, sondern fiele zugleich in das Kapitel illegitimer Bevormundung.» (ebd.)

Aber ich frage mich: Sind all die Patienten Freuds oder Anna Freuds oder Eriksons oder wessen immer zu bemitleiden, weil sie von markanten und berühmten Persönlichkeiten analysiert wurden? Und soll man seinen Analytiker nicht als eine individuelle Person, mit der man sich auch nachträglich noch auseinandersetzt, im Gedächtnis behalten? Ich gebe ja zu: Meine Interpretation war ironisch überspitzt. Ich wollte nicht etwa behaupten, es sei die Intention der Analyse, den Analysanden mit einer Geschichte zu beschenken, die ihm sein Leben lang «Stoff» gibt, daran zu arbeiten. Aber sie tut es faktisch, ob nun intendiert oder nicht.

Ich habe die Vorstellung, die Analyse spiele sich, sofern lege artis nach allen Regeln der Abstinenz durchgeführt, in einem virtuellen Raum rein symbolischer Austauschprozesse ab, immer für eine Illusion der Analytiker gehalten. Im Gegenteil, auch wenn von der analytischen Techniktheorie gern verleugnet: Die Analyse ist ein Geschehen im Leben des Analysanden ebenso wie des Analytikers. Dass sie nicht nur aus virtuellen Übertragungsaktionen und deren Deutung besteht, sondern oft aus Momenten der Realinteraktion, aus «moments of meeting», hat Daniel Stern gezeigt. Nehmen wir sein Beispiel:

Ein junger Mann hatte in der Kindheit eine schwere Verbrennung erlitten, die einen grossen Teil seines Oberkörpers bedeckte. «Zurückgeblieben war eine entstellende Narbe, die nicht zu übersehen war, wenn er eine Badehose oder Shorts trug. Sie machte ihn sehr befangen und diente als Fokus für eine Reihe von Problemen, die sich auf seinen Körper konzentrierten. In jener Sitzung ergriff David spontan den Saum seines Hemdes und wollte es hochziehen. Dabei sagte er: ‹Hier, ich zeig's Ihnen. Dann verstehen Sie mich besser.› Abrupt, noch bevor David die Narbe entblösst hatte, unterbrach ihn sein Analytiker: ‹Nein! Halt, das ist nicht nötig!› [...] Später konnten sie sich gemeinsam darüber verständigen, dass dieses Verhalten nicht hilfreich gewesen war.» (Stern et al. 2002, S. 997)

Offensichtlich wollte der Analytiker die Virtualität des analytischen Raumes um jeden Preis verteidigen und verweigerte damit den «moment of meeting», das an dieser Stelle vom Patienten mit Recht eingeforderte Stück Realkontakt. Dieses konnte in der offenen Aussprache über sein Ausweichen glücklicherweise nachgeholt werden. So wurde daraus letzten Endes doch eine für beide «bildende» Erfahrung.

Die Analyse – «Heilung» oder «Bildung»?

Persönlichkeitsveränderung durch Analyse war für Freud – zumindest was seine behandlungstheoretischen und -technischen Schriften betrifft – allenfalls ein marginales Thema. Immer ging es darum, die pathogenen Verdrängungen, den Ödipuskomplex, die homosexuelle Komponente etc. zu analysieren; Persönlichkeitsveränderung ereignete sich eher beiläufig. Die «Charakteranalyse» wurde erst von Wilhelm Reich, die Ich-Analyse von Anna Freud eingeführt. Im Gefolge der Ich-Psychologie wurde die «psychische Strukturveränderung» explizit zum Therapieziel erhoben. Dabei wurde allerdings übersehen, dass man damit unversehens die Ebene therapeutischer Zielsetzung überschritten hatte. Persönlichkeitsvarianten sind ja an sich nicht pathologisch; deren Beeinflussung greift daher entschieden über das Ziel von «Heilung» hinaus.

Da «Strukturveränderung» sich als Zielvorstellung festsetzte, gleichzeitig aber an der Vorstellung «Psychoanalyse ist ein Heilverfahren» festgehalten wurde, blühte das Interesse an «Persönlichkeitsstörungen» auf. Normabweichungen bei Analysanden konnten leicht «die Suche nach einer Pathologie in Gang setzen, die dann auch ‹fündig› wurde» (Grande 2008, S. 862).

Implizite Wertungen von Charakteren in der psychoanalytischen Theorie, die es schon immer gegeben hatte, explizierten sich vor allem durch und unter dem Einfluss von Kernberg (Borderline- und narzisstische Persönlichkeit) zu einer eindrucksvoll aufgeblähten Persönlichkeitspathologie. Wie weit dieses Pathologisieren ging, kann man z.B. Kernbergs Darlegungen über «pathologische Liebe» (1998) entnehmen, die schliesslich alles umfasst, was nicht Kernbergs hehrer Idealvorstellung entspricht.

Mit all dem wurde das therapeutische Paradigma überdehnt. Psychoanalytische Zielsetzungen, die Persönlichkeitsveränderung, Ich-Reifung, Entwicklungsförderung etc. einschliessen, überschreiten den Bereich des klinischen Diskurses und begründen stattdessen einen pädagogischen, der allerdings faktisch bis heute nicht geführt wird: nicht um «Heilung» geht es bei allen diesen Bestrebungen, sondern in Wahrheit um «Bildung». Damit wäre sozusagen das «missing link» gefunden, die Antwort auf die Frage, was Psychoanalyse noch mehr und weiteres sei als ein Heilverfahren: ein Angebot zur Bildung seiner selbst.

Der Titel des von Alfred Adler und Carl Furtmüller 1914 herausgegebenen Bandes «Heilen und Bilden» (1975) motivierte den Wiener Psychoanalytiker Wilfried Datler (1995) zu einer Paraphrase: Seiner pädagogischen Habilitationsschrift gab er den Titel «Bilden und Heilen. Auf dem Weg zu einer pädagogischen Theorie psychoanalytischer Praxis». Die psychoanalytische Tätigkeit soll demnach in erster Linie eine «bildende» und erst in zweiter eine «heilende» sein. In einer späteren Arbeit hat Datler die Frage noch zugespitzt: «Die psychoanalytische Behandlung – ein Bildungsprozess?», um sie bejahend zu beantworten. Bildungsprozesse seien «Veränderungsprozesse, [...] die in ihrem Kern im Bereich des Psychischen angesiedelt sind und überdies – in welcher Hinsicht auch immer – als wünschenswert angesehen werden» (Datler 2006, S. 96). Dies sei in der psychoanalytischen Behandlung ohne Zweifel der Fall.

Mit Datlers oben zitierter Formulierung habe ich mich andernorts kritisch auseinandergesetzt. Es ging dabei um die Problematik des «Wünschenswerten», das ja auch die Frage aufwirft: wünschenswert für wen und aus wessen Sicht? Im Kern aber stimme ich ihm zu: Die psychoanalytische Behandlung ist primär ein Bildungsprozess. Heilung ereignet sich, wenn überhaupt, eher en passant als willkommener Nebeneffekt.

Das schönste Beispiel, das die Analyse als Bildungsprozess vor Augen führt, stammt dann doch wieder von Freud. Manfred Pohlen hat es in den von ihm herausgegebenen und kommentierten Analysenaufzeichnungen des Schweizer Psychiaters Ernst Blum mitgeteilt, der in jungen Jahren bei Freud in Analyse war. Die Analyse drehte sich um die Schwierigkeit, sich – bei gleichzeitig bestehenden polygamen Tendenzen – zu verloben, und um die Frage der jüdischen Identität. Beides eigentlich keine Pathologien, sondern Probleme der Lebensorientierung – sicher war hier mehr «Bildung» als «Heilung» gefragt.

Blum überliefert, wie Pohlen kommentiert, die «artistische Grundorientierung» Freuds, die darin bestanden habe, «den Menschen als das künstlerisch schaffende Subjekt zu sehen» (Pohlen 2006, S. 316). In Freuds eigenen, von Blum berichteten Worten:

«Er stellt in der Analyse mehrmals den Vergleich mit Vergil/Dante und [der] Führung durch Inferno und Purgatorium und [erwähnte] dabei auch die Situation, in der Vergil zurückbleibt und Dante ohne ihn weitergehen kann. Ein andermal vergleicht er die Analyse mit einem Kristall, das aufgelöst wird, ohne seine Struktur zu verlieren und in grösserer Reinheit sich wieder als Kristall bildet [...].» (ebd., S. 316)

Der Analytiker ist Vergil – der Begleiter auf der Bildungsreise durch die innere Welt; der Analysand selbst ist der Reisende, und zugleich ist er die «innere Welt». Er ist auch, nach Freuds zweitem Bild, der Kristall, der sich auflöst und «in grösserer Reinheit» wieder bildet.

Literatur

Adler, A., & Furtmüller, C., (Hrsg.) (1975/1914). *Heilen und Bilden. Ein Buch der Erziehungskunst für Ärzte und Pädagogen* (3. Taschenbuchaufl.). Frankfurt/Main: Fischer.

Bieri, P. (2005, 04. November). *Wie wäre es, gebildet zu sein? Festrede* (Pädagogische Hochschule Bern). Zugegriffen am 12.12.2011 über http://www.hwr-berlin.de/fileadmin/downloads_internet/publikationen/Birie_Gebildet_sein.pdf

Bittner, G. (1974). Bemerkungen zu S. Freuds «Teufelsneurose». In G. Bittner, *Das andere Ich. Rekonstruktionen zu Freud* (S. 23–37). München: Piper.

Bittner, G., & Heller, P. (1983). *Eine Kinderanalyse bei Anna Freud (1929–1932)*. Würzburg: Königshausen + Neumann.

Bittner, G. (1996). *Kinder in die Welt, die Welt in die Kinder setzen. Eine Einführung in die pädagogische Aufgabe*. Stuttgart: Kohlhammer.

Bittner, G. (2011). *Das Leben bildet. Biografie, Individualität und die Bildung des Proto-Subjekts*. Göttingen: Vandenhoeck & Ruprecht.

Datler, W. (1995). *Bilden und Heilen. Auf dem Weg zu einer pädagogischen Theorie psychoanalytischer Praxis*. Mainz: Grünewald.

Datler W. (2006). Die psychoanalytische Behandlung – ein Bildungsprozess? Pädagogische Bemerkungen zur Reflexion von Lebensvollzügen in der psychoanalytischen Kur. In V. Fröhlich & R. Göppel (Hrsg.), *Bildung als Reflexion über die Lebenszeit* (S. 90–110). Giessen: Psychosozial-Verlag.

Drigalski, D. von (1979). *Blumen auf Granit. Eine Irr- und Lehrfahrt durch die deutsche Psychoanalyse*. Frankfurt/Main [et al.]: Ullstein.

Freud, S. (1944). *Vorlesungen zur Einführung in die Psychoanalyse* (GW XI). Frankfurt/Main: Fischer.

Freud, S. (1948). *Die Frage der Laienanalyse* (GW XIV, S. 207–298). Frankfurt/Main: Fischer.

Freud, S. (1944). *Neue Folge der Vorlesungen zur Einführung in die Psychoanalyse* (GW XV). Frankfurt/Main: Fischer.

Freud, S., & Jung, C. G. (1974). *Briefwechsel*. Frankfurt/Main: Fischer.

Grande, T. (2008). Die Ziele der Psychoanalyse. In W. Mertens & B. Waldvogel (Hrsg.), *Handbuch psychoanalytischer Grundbegriffe* (3. Aufl., S. 860–864). Stuttgart: Kohlhammer.

Heller, P. (1983). Ein letztes Wort. In G. Bittner & P. Heller (Hrsg.), *Eine Kinderanalyse bei Anna Freud (1929–1932)* (S. 287–298). Würzburg: Königshausen + Neumann.

Heller, P. (1997). Grundtendenzen. Gedanken über ein Experiment in «psychoanalytischer Pädagogik». In V. Fröhlich & R. Göppel (Hrsg.), *Paradoxien des Ich. Beiträge zu einer subjektorientierten Pädagogik* (S. 206–223). Würzburg: Königshausen & Neumann.

Kernberg, O. F. (1998). *Liebesbeziehungen. Normalität und Pathologie.* Stuttgart: Klett-Cotta.

Loch, W. (1979). *Lebenslauf und Erziehung.* Essen: neue deutsche schule.

Moser, T. (1979). *Lehrjahre auf der Couch. Bruchstücke meiner Psychoanalyse* (3. Aufl.). Frankfurt/Main: Suhrkamp.

Nietzsche, F. (1883): *Also sprach Zarathustra* (Kritische Studienausgabe, Bd. 4). München: DTV.

Pohlen, M. (2006). *Freuds Analyse. Die Sitzungsprotokolle Ernst Blums.* Reinbek: Rowohlt.

Solms, M. (2008). Unbewusst, das Unbewusste. In W. Mertens & B. Waldvogel (Hrsg.), *Handbuch psychoanalytischer Grundbegriffe* (3. Aufl., S. 812–816). Stuttgart: Kohlhammer.

Stern, D. et al. (2002). Nicht-deutende Mechanismen in der psychoanalytischen Therapie. Das «Etwas-Mehr» als Deutung. *Psyche 56*, S. 974–1006.

Wittgenstein, L. (1918/1960). *Philosophische Untersuchungen.* Frankfurt/Main: Suhrkamp.

Das Subjekt, das ich bin
Überlegungen zu einem psychoanalytischen Bildungsverständnis

Helmwart Hierdeis

Annäherung

Das Subjekt, das ich bin, ist das Zwischenergebnis eines Bildungsprozesses. Dass Subjektivität durch Bildung entsteht, ist unbestritten und wird vielerorts so oder so ähnlich gesagt. Es liegt an unserem Bildungsverständnis, das wir – gleichsam als Gegenstand eines «hidden curriculum» – im Rahmen unserer persönlichen Bildungsgeschichte mitaufgenommen haben, nämlich dass wir hinter unserer Bildung einerseits uns selbst und andererseits andere am Werk sehen – unsere eigene Person mit ihrer Lern- und Anstrengungsbereitschaft und die anderen, unsere Eltern und Lehrer vor allem, mit ihren Anregungen, Angeboten und Forderungen. Das Ergebnis ist unser und ihr Verdienst – allerdings mit mehr Anteilen auf unserer Seite, denn immerhin waren wir es ja, die ihr Programm genutzt und sich ihren Forderungen unterworfen oder sich mit ihnen auseinandergesetzt haben.

Zweifellos sind wir auch auf diese Weise geworden, wer, wie und was wir sind. Aber der Blick auf die Akteure ist zu eng. Irgendwie haben wir es immer geahnt oder – als Wissenschaftler – sogar gewusst, dass da noch einige andere Faktoren mitspielen, z.B. Anlagen, Milieu, Reifungs-, Entwicklungs- und Lernprozesse, Begegnungen und Erfahrungen verschiedenster Art, aber wir haben sie in unserem wissenschaftlichen Ehrgeiz, sie «terminologisch einzuzäunen» (Heintel 1997, S. 55), nicht unter «Bildung» verbucht. Eine solche Öffnung des Bildungsbegriffs – andere werden von Aufweichung sprechen – hat vor etlichen Jahren schon Günther Bittner unternommen, indem er Pestalozzis Satz «Das Leben bildet» für sich so übersetzte: «Bildung – das ist der Gang der Geschichte meines Lebens, meine persönliche Biografie, unter dem Gesichtspunkt betrachtet, was ich aus meinem Leben gemacht habe bzw. was das Leben aus mir gemacht hat.» (Bittner 1996, S. 63 f.) Bittner benennt einen zunächst nicht näher spezifizierten Prozess, nämlich den «Gang der Geschichte meines Lebens», und ein vorläufiges Resultat: «Ich habe etwas aus meinem Leben gemacht.» – «Mein Leben hat etwas aus mir gemacht.» Es sieht so aus, als wären hier zwei selbständige Kräfte am Werk gewesen: Mein «Ich» und «mein Leben». Mein Ich fängt mit dem offenbar formbaren, manchmal widerspenstigen und unberechenbaren «Material» des Lebens auf die vielfältigste Weise etwas an: Es ist neugierig, lernt, setzt sich Ziele, investiert

Energie, verwandelt Informationen in Wissen, leistet etwas, deutet die Welt, gestaltet Beziehungen, übersteht Krankheiten, überwindet Todesangst, verarbeitet Niederlagen, wird schuldig, sucht Freiheit, emanzipiert sich oder richtet sich zugrunde. Das, was ich «mein Leben» nenne, ist oft stärker als «mein Ich», oder es mischt unauffällig mit: mein genetisches Potenzial, die historische Situation und die Umwelt, in die ich hineingeboren bin, meine körperliche Konstitution, Schicksalsschläge, meine Erziehungsvergangenheit, mein Gang durch Schulen und Universitäten, mein Aufwachsen in einem bestimmten Milieu, Erfahrungen mit anderen Menschen, die Infiltration durch Ideen, die ungezählten, von mir gar nicht bewusst wahrnehmbaren Einflüsse, denen ich ausgesetzt war und bin – das alles hat meinem Ich Möglichkeiten eröffnet oder versperrt, seine Absichten gestützt oder ins Leere laufen lassen, es angeregt oder unüberwindliche Barrieren aufgebaut. Bildungsromane und Autobiografien spielen dieses Thema variantenreich durch. Johano Strasser (2009) hat in seinen «Erinnerungen» diese Erfahrung (hier hinsichtlich der Wirkung von Büchern) so zum Ausdruck gebracht:

«Ich, der ich Philosophie studiert und in diesem Fach promoviert habe, unterschätze nicht den Einfluss von Theorien und Theoretikern auf meine moralischen, philosophischen, religiösen und politischen Grundüberzeugungen. Zu gut erinnere ich mich, welchen nachhaltigen Eindruck die Lektüre von Büchern auf mich hatte: ganz früh so unterschiedliche wie die Forsyte Saga von Galsworthy, die ich mit zwölf Jahren verschlang, und Eichendorffs Aus dem Leben eines Taugenichts, später dann die Schriften Immanuel Kants, die Bekenntnisse des Augustinus, Montaignes Essais, Camus' Der Mensch in der Revolte und nicht zuletzt die Schriften von Marx und Engels. Aber, das ist mir im Laufe der Jahre immer klarer geworden, alle in diesen Büchern versammelten Ideen hätten mich wohl nicht so sehr ergriffen, wenn der Boden dafür nicht durch Herkunft, Erziehung und Lebenserfahrung bereitet worden wäre.» (Strasser 2009, S. 12 f.)

Anthropologische Facetten

Wer ist die Person, die sich auf diese Weise bildet? Der Verweis auf die Komplexität der Einwirkungen auf das Subjekt und die Art und Weise seiner Mitwirkung wirft die Frage nach dessen Beschaffenheit auf. Sie ist nicht nur von theoretischer, sondern auch von erheblicher praktischer Relevanz, weil sich das pädagogische Handeln häufig auf «Menschenbilder» beruft, um sich zu rechtfertigen. Haben letztere – wie die weltanschaulich begründeten – normativen Charakter, dann besteht die Gefahr, dass die Erziehung in Indoktrination und Unterwerfung ausartet. Die Geschichte der

Pädagogik ist voll solcher Beispiele. Aber es gibt auch einen gegenläufigen Entwicklungsstrang: Unter dem Einfluss der Naturwissenschaften ist die in früheren Anthropologien festzustellende Vermischung von ideal- und realtypischen Merkmalen des Menschen empirisch gestützten Konzepten gewichen. Heinrich Roth hat 1966 die seinerzeit vorliegenden Forschungsergebnisse, sofern sie für die Pädagogik Bedeutung hatten, zusammengefasst:

- Der Mensch ist nur unzureichend in die Umwelt eingepasst («Instinktunsicherheit») und muss daher im Verlauf einer langen ontogenetischen Auseinandersetzung mit seiner jeweiligen Umwelt, d.h. in einer ausgedehnten Entwicklungs- und Lernzeit, die wichtigsten Verhaltens- und Leistungsformen erwerben. Für ein Leben als Lerner bietet seine zentralnervöse Ausstattung die notwendige Voraussetzung.
- Der Mensch verfügt über eine sich zunächst in Lust- und Unlustgefühlen bemerkbar machende und später ausdifferenzierende emotionale Ansprechbarkeit, aus der heraus sich sein Wertesystem entwickelt.
- Dem Menschen ist die Fähigkeit, die Welt zu erfassen und zu erkennen (Intelligenz) angeboren. Sie entfaltet sich über Wahrnehmung, emotionale Bewertung, Vorstellung und Sprache zum Denken.
- Die überlebensnotwendigen Lernprozesse kommen am Anfang seines Lebens nicht ohne zuverlässige Bindungen und Lernhilfen, wie sie die Erziehung bietet, in Gang. Diese ist selbst ein Produkt der Gattungsgeschichte. Ohne sie hätte keine kulturelle Evolution stattgefunden.
- Je erfolgreicher der Mensch den Anpassungsdruck bewältigt, desto mehr Handlungsalternativen kann er entwickeln (wachsende «relationale Freiheit»).
- Der Mensch ist in der Lage, Erfahrungen zu sammeln, auszuwerten, die Ergebnisse zu ordnen, im Gedächtnis zu bewahren und zu tradieren. Er muss nicht alle Erfahrungen selbst machen, sondern er kann sie mental vorwegnehmen und aus den Erfahrungen anderer lernen.
- Seine spezifische Darstellungs- und Kommunikationsform ist die Sprache. Ihre Entwicklung geht Hand in Hand mit der Bildung von Symbolen, d.h. von Sinnrepräsentanzen, die über das blosse Abbild hinausgehen (Roth 1966, S. 123; S. 211; S. 144 ff.; S. 400 ff.).

Die menschliche Erziehungsbedürftigkeit und Lernfähigkeit einerseits, die Bindungs- und Erziehungsnotwendigkeit andererseits waren in der Phylogenese und sind in der Ontogenese anthropologische Konstanten. Der Mensch ist «konstitutionell gefährdet», wenn er nicht durch andere erhalten und gefördert wird (Liedtke 1991, S. 178 ff.).

Die heute auch in anthropologischer Hinsicht bedeutsamen Neurowissenschaften heben diese Erkenntnisse nicht auf. Sie untermauern und präzisieren sie jedoch im Verbund mit der Evolutionstheorie hinsichtlich der führenden Rolle der Emotionen. Gattungsgeschichtlich hat die Bewertung der ankommenden Reize durch sie den Organismus zu rascheren und rationalen Entscheidungen befähigt (vgl. Liedtke 2011, S. 46), und hinsichtlich seiner heutigen Verfassung vermag die Einsicht in die Funktionen der Gefühle den vorherrschenden aufklärerischen Optimismus zu korrigieren: «Gegenüber der emotionalen Komponente sind alle anderen Aktivitäten des Menschen im Rang sekundär.» (ebd., S. 48)

Sigmund Freud hätte gegen Aussagen dieser Art sicher nicht viel einzuwenden gehabt. Indem sie den Vorrang des Emotionalen betonen und postulieren, dass es von förderlichen Beziehungen in den ersten Lebensjahren abhängt, ob das Aufwachsen gelingt, liegen sie sogar ganz auf seiner Linie. Nur hätten sie für sein Verständnis von der menschlichen Entwicklung die innerpsychische und intersubjektive Dynamik der handelnden Personen (Mutter, Vater, Erzieher) vernachlässigt. Erziehung und die damit zusammenhängenden Beziehungen haben ihm zufolge neben ihren lebenserhaltenden und in die Kultur einführenden Wirkungen zwangsläufig immer auch belastende psychische Folgen, von denen sich die jüngere Generation stets aufs Neue befreien muss, wenn sie ihre Beschädigungen nicht ein Leben lang mitschleppen und andere dafür «büssen» lassen will. Freud hätte also der «konstitutiven Gefährdung» des Menschen wohl eine «neurotische Gefährdung» an die Seite gestellt. Es gibt keinen plausiblen Grund anzunehmen, dass diese nicht auch zur Gattungsgeschichte des Homo sapiens gehört.

Die eine Dynamik liegt im Kind selbst. Ob ich mit Freud eine Kraft annehme, die sich aus sexuellen und aggressiven Triebimpulsen speist, oder mit der Objektbeziehungstheorie eine «Entwicklungslinie im Sinne von Objektsuche und autonomen Bedürfnissen nach Objektbeziehungen» (Butzer 2002, S. 741) oder eine Kombination von beiden, kann an dieser Stelle offen bleiben. Entscheidend ist: «Das Kind ist verkörperter Wunsch und personifiziertes Begehren», es ist ein «umfängliches Triebwesen»; es will ausschliesslich dem «Lustprinzip» folgen; es verlangt «absolute Wunscherfüllung», ist «egoistisch», «narzisstisch» und hat «Angst vor Liebesverlust» (vgl. zum Folgenden Althaus und Zirfas 2006, S. 129, unter Verweis auf einschlägige Freud-Passagen). Die Menschen, die das Aufwachsen am Anfang des Lebens begleiten und modellieren, vorrangig die Eltern, wollen das «Realitätsprinzip» durchsetzen und erreichen, dass ihre Kontrolle durch die Selbstkontrolle des Kindes abgelöst wird. Dazu müssen sie bei ihm ein «funktionierendes Über-Ich installieren». Zwangsläufig enttäuschen sie damit sein Begehren, kränken seinen Narzissmus, schwächen seinen Egoismus und muten ihm Liebesverluste zu. Um zu überleben, muss das Kind das, was nicht sein darf, verdrängen, also dorthin verschieben, wo es fürs Erste nicht mehr spürbar ist: ins Unbewusste.

Die Dynamik des Gebens und Versagens, des Empfangens und der Frustration – zunächst im Rahmen der Eltern-Kind-Beziehungen, später auch in der öffentlichen Erziehung – spielt sich einerseits auf der Ebene beobachtbarer Interaktionen ab, andererseits auf der unsichtbaren Ebene der gegenseitigen objektbezogenen Wünsche und Projektionen, Idealisierungen und Identifikationen, Übertragungen und Gegenübertragungen und des Aufbaus von Repräsentanzen – beim Kind etwa von Mutter und Vater und von ihrer Beziehung zueinander (zur «Triangulierung» vgl. z.B. Schon 1995). Dass und auf welche Weise das Kind im Erwachsenen trotz aller Orientierung am Realitätsprinzip weiterlebt, hat Freud bei der Kur von Neurosen aufgedeckt. Die Einsicht, dass die Kindheit nicht einfach abgeschüttelt werden kann, sondern dass «das Kind in uns» immer noch vernehmbar ist, wenn man seine Stimme kennt, gehört heute zu den theoretischen Grundlagen von Psychoanalyse und psychoanalytischer Pädagogik. Dem unbewussten Begehren des Heranwachsenden zur Sprache zu verhelfen und ihm die innere Stabilität mitzugeben, die notwendig ist, um die Differenz zwischen Anpassung und Selbstbestimmung auszuhalten, ist die Aufgabe psychoanalytischer Therapie und psychoanalytisch orientierter Erziehung (vgl. Althaus und Zirfas 2006, S. 135 ff.).

Institutionalisierte Bildung

Ein solches Verständnis von Erziehung und Bildung ist in unserer Gegenwartskultur aus vielerlei Gründen, die mit dem technisch-ökonomischen Wandel nur oberflächlich beschrieben sind, längst durch ein anderes verdrängt worden. Die einzig legitime Frage heute scheint zu sein, welche Anpassungsleistungen und welche Qualifikationen die Gesellschaft vom einzelnen Menschen verlangen kann, um ihre Erhaltung und Prosperität zu sichern. Den Menschen kompetent und sozial verträglich zu machen, ist zur zentralen Aufgabe der öffentlichen Bildungsinstitutionen, besonders der Schule, geworden. Die Mithilfe bei der Entwicklung seiner Persönlichkeit – lange Zeit unverzichtbare Mitgift von Humanismus und deutschem Idealismus – steht inzwischen nur noch auf dem Papier von Präambeln und Leitlinien, oder sie wird von ein paar Idealisten gefordert, die mit ihrer rückwärtsgewandten Besserwisserei eine fortschrittliche Bildungspolitik stören. Die Bildung der Persönlichkeit sei Aufgabe der Familie und von Eigeninitiative, bekommen sie zu hören; damit habe das Bildungssystem unmittelbar nichts zu tun. Man könne ihm schliesslich nicht alles zumuten. Ausserdem hätten alle Curricula, wenn man sie nur recht lese und nütze, persönlichkeitsbildende Wirkungen. Und halte die Gesellschaft in Form von Medien, Ideen, sozialen und kulturellen Angeboten nicht zahllose Anregungen bereit, die der Bildung des Einzelnen zugute kämen?

Die Folgen dieser Beschränkung auf die Erwartungen der Gesellschaft sind im heutigen Bildungswesen zu besichtigen. Andreas Dörpinghaus hat den Sachverhalt vor ein paar Jahren in einer Streitschrift so formuliert:

«Der Bildung des Menschen wird im öffentlichen Diskurs derzeit grosse Beachtung geschenkt. Eine Diskussion aber, was Bildung denn eigentlich sei oder bedeuten könne, erscheint dagegen gänzlich überflüssig. Stattdessen werden im Handstreichverfahren die Schulen und Universitäten reformiert und zu Orten der Verdummung gemacht, indem sie der lückenlosen Verwaltung und der permanenten Kontrolle unterworfen werden. Als sicher gilt bei all dem, dass diese vermeintliche Bildung, die als zeitgemässe deklariert wird, eine Investition für die Zukunft sei, die den return of investment verbürge. Bildung wird zum effizienten Instrument der Dienstbarmachung von Menschen, und zwar als volkswirtschaftlich ertragreiches Humankapital. Sie ist eine Ware, der Mensch ein Mittel, das ist der Kern einer sogenannten zeitgemässen Bildung.» (Dörpinghaus 2009, S. 3 f.)

Es geht mir an dieser Stelle nicht um die Berechtigung messbarer Leistungen im Bildungssystem – dafür gibt es viele gute Gründe –, sondern um die dort weitgehend praktizierte Selbstbeschränkung auf das Quantifizierbare. Sie ist nicht nur ungerecht, weil sie nur einen geringen Teil der Leistungen erfasst, sondern erzeugt bei den Adressaten ein Selbstbild, als seien sie im Wesentlichen das, was die Tests an Kompetenzen messen (vgl. Dust und Mierendorff 2010). Das Bildungssystem braucht keine Suchenden, keine Fühlenden, keine Zweifelnden, keine Menschen, die noch nicht wissen, wer sie sind. Es braucht nur Menschen, die schon wissen, was sie wollen. Der heute weitgehend in Vergessenheit geratene Theodor Litt hat 1955, wohl in Vorahnung des Kommenden, «Bildung» als die Kraft bezeichnet, die notwendig ist, die unaufhebbaren Widersprüche unserer menschlichen Existenz auszuhalten. Er leugnet keineswegs die Notwendigkeit der Kulturrezeption, aber gebildet ist für ihn, «wer diese Spannung sieht, anerkennt und als unaufhebbares Grundmotiv in seinen Lebensplan einbaut» (zit. nach Keck 2004, S. 72). Bildung nicht nur als Ergebnis der Kulturwerdung des Menschen verstanden, sondern als Energie, mit deren Hilfe man das Leben bewältigt und etwas aus sich macht: Dazu hätte auch Freud Ja sagen können. Ausserdem könnte ein solches Verständnis die Trennung zwischen tätiger Intelligenz (als dem eigentlichen Instrument von Bildung) und praktischer Tätigkeit, «zwischen Kultur und Zivilisation, Humanität und Arbeitswelt, Bildung und Ausbildung» (ebd.) überwinden helfen.

Der Streit um ein angemessenes Bildungsverständnis verdeckt leicht das Problem der *wissenschaftlichen Darstellbarkeit von Bildungsprozessen*. Die von Dörpinghaus und vielen anderen beklagte Forcierung von messbaren Bildungsleistungen und die

Beschränkung darauf im Rahmen des Bildungssystems (vgl. Hierdeis 2008, S. 199 ff.; Gruschka 2005, S. 480 f.) hat ja nicht nur mit den Absichten einer kalkulierenden Wirtschaft zu tun, Bildung als Ware herstellen und als Kapital verwerten zu lassen. Ihr geht vielmehr die gesellschaftsweite Entscheidung für ein bestimmtes wissenschaftliches Paradigma voraus, nämlich für die Generierung eines Wissens über gesetzmässige (nomothetische) Zusammenhänge. Das nämlich wird seit geraumer Zeit und unter Missachtung des grössten Teils der Wissenschaftsgeschichte als das wissenschaftliche Wissen schlechthin postuliert. (Dass Freud das Paradigmenproblem für sich selbst nicht lösen konnte, steht auf einem anderen Blatt.) Ein solch einseitiges Verständnis hat die sogenannten verstehenden und deutenden Wissenschaften in die Ecke gedrängt. Die zunächst von der Politik und dann von sich als «autonom» verstehenden Hochschulen in die Wege geleitete materielle und personelle Ausplünderung der Geisteswissenschaften an den Universitäten zeugt davon. So ist es nur folgerichtig, dass von etlichen Akteuren – und zwar nicht nur in der Wirtschaft, sondern auch zunehmend im Bildungssystem – etwas im wahrsten Sinne des Wortes so Unberechenbares und Zeit (also Ressourcen) Verschlingendes wie die Anbahnung von Selbstthematisierung, Selbstreflexion, Sinnsuche, Selbstgestaltung, historisches Bewusstsein, ästhetische Kriterien, kultivierte Gefühle und Beziehungen, Lernen aus Irrtümern, Genussfähigkeit, Selbstkritik – um nur ein paar «weiche» und scheinbar nutzlose Bildungsziele zu nennen – als nicht exakt darstellbar, nicht überprüfbar, nicht planbar und daher als für das Bildungswesen irrelevant verworfen wird. Die nomothetische Relevanz dieser Ziele gibt ihnen sogar recht. Mit ihnen lässt sich, wenn man quantifizieren will, nämlich wenig anfangen. Schon Ende der 1970er Jahre haben Niklas Luhmann und Eberhard Schorr das «Technologiedefizit der Pädagogik», also die Unmöglichkeit, einen eindeutigen Zusammenhang zwischen pädagogischen Absichten, Handlungen und ihren Wirkungen herzustellen, darauf zurückgeführt, dass sich pädagogische Ziele nur unzureichend operationalisieren lassen (Luhmann und Schorr 1979, S. 345 ff.). Allerdings hielten sie das nicht nur für einen Nachteil, weil die Offenheit von Begriffen fruchtbar sein kann und die Mehrdeutigkeit von Zielen zu ständigen Abklärungen zwingt und Handlungsspielräume erweitert.

Was *das Leben* ist, das aus mir etwas gemacht hat oder was dieses Leben aus mir gemacht hat oder *wie* meine Bildung sich ereignet hat, ist also in seiner Gesamtheit quantitativ nicht exakt zu erfassen. Dennoch hat sich ein beachtlicher Teil der Erziehungswissenschaft teils freiwillig, teils unter dem Druck der Ressourcenangebote und -verteilung auf die Seite des Quantifizierbaren geschlagen. Dort gibt es unter dem Titel «Empirische Bildungsforschung» ein zwar grosses, aber, weil es im Grunde immer um Leistungen von Systemen und Personen geht, überschaubares Feld zu beackern, gleichsam eine theoretische Monokultur. Auch die Bildungsforschung arbeitet gerne mit einem halbierten Bildungsbegriff: «Bildungsziele», lese ich im «Lexikon Pädagogik», das Heinz-Elmar Tenorth und Rudolf Tippelt 2007 herausgegeben haben, «sind zum einen die verschiedenen Schulabschlüsse innerhalb des Schulsystems, zum anderen formulieren sie Kenntnisse, Fähigkeiten, Fertigkeiten und Kompetenzen, die ein Lernender durch ein bestimmtes Bildungsangebot erreichen soll» (Tenorth und Tippelt 2007, S. 118). Bildung (B) wäre dieser Bestimmung nach die erwünschte Funktion (f) eines Prozesses, der zwischen der Person des Lernenden (L), einem Bildungsangebot (BA) und der Interaktion zwischen beiden (L x BA) verläuft. Ich bringe diesen Satz in eine Formel, die ich in Analogie zu Kurt Lewins Kurzfassung von Sozialisation gebildet habe (vgl. Lewin 1963, S. 345 ff.):

$$B = f\,(L, BA, L \times BA)$$

Ein solcher Bildungsbegriff wäre mitsamt seinen Faktoren zweifellos gut darstellbar. Aber «das Leben» ist eben mehr als ein formelles Angebot von Inhalten, die ich aufzunehmen oder an denen ich mich zu bewähren habe.

Unbewusste Bildungsprozesse

Günther Bittner hat kürzlich Pestalozzis Satz «Das Leben bildet» noch einmal aufgegriffen und zum Titel eines Buches gemacht, in dem er die Bildung des Ich bereits im vorsprachlichen Alter beginnen und gleichsam unbemerkt bis ans Lebensende sich fortsetzen lässt. Er bezieht sich dabei einerseits auf Quellen im deutschen Idealismus und Neuhumanismus, andererseits auf Untersuchungen der aktuellen Hirnforschung zur Struktur und Wirkweise des limbischen Systems (Bittner 2011). Wenn ich seinen Referenzen (vgl. u.a. Markowitsch 2011, S. 12) und zusätzlich dem Neurowissenschaftler Gerhard Roth folge, befindet sich dort das Zentrum für angeborene affektive Zustände und Verhaltensweisen, das wichtige Funktionen für Emotionen, Gedächtnis und Motorik erfüllt (vgl. Roth 2003, S. 260; S. 266). Vor allem bewertet es, wie bereits erwähnt, ankommende Reize und steuert dadurch die Positionierung des Subjekts in der Welt. «Proto-Subjekt» nennt Bittner das unbewusst aufnehmende, verarbeitende, sich über die ganze Lebenszeit hinweg verändernde, biografisch sich um- und neugestaltende, «sich bildende» System (Bittner 2011, S. 14). Eine Ahnung – keinen wissenschaftlichen Begriff – davon gab es bereits vor den Entdeckungen von Entwicklungspsychologie und Hirnforschung:

«Den subliminalen biographischen Bildungsprozessen, in denen sich Individualität herauskristallisiert, ist [...] in früheren Zeiten mehr Aufmerksamkeit geschenkt worden als heute: z.B. in den Bildungsvorstellungen der Deutschen

Klassik [...] und, jüngeren Datums, in der Geschichte der Psychoanalyse. Die psychoanalytischen Krankengeschichten seit Freud [...] können als die individuellen Bildungsgeschichten solcher Proto-Subjekte gelesen werden.» (ebd., S. 15)

Unsere Lebensgeschichte hält in Form von tief gehenden Erfahrungen besonders starke Reize bereit, die sich in unser limbisches System einschreiben und damit an der Bildung unseres Ich mitwirken, ohne dass wir davon unmittelbar Kenntnis erhielten. Das kann jedermann bei sich selbst nachprüfen. Wenn ich z.B. an meine Biografie und Bildungsgeschichte denke, dann frage ich mich nach der Wirkung besonders einprägsamer Erfahrungen auf die Entwicklung meines Ich:

- Mein Vater ist 1942 in Russland gefallen, und ich bin seit dem fünften Lebensjahr ohne Vater aufgewachsen. Was hat die Zerstörung der «leibhaftigen» Triade und ihr Ersatz durch eine virtuelle in meiner eigenen Triebdynamik bewirkt, was für eine Form hat die Vater-Kind-Beziehung angenommen und welche Folgen hatte sie für die Mutter-Kind-Dyade?
- Was hat die Tatsache bewirkt, dass die vaterlose Familie zwischen 1943 und 1945 zahllose Tage und Nächte im Luftschutzkeller sass, oft in Todesangst wegen der Bombeneinschläge in der Nähe?
- Wie hat sich mein achtwöchiger Aufenthalt im Herbst 1945 in einem badischen Krankenhaus unter verletzten deutschen Kriegsgefangenen und sterbenden alten Leuten auf meine Empathie und mein Lebensgefühl ausgewirkt?
- Welche Spuren haben in mir die jahrelangen Schulwege durch eine zerstörte Stadt hinterlassen?
- Welche Bedeutung für die Bildung meines Ich kann eine Episode wie die folgende gehabt haben:

Kurz nach der Währungsreform – ich war etwa zwölf Jahre alt – sassen wir nach dem Abendessen zu sechst um den Küchentisch herum, meine Mutter, eine jüngere Schwester meines Vaters, die im Haushalt half, und wir vier Brüder. Ich weiss nicht mehr, was es zu essen gegeben hat, wahrscheinlich ein paar Kartoffeln, etwas Margarinebrot und Kräutertee. Mir erschien die zugeteilte Portion jedenfalls zu gering. Das Brot war schon wieder im Schrank verstaut. Mir knurrte der Magen. Ob ich noch eine Scheibe haben könne, fragte ich, ich hätte noch Hunger. Meine Mutter schüttelte den Kopf: Das fehlt uns dann morgen. Ich bat noch ein paar Mal, immer mit demselben Resultat. Da schrie ich voller Empörung auf, rannte zum Schrank, holte das Brot heraus, säbelte mir eine Scheibe ab und stopfte sie in mich hinein. Erstaunlicherweise hinderte mich niemand daran, aber in der Erinnerung fühle ich immer noch alle Augen vorwurfsvoll auf mich gerichtet. Ich weiss nicht, ob meine Mutter noch einmal mit mir darüber geredet hat, ich glaube aber nicht. Auch entschuldigt habe ich mich wahrscheinlich nicht. Sonst wäre wohl das Gefühl der Scham nicht so gegenwärtig. Präsent ist mir jedenfalls auch noch das Gefühl der Fassungslosigkeit, das meinem Wutausbruch voranging, darüber nämlich, dass mir in meinem Hunger etwas so Selbstverständliches wie ein Stück Brot verweigert wurde.

Analog zur Bedeutung, die Bittner den sogenannten «Schlüsselerlebnissen» (vgl. 2011, S. 149 ff.) für die Bildung des Ich zuschreibt, könnte ich fortfahren: Wie haben sich elterliche Nähe und Fürsorge in der ersten Lebenszeit, der mütterliche Schutz in den Kriegsjahren, wie haben sich später Sehnsüchte, Ergriffenheiten, Konflikte, Liebe, Niederlagen, Triumphgefühle, Enttäuschungen, Ängste, Scham, Krankheiten und eigene Todesnähe, der endgültige Abschied von geliebten Menschen, Hoffnungen, zukunftsweisende Begegnungen usw. in mich eingeschrieben? Wie verändert heute das näherkommende Lebensende mein Selbstgefühl, mein Selbstverständnis, meinen Blick auf die Welt, mein Verhältnis zur jüngeren Generation, die Bewertung dessen, was ich noch vorhabe? Neben dem, wie wir uns unter dem Enkulturationsdruck und aus eigenem Antrieb bilden, existiert demnach, darauf will Bittner uns hinweisen, ein in der Regel weitgehend unbeachteter und unbelichteter Strom von Bildungsprozessen, vergleichbar einer lückenhaften, schwer leserlichen und teilweise unverständlichen Textfolge. Ich stelle sie mir weniger als nacheinander vorgenommene Eintragungen in einem Tagebuch vor, sondern eher als ein Palimpsest, d.h. wie ein Schriftzeugnis aus Zeiten, in denen das Papier so teuer war, dass die erste Beschriftung nach einer notdürftigen Löschung immer aufs Neue überschrieben wurde – mit der Folge, dass die jeweils darunter liegenden Texte nicht oder kaum mehr zu entziffern waren.

Über die neuronalen Auswirkungen traumatischer Ereignisse in den ersten Lebensjahren wie Störungen der Mutter-Kind-Beziehung, sexueller Missbrauch, Vernachlässigung, körperliche Gewalt und andere belastende Erfahrungen gibt es inzwischen eine solche Vielzahl von Belegen, dass Freuds Erwartung, seelische Vorgänge müssten sich anatomisch lokalisieren lassen, als erfüllt gelten kann (Freud GW X, S. 263 ff.; vgl. Roth 2003, S. 196 ff.). Wir können ferner als gesichert annehmen, dass das nicht nur für Traumata, sondern für eine Vielzahl positiver und negativer Reize, «Botschaften» und «Signifikanten» gilt, besonders für solche in den stürmischen Zeiten unserer Entwicklung, auch wenn die Neurowissenschaften dazu, wie Roth gesteht, im Moment ebenso wenig sagen können wie zu den «‹Verkleidungen› […], in denen frühkindliche oder pubertäre Konflikte auf der Bewusstseinsebene des Erwachsenen auftauchen» (Roth 2003, S. 437).

Die Uneindeutigkeit von Bildungsprozessen und die Notwendigkeit von Erzählungen und Deutungen

Unser Bildungsprozess ist komplexer und uneindeutiger, als das im Verständnis von Bildung sichtbar wird, das wir nicht nur im Alltag, sondern häufig auch in der Wissenschaft vorfinden. Die Täuschung rührt von unserer formellen Bildung her, die eine bestimmte Abfolge von Erfolgsbestätigungen kennt. Überdeckt von ihnen werden Fehlentwicklungen, Rückfälle, Dunkelstellen, Irrwege, Reflexionsverluste, wenn nicht gar Überwältigungen des Ich durch ein zerstörerisches Es, wie Freud es in seinem «Unbehagen in der Kultur» (GW XIV, S. 419 ff.) beschrieben hat. Davon, wie unser Bildungsprozess bisher verlaufen ist, haben wir nur eine geringe Ahnung, weil der Druck der formellen Bildung kaum Zeit für entsprechende Ein- und Rückblicke lässt, weil die Bildungsinstitutionen kein Interesse an einer Aufklärung darüber haben und weil auch die Arbeitswelt reflexionsfeindlich ist. Wenn ich Bildung als einen weitgehend unbekannten und uneindeutigen Prozess bezeichne, dann heisst das nicht in erster Linie, dass es zu wenig empirisches Material aus Bildungshistorie, Soziologie, Pädagogik, Entwicklungspsychologie, Neurowissenschaften usw. gäbe, das uns aufklären könnte, auch nicht, dass bei einer umfangreicheren Induktionsbasis das, was wir aus unserem Leben machen und was das Leben aus uns macht, durchsichtiger würde. Es heisst vielmehr, dass es über unseren Bildungsgang keine Fakten an sich, sondern nur Material gibt, das in Erzählungen einzuordnen und mit ihnen zusammen zu deuten ist. Unser ganzes Leben ist, im Rückblick gesehen, eine Komposition von Deutungen.

Eine ernstzunehmende Erforschung von Bildungsprozessen kann sich also nicht auf die Untersuchung der subjektiven und objektiven Bedingungen und Folgen von Bildungsleistungen im Rahmen von Bildungssystemen beschränken, sondern hat auch die individuellen Erzählungen zur Kenntnis zu nehmen, in denen Bildungswege und Bildungsverständnisse zur Sprache kommen – nicht so sehr als Zeugnisse historischer Wahrheit, sondern als subjektive Konstruktionen von Lebensläufen, die als Deutungen zu erkennen und zu interpretieren sind. Diese Forschung bedient sich des hermeneutischen Methodenspektrums, insbesondere der Tiefenhermeneutik.

Das ist längst kein unbearbeitetes Terrain mehr. Klaus Mollenhauer hat in den 1980er Jahren methodische Vorschläge zur Rekonstruktion von Bildungsgeschichten unterbreitet, in denen Bildungsabsichten, förderliche Erfahrungen und der Umgang mit Barrieren im Vordergrund stehen (Mollenhauer 1984). Und bereits Ende der 1970er Jahre hatte die von Dieter Baacke und Theodor Schulze herausgegebene Schrift «Aus Geschichten lernen» (1979) auf die mit quantitativen Methoden nicht greifbare Differenziertheit von Bildungssituationen und -prozessen aufmerksam gemacht, wie sie sich in «Geschichten», z.B. in Romanen, historischen Dokumenten, Tagebüchern, Interviews usw. widerspiegeln.

In diesem Sinne wäre die Episode aus meiner frühen Jugend eine der Erzählungen, mit denen die Forschung zur Bildungsgeschichte arbeiten könnte. Sie enthält einige überprüfbare Informationen zu meiner Person, zu meiner Familie, zur Wohnsituation, zur seinerzeitigen Versorgungslage in Deutschland, die sich mit ähnlichen Informationen aus anderen Familien vergleichen liessen. Daraus könnte dann z.B. ein Beitrag zu einer «Geschichte vaterloser Familien in der Nachkriegszeit» entstehen.

Aber wie steht es mit meinem seinerzeitigen Erleben? Zweifellos ist es auch Bestandteil der Geschichte. Aber ist es von Bedeutung für ihr Verständnis? Ist es überprüfbar? Entsprechen meine heutigen Gefühle den damaligen? Habe ich meine Erfahrung überhaupt authentisch wiedergegeben? Wieso habe ich gerade diese Episode erzählt? Was habe ich geglaubt mitteilen zu müssen? Ist die Erzählung vollständig oder gibt es in ihr beabsichtigte Auslassungen und Verzerrungen? Verdeckt sie unbewusst andere Geschichten? Wie wahr im historischen Sinne können Erinnerungen eines Erwachsenen an seine Kindheit und Jugend überhaupt sein, noch dazu diejenigen eines Erwachsenen im vorgerückten Alter?

Im Alltag gehen wir meist etwas naiv davon aus, dass wir selber und andere uns im Grossen und Ganzen richtig an früher erinnern. Ein grundsätzliches Misstrauen würde schliesslich die Kommunikation erheblich beeinträchtigen. Die Wissenschaft, in Sonderheit die Psychoanalyse, ist hier vorsichtiger. Gewitzt durch die Erfahrungen mit den Erzählungen seiner Patientinnen und Patienten, hat Freud davor gewarnt, Kindheitserinnerungen bedingungslos zu trauen. Sie seien, glaubte er, «einem komplizierten Umarbeitungsprozess unterzogen» worden, und man sei nur selten «in der glücklichen Lage, die tatsächliche Grundlage dieser Dichtungen» herauszufinden (Freud GW VII, S. 427, Anm. 1; vgl. Schneider 1995). Dass das Erzählen der Selbstkonstituierung und Selbstvergewisserung der erzählenden Person dient, ist inzwischen auch über die Psychoanalyse hinaus bekannt (vgl. Hierdeis 2012). Aktuelle Informationen zu Gattungen und Funktionen von Erzählungen finden sich z.B. in den «Wirklichkeitserzählungen» von Christian Klein und Matias Martinez (2009) oder in dem kürzlich erschienenen Buch «Das Narrativ» von Brigitte Boothe (2011).

Vor diesem Hintergrund bin also auch ich ein Erwachsener, der sich aus dem Material seiner Vergangenheit, einschliesslich seiner Bildungsgeschichte, erfunden hat und täglich neu erfindet. Ich verdeutliche im Erzählen generell und auch im Erzählen dieser Episode mir selbst meine «subjektive Wirklichkeit» (Boothe 2004, S. 39). Das ist ein Teil meines immer noch andauernden Bildungsprozesses. Seine Erkundung ist jedoch, wissenschaftlich gesehen, mit Risiken behaftet. Erwachsene können «in einem radikalen Sinn nicht die Zeugen ihrer Kindheit» sein, meint Jürgen Oelkers, weil sich ihre Zeugenschaft in Sympathie mit einem früheren Zustand entwickelt, «der aber aus Fragmenten der Erinnerung und ohne die Chance des authentischen Gedächtnisses zusammengefügt werden muss» (Oelkers 1997, S. 207). Und Ulrich Oevermann sieht im Anschluss an Freuds Begriff der «Nachträglichkeit» den «Nachteil» von Kindheitserlebnissen darin, «dass sie kognitiv wenig strukturiert und organisiert sind» (Oevermann 1975, S. 4). Das Erleben von Erwachsenen sei dagegen genau umgekehrt, einerseits kognitiv hoch strukturiert, andererseits aber genau deswegen wenig ausdeutungsfähig. Daher seien der Interpretation nur geringe Spielräume gesetzt (ebd., S. 4 f.). Den Befund Oevermanns teile ich, die Schlussfolgerung halte ich für ein kognitivistisches Missverständnis. Denn gerade die kognitive Strukturierung ermöglicht eine Vielfalt von Einfällen und Bezügen und daher von Deutungen, die gegeneinander abgewogen werden können. Nur darf ich eben von der Entscheidung für eine Deutung nur eine überwiegend narrativ-subjektive und keine historische Wahrheit erwarten.

Was meine Erzählung angeht, so muss ich also skeptisch sein gegenüber meiner eigenen Erinnerung. Vielleicht erinnere ich mich ja eher an meine mehrfache Erzählung der Begebenheit als an die Begebenheit selbst (vgl. Hierdeis 2013). Diese Skepsis führt mich auf die Spur meiner Selbstkonstituierung (meiner Selbstbildung) im Kontext der Bedingungen meiner Geschichte. Diese Spur kann ich nicht zu ihrem ersten Anfang zurückverfolgen. Je weiter ich zurückschaue, desto unschärfer wird sie. Aber auch ihre Fortführung leidet unter Unterbrechungen, sie verliert sich manchmal im Gestrüpp, stellenweise ist sie überwachsen. Manchmal will ich auch gar nicht so deutlich hinschauen, weil ich das Gefühl habe, dass der Weg durch Müllhalden führt oder an Menschen vorbei, die mich anklagen. Am Ende steht jedenfalls nicht «So war es!», sondern «So könnte es gewesen sein!», vielleicht auch «So hätte es mir entsprochen». Oder, bezogen auf die Bildung meiner Subjektivität, nicht «Das bin ich», sondern: «Das könnte ich nach meiner vorläufigen Selbstanalyse sein». Die Suche nach mir geht weiter. Sicher sind für mich nur die Berechtigung meiner Skepsis und die Überzeugung, dass es zum Erzählen keine Alternative gibt.

Psychoanalytische Beiträge zu einer Theorie der Bildung

Das Uneindeutige aufzuklären, den Selbstdarstellungen und Selbstkonstruktionen von Menschen in ihren Erzählungen, ihren Handlungen, ihrem Verhalten nachzugehen und dabei die «Antriebsstrukturen der Individuierung» (Oevermann 1975, S. 12) freizulegen, war von jeher das Geschäft der Psychoanalyse. Dass sie sich sehr lange eher als analytische (Selbst-)Aufklärungsarbeit verstanden und die Bedeutung der zuverlässigen, stützenden Beziehung zu wenig beachtet hat, gehört zu ihrer Geschichte. Die Pädagogik hätte vom Reichtum psychoanalytischer Theorie und vom empirischen Gehalt des in grosser Fülle vorhandenen kasuistischen Materials der Psychoanalyse mehr profitieren können, als sie es tatsächlich getan hat. Wie ich schon eingangs mit Bezug auf Bittner gesagt habe: Auch die Krankengeschichten Freuds lassen sich als

Bildungsgeschichten lesen, als Geschichten sich selbst verfehlender Subjektivität im Kontext von Beziehungen (Bittner 2011, S. 111 ff.). Freud selbst hat sie allerdings nicht als Bildungsgeschichten gesehen, wie überhaupt in seiner Theorie der Bildungsbegriff nur marginal vorkommt.

Auch wenn die heutigen Bildungswissenschaften psychoanalytischen Beiträgen zu Theorie und Praxis von Erziehung und Bildung toleranter gegenüberstehen als noch vor zwei Jahrzehnten: tatsächlich ernst nehmen sie deren Sichtweise nur selten. Dabei könnten sie von der Offenheit der Soziologie profitieren. Vor zwanzig Jahren schon hat Dieter Geulen mit Blick auf die Geschichte der Sozialisationstheorie festgehalten, welche Einsichten sie der Psychoanalyse verdankt, nämlich:

«1. dass die innerpsychische Verarbeitung von Erfahrungen sehr komplex und unbewusst sein kann,
2. dass die dabei entstehenden Persönlichkeitsformationen die Art der Handlungsfähigkeit des Individuums bestimmen,
3. dass die affektiven Beziehungen zu anderen Personen eine wichtige Bedingung sind, und
4. dass die entscheidenden Formationen schon in der frühen Kindheit entstehen.» (Geulen 1991, S. 21)

Ich sehe in diesen «Einsichten», besonders in den Bezügen zum Unbewussten und Affektiven, basale Elemente einer psychoanalytischen Bildungstheorie. Das Spektrum der Erkenntnisse lässt sich heute allerdings um ein Vielfaches erweitern:

1. Den bewussten Bildungsprozessen liegen ein unbewusster Subtext und eine unbewusste Dynamik zugrunde. Sie beeinflussen die bewussten Prozesse stärker, als dies umgekehrt der Fall ist.
2. Sichtbare Irritationen, Störungen und Hemmungen von Bildungsprozessen können «Verkleidungen» unbewusster psychischer Konflikte sein.
3. Das bewusste Ich hat keine oder nur eine entstellte Einsicht in die unbewussten Determinanten des Erlebens und Handelns. Das gilt auch für seine Bildungsprozesse. Solange dem Ich die Balance zwischen den kulturellen Forderungen und seinen Triebimpulsen gelingt, ist das unproblematisch. Im Falle sich anbahnender neurotischer Symptome bedarf es einer reflektierenden Stütze von aussen.
4. Der Ursprung der Bildung des Ich liegt im Erkennen der eigenen Antriebsbasis. Es ist die erste Voraussetzung für die Einsicht in den eigenen Bildungsprozess.

5. Indem Selbstreflexion unbewusste Dunkelstellen, Auslassungen und Verzerrungen im Text der eigenen Biografie aufdeckt, tangiert sie die eigene Identität und wird zum subjektiven Bildungsprozess schlechthin, wenn sie das bisher Unsagbare bewusst machen und zur Sprache bringen kann.
6. Die Mitwirkung an selbstreflexiven Bildungsprozessen anderer setzt die Selbstreflexion von Erziehenden/Lehrenden voraus.
7. Auch die Kultur verdrängt Konflikte und behindert selbstreflexive Prozesse. Da jeder Lebenslauf und damit jede Bildungsgeschichte in teils unbewussten, teils gesuchten und teils erzwungenen Interaktionen mit der Kultur erfolgt und die Kultur – auch in Gestalt ihrer Bildungsinstitutionen – neben ihrer bereichernden und fördernden Funktion jedes Subjekt zur Unterdrückung von Triebimpulsen zwingt, bezieht die Selbstreflexion die verdrängenden und behindernden Mechanismen in ihre Aufklärungsarbeit mit ein.
8. Selbstreflexion hat als Aufklärungsprozess im Hinblick auf das Subjekt und die Kultur nicht nur die Symptome von Verdrängung, Verschleierung, Unterdrückung usw. im Auge, sondern fragt – wie beim Blick auf die eigenen Triebimpulse – nach deren Sinn. Erst dann kann sich der Bildungsprozess als *Emanzipationsprozess entfalten.*

Epilog

Selbstreflexion als Weg zur Autonomie ist zu Beginn der Bildungsgeschichte auf Gegenüber angewiesen, die auf diesem Weg schon etwas weiter gekommen sind, die zumindest die gleichen Fragen stellen wie ich. Aus diesem Grund hat Freud es für notwendig gehalten, dass der Psychoanalytiker selbst eine Analyse absolviert haben muss, bevor er sich an die Therapie anderer macht, und dass er die Selbstanalyse lebenslang fortsetzt (z.B. Freud GW XVI, S. 57 ff.). Dass das «Verstehen» der eigenen Person und anderer nicht nur ein sprachlich-kognitives ist, sondern von heftigen Emotionen begleitet wird, weiss jeder, der sich auf das Abenteuer einer Analyse eingelassen hat. Dieselbe Erfahrung teilt uns Freud in seinen Überlegungen «Zur Dynamik der Übertragung» (GW VIII, S. 364 ff.) und zur «Übertragungsliebe» (GW X, S. 306 ff.) mit. Die Neurowissenschaften können, was bisher plausibel schien, einleuchtend erklären:

«[Die] limbischen Zentren verstehen Sprache als rein kognitives Kommunikationsereignis nicht, sondern nur die mit ihr verbundenen emotionalen Komponenten wie Prosodie, Mimik und Gestik, oder sprachlich ausgelöste emotionale Zustände wie bildliche Erinnerungen oder Vorstellungen.» (Roth 2003, S. 438 f.)

Wie die Sprache auch ausserhalb der Therapie Emotionen auslösen kann und wie diese ihrerseits zur Sprache gebracht und damit «geteilt», d.h. kommunizierbar werden können, hat jüngst Heiner Hirblinger (2010) in seiner psychoanalytischen Unterrichtstheorie demonstriert, Achim Würker (2007) für die Lehrerbildung und Martin Gerspach (2009) für die Ausbildung von Heilpädagogen. Ich selber habe solche Erfahrungen zusammen mit Kollegen in meiner Zeit an der Universität mit Pädagogikstudenten aller Sparten anzubahnen versucht (vgl. Hierdeis 2012; Walter 2007). Weitere Beispiele finden sich in zahlreichen anderen Praxisfeldern (vgl. Buchholz und Gödde 2006).

Offenbar ermöglicht die Psychoanalyse Zugänge zu einer Tiefe und damit zu einer Radikalität der Selbstbildung, die andere Wissenschaften, einschliesslich der Erziehungswissenschaft, nicht kennen, und bietet mit ihrer Sicht von Selbstreflexion ein durchgängiges Prinzip auch für die funktionalen Dimensionen der Bildung wie Ausbildung oder Training, von denen gesagt wird, sie hätten mit ihr nichts zu tun.

Literatur

Althaus, B., & Zirfas, J. (2006). Das Unbewusste in der Erziehung – Zur Pädagogik Sigmund Freuds. In M. B. Buchholz & G. Gödde (Hrsg.), *Das Unbewusste in der Praxis. Erfahrungen verschiedener Professionen* (Bd. III, S. 129–157). Giessen: Psychosozial-Verlag.

Baacke, R., & Schulze, Th. (Hrsg.) (1979). *Aus Geschichten lernen. Zur Einübung pädagogischen Verstehens.* München: Juventa.

Bittner, G. (1993). Die Insider und Outsider der Pädagogik. *neue sammlung 4*, S. 613–624.

Bittner, G. (1996). *Kinder in die Welt, die Welt in die Kinder setzen. Zur Einführung in die pädagogische Aufgabe.* Stuttgart: Kohlhammer.

Bittner, G. (2011). *Das Leben bildet. Biographie, Individualität und die Bildung des Proto-Subjekts.* Göttingen: Vandenhoeck & Ruprecht.

Boothe, B. (2004). *Der Patient als Erzähler.* Giessen: Psychosozial-Verlag.

Boothe, B. (2011). *Das Narrativ. Biografisches Erzählen im psychotherapeutischen Prozess.* Stuttgart: Schattauer-Verlag.

Buchholz, M. B., & Gödde, G. (Hrsg.) (2006). *Das Unbewusste in der Praxis. Erfahrungen verschiedener Professionen* (Bd. III). Giessen: Psychosozial-Verlag.

Butzer, R. (2002). Trieb. In W. Mertens & B. Waldvogel (Hrsg.), *Handbuch psychoanalytischer Grundbegriffe* (2. Aufl., S. 732–742). Stuttgart: Kohlhammer.

Dörpinghaus, A. (2009). Plädoyer wider die Verdummung. *Forschung & Lehre 9* (Sonderheft).

Dust, M., & Mierendorff, J. (Hrsg.). *Jahrbuch für Pädagogik 2010. «Der vermessene Mensch». Ein kritischer Blick auf Messbarkeit, Normierung und Standardisierung.* Frankfurt/Main [et al.]: Peter Lang.

Freud, S. (1987). *Entwurf einer Psychologie* (GW Nachtragsband, S. 375–486). Frankfurt/Main: Fischer.

Freud, S. (1941). *Bemerkungen über einen Fall von Zwangsneurose* (GW VII, S. 379–463). Frankfurt/Main: Fischer.

Freud, S. (1945). *Zur Dynamik der Übertragung* (GW VIII, S. 363–374). Frankfurt/Main: Fischer.

Freud, S. (1946). *Das Unbewusste* (GW X, S. 263–303). Frankfurt/Main: Fischer.

Freud, S. (1946). *Bemerkungen über die Übertragungsliebe* (GW X, S. 305–321). Frankfurt/Main: Fischer.

Freud, S. (1940). *Das Ich und das Es* (GW XIII, S. 235–289). Frankfurt/Main: Fischer.

Freud, S. (1948). *Das Unbehagen in der Kultur* (GW XIV, S. 419–506). Frankfurt/Main: Fischer.

Freud, S. (1950). *Die endliche und die unendliche Analyse* (GW XVI, S. 57–99). Frankfurt/Main: Fischer.

Gerspach, M. (2009). *Psychoanalytische Heilpädagogik. Ein systematischer Überblick.* Stuttgart: Kohlhammer.

Geulen, D. (1991). Die historische Entwicklung sozialisationstheoretischer Ansätze. In K. Hurrelmann & D. Ulich (Hrsg.), *Neues Handbuch der Sozialisationsforschung* (2. erw. Aufl., S. 21–49). Weinheim [et al.]: Beltz.

Gruschka, A. et al. (2005). Das Bildungswesen ist kein Wirtschaftsbetrieb. *Forschung & Lehre 9,* S. 480–481.

Heintel, P. (1997). Psychoanalyse und Organisationsanalyse. In I. Eisenbach-Stangl & M. Ertl (Hrsg.), *Unbewusstes in Organisationen. Zur Psychoanalyse von sozialen Systemen* (S. 55–86). Wien: Facultas.

Hierdeis, H. (2008). Das Unbehagen in der Bildungskultur. In H. Bickel & H. Hierdeis (Hrsg.), *Das Unbehagen in der Kultur. Variationen zu Freuds Kulturkritik* (S. 199–217). Berlin [et al.]: LIT-Verlag.

Hierdeis, H. (2010). Selbstreflexive Lehrerbildung. In R. Göppel et al. (Hrsg.), *Schule als Bildungsort und «emotionaler Raum». Der Beitrag der Psychoanalytischen Pädagogik zu Unterrichtsgestaltung und Schulkultur* (S. 175–197). Opladen [et al.]: Barbara Budrich.

Hierdeis, H. (2012). Der Vater in mir. Zur Anregung von Vatererzählungen durch belletristische Literatur. In H. Walter & A. Eickhorst (Hrsg.), *Das Väter-Handbuch. Theorie – Forschung – Praxis* (S. 217–239). Giessen: Psychosozial-Verlag.

Hierdeis, H. (2013). *Erinnern und Erzählen* (unveröffentl. Mskr., erscheint 2013).

Hirblinger, H. (2010). *Unterrichtskultur. Emotionale Erfahrungen und Mentalisierung in schulischen Lernprozessen* (Bd. 1). *Didaktik als Dramaturgie in symbolischen Räumen* (Bd. 2). Giessen: Psychosozial-Verlag.

Keck, R. W. (2004). Bildung. In R. W. Keck, U. Sandfuchs & B. Feige (Hrsg.), *Wörterbuch Schulpädagogik* (2. erw. Aufl., S. 71–73). Bad Heilbrunn: Klinkhardt.

Klein, C., & Martinez, M. (Hrsg.) (2009). *Wirklichkeitserzählungen.* Stuttgart. Metzler.

Lewin, K. (1963). Verhalten und Entwicklung als eine Funktion der Gesamtsituation. In ders. (Hrsg.), *Feldtheorie in den Sozialwissenschaften* (A. Lang & W. Lohr, Übers.) (S. 271–329). Bern [et al.]: Huber.

Liedtke, M. (1989). Der Generationenkonflikt als pädagogische Konstante und die Funktion von Klage und Protest. In H. Hierdeis & H. S. Rosenbusch (Hrsg.), *Artikulation der Wirklichkeit. Festschrift für Siegfried Oppolzer zum 60. Geburtstag* (S. 117–130). Frankfurt/Main [et al.]: Peter Lang.

Liedtke, M. (1991). *Evolution und Erziehung. Ein Beitrag zur integrativen pädagogischen Anthropologie* (3. überarb. Aufl.). Göttingen: Vandenhoeck & Ruprecht.

Liedtke, M. (2011). Der Mensch zwischen Gefühl und Verstand. Grenzen und Chancen des rationalen (und nachhaltigen) Verhaltens. In D. Korczak (Hrsg.), *Die emotionale Seite der Nachhaltigkeit* (S. 37–59). Kröning: Asanger.

Luhmann, N., & Schorr, E. (1979). Das Technologiedefizit der Erziehung und die Pädagogik. *Zeitschrift für Pädagogik 3*, S. 345–362.

Mollenhauer, K. (1984). Anmerkungen zu Heinze/Klusemanns Versuch einer sozialwissenschaftlichen Paraphrase am Beispiel des Ausschnitts einer Bildungsgeschichte. In T. Heinze (Hrsg.), *Hermeneutisch-lebensgeschichtliche Forschung. Interpretationen einer Bildungsgeschichte* (Bd. 2). FernUniversität Hagen: Studienbrief.

Oelkers, J. (1997). Vater? Vater! In H. Hierdeis (Hrsg.), *«Lieber Franz! Mein lieber Sohn!» Antworten auf Franz Kafkas Brief an den Vater* (2. überarb. Aufl., S. 205–216). Wien: Passagen.

Oevermann, U. (1975). *Zur Integration der Freudschen Psychoanalyse in die Programmatik einer Theorie der Bildungsprozesse.* Zugegriffen am 06.01.2011 über http://www.gesellschaftswissenschaften.uni-frankfurt.de/uploads/391/6/Freud-1975.pdf.

Roth, G. (2003). *Fühlen, Denken, Handeln. Wie das Gehirn unser Verhalten steuert.* Frankfurt/Main: Suhrkamp.

Roth, H. (1966). *Pädagogische Anthropologie. Bildsamkeit und Bestimmung* (Bd. I). Hannover: Schrödel.

Schneider, P. (1995). Von Hänschens Erinnerung an Hans. Die Unmöglichkeit psychoanalytischer Prognosen. *NZZ Folio 01*, S. 36–38.

Schon, L. (1995). *Entwicklung des Beziehungsdreiecks Vater-Mutter-Kind.* Stuttgart: Kohlhammer.

Strasser, J. (2009). *Als wir noch Götter waren im Mai. Erinnerungen.* München: Pendo.

Tenorth, H.-E., & Tippelt, R. (2007). *Lexikon Pädagogik.* Weinheim [et al.]: Beltz.

Walter, H. J. (2007). *Erzählen. Psychoanalytische Reflexionen* (H. Hierdeis, Hrsg.). Wien [et al.]: LIT-Verlag.

Würker, A. (2007). *Lehrerbildung und szenisches Verstehen. Professionalisierung durch psychoanalytisch orientierte Selbstreflexion.* Baltmannsweiler: Schneider.

Zeit geben, Zeit haben und psychoanalytische Zeit

Brigitte Boothe

«Bring das Geld!» – «Ich habe es nicht!» – «Ich gebe dir 24 Stunden Zeit!», sagt der Erpresser im Fernsehkrimi zum Vater des entführten Kindes. Nun werden alle Kräfte mobilisiert, um das Geld zu beschaffen. Es gelingt mit der Kraft der Verzweiflung. «Nun nimm den Fingerhut und schöpfe das Meer aus. Ich gebe dir diese Nacht Zeit!», sagt die Hexe zum Mädchen. Da hilft auch die Kraft der Verzweiflung nicht weiter. Doch es gibt freundliche Helfer. Das Meer ist am Morgen trocken gelegt.

«Da lächelt der König mit arger List,
Und spricht nach kurzem Bedenken:
‹Drei Tage will ich dir schenken.
Doch wisse! wenn sie verstrichen die Frist,
Eh du zurück mir gegeben bist,
So muss er statt deiner erblassen,
Doch dir ist die Strafe erlassen.›»

Es ist König Dionys, der da lächelt mit arger List; es ist der unschuldige Freund des Rebellen, der sterben soll. Der Rebell war mit *«dem Dolch im Gewande»*, Tyrannenmord im Sinn, ertappt worden. Der König gibt ihm Zeit, die Schwester zu verheiraten. Als Geisel bleibt der Freund in königlichem Gewahrsam. Friedrich Schillers Ballade «Die Bürgschaft» entwickelt sich als grandioser und aufregend hindernisreicher Wettlauf mit der Zeit: Der Freund eilt zum Freund und wird von entfesselter Natur und wildem Räuberwesen auf Schritt und Tritt aufgehalten. Auch hier wachsen dem, der gegebene Zeit nutzen muss, ausserordentliche Kräfte zu. Und nicht nur das: Die erfolgreich bewiesene Freundestreue verwandelt den Tyrannen.

Drei haben Zeit gegeben – haben sie Zeit gegeben? Sie haben Ultimaten gestellt. Wie konnten sie das? Sie verfügten über Usurpationsmacht. Sie konnten sagen: Tu dies bis dann. Damit schufen sie Sorgen. Wer Zeit gibt, schafft Sorgen. Aber die drei, die da Zeit gegeben haben, waren nicht Eigner der Zeit, sondern Wächter der Zeit. Die Freiheit der Person wurde eingeschränkt durch eine Aufgabe, die abzulehnen nicht in ihrer Macht stand und deren Ausführung nicht in ihrem planenden Belieben stand. Man gerät in die Enge der Zeit. In diesem Sinne schafft Zeit-Geben Sorgen.

«Gib mir Zeit, beim zweiten Mal bestehe ich die Prüfung», sagt der Student zum ungehaltenen Vater, der sich fragt, ob es dem Sohn an Talent oder Disziplin mangelt. Auch hier ist der Vater Wächter der Zeit, doch einer, der gestattet, dass der andere

Zeit gewinnt. «Gib mir Zeit», sagt der Ehemann zur Frau, die sich von ihm trennen will, «ich werde mich ändern» (weniger abwesend sein, weniger arbeiten, weniger trinken, weniger grob zu den Kindern sein, keine Affären mehr haben …). Leere Versprechen und schöne Worte. Die Frau ist als Wächterin nicht mächtig genug. Ihre Macht ist zu Ende, wenn sie die Trennungsabsicht rückgängig macht. «Gib mir Zeit» heisst: Verzichte darauf, Fakten zu schaffen.

Und doch: Zeit geben – das hat einen freundlichen Klang. Wie schön wäre es, schenkte man uns Zeit. Man meint, das ist wie ein freier Raum des Werdens, Gedeihens und Geniessens.

Aber wer kann Werden, Gedeihen und Geniessen schenken? Der Gedanke, Zeit sei uns zugemessen, es seien uns finstere und leuchtende Zeiten zugemessen, scheint eine schwer abweisbare Vorstellung – auch in einer agnostischen Welt – zu sein:

«Die Kräfte waren gering. Das Ziel
Lag in grosser Ferne.
Es war deutlich sichtbar, wenn auch für mich
Kaum zu erreichen. So verging meine Zeit,
die auf Erden mir gegeben war.»

Bertolt Brecht weiss, was er «[a]n die Nachgeborenen» schreibt. Dass er einen Kosmos beschwört, in dem eine Instanz Zeit auf Erden zu geben und zu befristen vermag. Dass es Ziele in einem Lebensweg gibt, die ein sterbendes Auge von fern erblickt wie einst Moses, der sein Volk aus einem Regime der Unterdrückung und Ausbeutung führte, aber das Gelobte Land nicht betreten konnte, so weit reichten die Kräfte selbst dieses Kraftvollen nicht. Dereinst kann es sein, «[d]ass der Mensch dem Menschen ein Helfer ist». Das ist die Hoffnung, die das Fernsein vom Ziel ertragbarer macht.

Es kann aber auch die Stunde schlagen, ganz in die Finsternis hinein:

«Ach, es ist so dunkel in des Todes Kammer,
Tönt so traurig, wenn er sich bewegt
Und nun aufhebt seinen schweren Hammer
Und die Stunde schlägt.»

Kein Ziel bei Matthias Claudius, das Nachgeborene weiterverfolgen können. Nur ein Ende. Das Ende von Zeit, die gegeben war.

Die Vorstellung einer machtvollen asymmetrischen Beziehung, in der einer Zeit geben, der andere Zeit entgegen nehmen kann, ist janusköpfig: freundlich und bedrohlich. Sie ist als freundliche Utopie die Idee einer Fülle, in der etwas beginnen und sich vollenden kann – der freundliche Blick einer Mutter auf ihr Kind, das nach den Gesetzen der eigenen Reifung gedeiht (Grimmer 2005). Die Figur des Zeit-Gebens hat aber andererseits ein bedrohliches Gesicht: die Frist des Mächtigen, der den anderen in eine Bringschuld nötigt. Der Gestus des Bedauerns über Lebenszeit, die als verfehlt beklagt wird, ist eine Ausdrucksform der Figur des Zeit-Gebens.

Schlecht genutzte Zeit? Muss man sich damit plagen? «Der verlorene Sohn» muss es nicht. Er hat keinen Vater, den er bitten muss, ihm Zeit zu geben für Besserung, ihm eine zweite Chance einzuräumen. Er hat einen Vater, der nicht Zeit gibt, sondern Wohlwollen. Der Vater stellt Ressourcen für den Aufbruch in die Fremde zur Verfügung. Es gibt kein Versprechen, keine Verpflichtung, kein Ultimatum. Sorglos geht der junge Mann in die Welt. Zu sorglos? Er kommt abgebrannt zurück und wird willkommen geheissen. Hat er seine Zeit schlecht genutzt? Wer ist legitimiert, das zu sagen? Der Vater tadelt ihn nicht. Wer sollte es dann tun? Die Sorglosigkeit hat ihm erlaubt, den Schritt ins Freie zu tun. Die Sorgen kamen, als er in Not war. Da gehören sie hin. Sie gingen weg, als der Vater ihn freudig begrüsste. Nun kann etwas Neues entstehen. Der Vater ist ein grosser und mächtiger Vater, aber es steht nicht in seiner Macht, Zeit zu geben. So lässt er es bleiben.

Und wenn es eine mächtige Bildungserfahrung ist, mitten im Leben an den Tod zu denken? «Wie es dem Manne geziemt, in kräftiger Lebensmitte zuweilen an den Tod zu denken», lässt Gottfried Keller einen der vitalen Schweizer Altrevolutionäre in der Zürcher Novelle «Das Fähnlein der sieben Aufrechten» sagen: «Wie es dem Manne geziemt, in kräftiger Lebensmitte zuweilen an den Tod zu denken, so mag er auch in beschaulicher Stunde das sichere Ende seines Vaterlandes ins Auge fassen.» (Keller 1861, S. 825) Das Innewerden eigener Endlichkeit mitten in wohl gerüstetem Dasein empfahl sich lange vor Keller im christlichen Memento Mori einst als Relativierung von Macht- und Wirkungseifer zugunsten des Seelenheils oder – in säkularisierten Zeiten – heiterer Psychoedukation. Für Freud gehört die sittliche Empfehlung der Fragilitätstoleranz zu den kulturellen Illusionen. Sie spiegelt geistige Freiheit vor, wo in Wahrheit das Triebleben regiert, das sich ganz auf Ergreifen, Angreifen, Vermehren, Verzehren richtet. So lernt der Mensch aus Frustration nicht heitere Bescheidung, sondern wütendes Destruieren – nach aussen, nach innen.

Überraschend ist, wie Frymann, der Altrevolutionär Gottfried Kellers im «Fähnlein der sieben Aufrechten», sein Vergänglichkeitsmemento weiterführt: «[...] so mag er auch in beschaulicher Stunde das sichere Ende seines Vaterlandes ins Auge fassen, damit er die Gegenwart desselben umso inbrünstiger liebe; denn alles ist vergänglich [...] auf dieser Erde [...]. [...] ein Volk, welches weiss, dass es einst nicht mehr sein wird, nützt seine Tage umso lebendiger [...]; denn es wird sich keine Ruhe gönnen, bis es die Fähigkeiten, die in ihm liegen, ans Licht und zur Geltung gebracht hat [...].» (ebd., S. 825) Keine kontemplative Todesergebenheit, sondern – mit Freud – ein mächtiger Daseinswille, und, gegen Freud, ein Daseinswille, der umso mehr beflügelt, als er sich der Gewissheit des Endes verdankt. Und, überraschend für den scheinbar selbstverständlichen Individualismus der Vergänglichkeitskontemplation: Hier zeigt sich ein Selbstverständnis als Homo politicus, als Engagierter für die Sache der Nation, besonders eindrucksvoll. Das kräftige Leben mitten in der Endlichkeit kommt nicht etwa zustande, wie man mit Freud vermuten würde, weil dieser Engagierte sich über die eigene Vergänglichkeit hinwegtröstet durch die dem Nationalismus anhaftende Wunschgewissheit, das Vaterland aber werde ewig leben; vielmehr ist dieses todverfallen – und umso lebendiger, je wirksamer die Lebenden sich zur Geltung bringen.

Das Innewerden der Vergänglichkeit politischer Systeme ist hier eine bedeutsame antiimperiale, antiideologische Denkfigur; die Bindung der individuellen Vergänglichkeit an gesteigerte Tätigkeit erinnert an Jacques Lacan. Lacan formuliert im Gefolge Heideggers die Idee von der antizipierten Zukunft als der eigentlichen Zeitform des Unbewussten (Langnitz 2005). In der analytischen Praxis muss der Analysand die Übertragung durchleben und sie überwinden als Befreiung zur Authentizität. Das ist dann die psychoanalytische Bildung im besten Sinne: Sprechen, das ein Erfülltsein in der Sprache als Basis freier Entscheidungen herstellt. Die psychoanalytische «talking cure» im Sinne Lacans bedeutet Befreiung zur eigenen Zukunft im Spiegel nachträglich durchlebter Vergangenheit. Es ist Freiheit des entschiedenen Handelns in der Gewissheit der eigenen Vergänglichkeit. Gerade die Todesgewissheit schafft nach Lacan die Möglichkeit, das eigene Gewordensein anzunehmen und mitten im Ungewissen handlungsmächtig zu werden. Der Mann in kräftiger Lebensmitte, der bisweilen an den Tod denkt, ist also bei Lacan kein Leidender, sondern ein couragiert Handelnder.

Literatur

Grimmer, B. (2005). *Zwischen Zumuten und Mut machen.* Stuttgart: Kohlhammer.

Keller, G. (1861). Das Fähnlein der sieben Aufrechten. Sechste der sieben Zürcher Novellen. In C. Heselhaus (Hrsg.), *Gottfried Keller. Sämtliche Werke und ausgewählte Briefe* (Bd. 2, S. 810–870). München: Hanser (1958).

Langnitz, N. (2005). *Die Zeit der Psychoanalyse – Lacan und das Problem der Sitzungsdauer.* Frankfurt/Main: Suhrkamp.

Die Bildung der Person als Fiktion –
Selbstprofilierung per Fremdanleihe

Daseinsmisere und Herkunftstraum
Paul Zech und der schwarze Baal

Brigitte Boothe

Wer sich über die Biografie des Autors Paul Zech informiert, ist beeindruckt von einer Persönlichkeit, die in dysphorischer Unruhe lebt, jammervolle Geldnot beklagt und ihrer in wechselnden und unglücklichen Arbeitsverhältnissen nicht Herr wird; die rastlos schreibt und sich in Krisen quält, schreibend mythische Bilder beschwört und diese dem Drama moderner Daseinsmisere anverwandelt. Er ist beeindruckt von einer Person, die sich Geltung verschafft als Dichter mit Dichterporträt und Dichterwerdegang und die zu diesem Zweck auch auf Fiktion und Täuschung, Plagiat und Diebstahl zurückgreift.

Paul Zech gibt zu denken als Persönlichkeit mit besonderen Zügen, das ist aus überlieferten Zeugnissen und Selbstzeugnissen bekannt. Die erzählanalytisch-psychoanalytische Erschliessung eines seiner zentralen Werke, der Novellensammlung «Der schwarze Baal», führt zur Formulierung von Horizonten der Wunscherfüllung und der Angst, die einerseits in der Perspektive eines poetischen Programms, andererseits in der Perspektive psychischer Regulierung diskutiert werden können.

Schreiben und biografische Verfassung

Für den Autor Franz Kafka mag es ein persönliches Anliegen gewesen sein, eine Vaterautorität zu disqualifizieren, die – Gipfel moralischer Verächtlichkeit – ihre Söhne ruiniert und zu Tode bringt, zugleich aber als Macht- und Befehlsinstanz längst der Lächerlichkeit preisgegeben im Abseits deliriert. Dies wiederum mag ein Motor des Schaffens gewesen sein, Transzendenz persönlicher Not in gültige Form und privater Triumph eines Mannes, der dem Vater ein weltliterarisches Schandmal zu setzen wusste und ihm daheim in aller Familiarität mächtig und lebenslang auf die Nerven ging. Kafkas Vater hat Weltruhm erlangt durch den Sohn, der ihm ein Rätsel blieb.

Kafka schrieb, und das war ein Selbstheilungsversuch. Zech schrieb, an der eigenen Daseinsmisere leidend, und es sollte heilen. Aber wer unter sich selbst leidet, ist nicht kreativ privilegiert. So wenig wie einer, der viel träumt, privilegiert wäre, gute Einfälle im Wachleben zu haben. Der Chemiker Friedrich August Kekulé träumte von Schlangen, die sich in den Schwanz beissen. Erwachend fand er, dass so, wie die Schlangen miteinander verbunden waren, die bisher unbekannte Struktur des Benzolrings beschaffen sein musste. Es bedurfte aber der Expertise eines Chemikers und wissenschaftlichen Urteilsvermögens, um von den Schlangen zum Benzolring zu kommen. Kafkas biografische Situation kann sein Schreiben beeinflusst, nicht jedoch dessen Form und Qualität hervorgebracht haben.

Die frühen Lebensschicksale des Autors Paul Zech waren prägend für sein Welt- und Selbstgefühl und vielleicht auch für sein persönliches Ideal des Dichters und Literaten; der ästhetische Wert seines Werkes hängt nicht davon ab.

Wie Kafkas Alltag der Beziehung zu seinem Vater aussah, darüber gibt es Zeugnisse Dritter (Alt 2005), viele sogar, aber sie bleiben als Aussensicht in der Schwebe. Wir wissen es nicht einmal aus dem berühmten «Brief an den Vater» (Kafka 1952), denn er ist ein Manifest, eine Gerichtsrede: Der Sohn verurteilt den Vater. Wir wissen es auch nicht aus dem «Urteil» (Kafka 1968), in dem ein Vater den Sohn verurteilt. Trotzdem knüpft dieser Text an eine psychosoziale Situation an, die er in einen narrativen Kosmos verwandelt: Kafkas Wünsche und Ängste im Kontext der aktuellen Liebesbeziehung. In diesem Zusammenhang ist der Text nicht mehr nur das Urteil des Vaters über den Sohn, sondern das Urteil des Autors über eine Vaterfigur und verinnerlichte Verbotsinstanz, die literarisch zu Fall gebracht wird. Das verschaffte dem Autor bekanntlich kurzfristig ein jubelndes Freiheitsgefühl (von Matt 1989) – aber eben nur kurzfristig, denn um dem realen Vater und der lebendigen Geliebten standzuhalten, nutzte das poetische Glück nichts.

Fakten und Fiktionen aus der Biografie Paul Zechs

Dass Dichter lügen, ist sprichwörtlich. Gemeint ist, dass sie unbekümmert um den Ernst des Lebens Illusionen schaffen; gemeint ist nicht unbedingt, dass sie über sich selbst Lügen verbreiten. Gelegentlich aber geschieht auch dies. Karl Mays biografische Erfindungen sind ein berühmtes Beispiel. Paul Zech steht nicht allein.

Aktuelle Würdigungen zum 125. Geburtstag von Paul Zech finden sich u.a. bei Beck (2006), detaillierte biografische Daten in der Bibliothek Westfalica, bei Delseit (2006), Martinez (1989), Müller (1966) und Hübner (detaillierte persönliche Mitteilungen vom 14. April 2007 und vom 27. August 2007). Hier folgen nur wenige Stichworte: 1881 in Briesen bei Thorn in Westpreussen (nicht Westfalen) gebürtig als erstes von sechs überlebenden Kindern (von insgesamt 22) einer Seilerfamilie. Er lebte möglicherweise seit den Teenage-Jahren in Ostbrandenburg bei der Grossmutter mütterlicherseits, dann beim Grossvater, um die höhere Schule besuchen zu können, und kam später ins heutige Wuppertal. Für den – von Zech behaupteten – Abschluss einer Gymnasialausbildung, die Aufnahme eines Studiums und eine Promotion zum Dr. phil. finden sich keine Hinweise. Nicht belegt ist auch, dass er 1902–1903 erneut als Bergbau- und zwischenzeitlich als Fabrikarbeiter im In- und Ausland tätig gewesen wäre. Belegt ist sein Aufenthalt im heutigen Wuppertal – die Stadt entstand erst 1929 aus den Städten Barmen, Elberfeld und anderen – ab spätestens 1902 durch Briefe an seine spätere Frau. Zu unterschiedlichen Zeiten als Lagerist, Konditor und freier

Journalist im Broterwerb tätig, publizierte er ab 1904 in der regionalen Presse Gedichte, ab 1910 auch in den für den frühen zeitgenössischen Expressionismus wichtigen Lyrikanthologien und in eigenen Lyrikbänden. Den Beginn des ersten Weltkriegs begrüsste Zech zunächst mit patriotischen Gedichten, um im weiteren Verlauf eine entschieden pazifistische Position einzunehmen, z.B. in den 1919 gedruckten Tagebuchaufzeichnungen aus dem Krieg.

Der Novellenband «Der schwarze Baal» (erstmals publiziert 1917, erweitert 1919) brachte Zech Anerkennung. Für seine Lyrik wurde er 1918 mit dem Kleist-Preis ausgezeichnet. 1919 erschienen zwölf seiner Gedichte in der expressionistischen Lyriksammlung «Menschheitsdämmerung», herausgegeben von Kurt Pinthus. Zech siedelte 1912, angeregt und unterstützt durch Else Lasker-Schüler, nach Berlin um. Im Weiteren gedieh sein umfangreiches literarisches und essayistisches Werk. Sein Drama «Das trunkene Schiff», eine Darstellung des Konflikts zwischen Rimbaud und Verlaine, kam 1926 zur Uraufführung. Auch sein heute berühmtestes Werk «Die lasterhaften Balladen und Lieder des François Villon» (1962 bei dtv erschienen) ist eine – sehr freie – Nach- und Neudichtung. Er engagierte sich ab 1918 für die SPD, vernachlässigte seine Familie anfangs der 1920er Jahre zugunsten einer neuen Partnerin, die er, ohne geschieden zu sein, als seine Frau ausgab. Paul Zech galt «Anfang der zwanziger Jahre als Dichter der industriellen Arbeitswelt, besonders des Bergbaus» (Martinez 1989, S. 147). Zunächst, bis etwa 1925, wuchs sein Ansehen. Auch die Kontakte mit wichtigen literarischen und künstlerischen Zeitgenossen (detailliert nachgezeichnet in Martinez 1989, S. 174 ff.) wurden lebhaft, dennoch äusserte sich Zech über seine persönliche Lage und die fehlende Anerkennung als Künstler gewöhnlich negativ; auch befand sich der Autor immer wieder in schweren psychischen Krisen und konnte chronische Geldnot nicht überwinden. Falsche Angaben zu Herkunft, Schulbildung, Ausbildung und Beruf waren offenbar schon früh habituell, einerseits mit der Absicht, an bürgerlich-akademischem Status zu gewinnen, andererseits im Interesse, auf authentische Erfahrung als Bergmann und Proletarier verweisen zu können. Falsche Angaben zum Ehestand und zu den Schicksalen von Ehefrau und Kindern scheinen dem Schutz vor dem Vorwurf mangelnder Verantwortlichkeit und Loyalität gedient zu haben. Alfred Hübner (persönliche Mitteilung 2007) verdanke ich Einblick in Zechs Liebesarrangements: Kurz nach der Heirat 1904 und der baldigen ersten Niederkunft seiner Ehefrau begann Zech eine Liebesbeziehung zu einer Lehrerin, die er im Jahr 1918 zugunsten einer anderen jungen Frau beendete. Er zog 1923 bei dieser ein, gab sie – ohne geschieden worden zu sein – als Ehefrau aus, nahm sie jedoch nicht mit nach Argentinien. Dort gab er vor, Frau (gemeint ist nicht die legitime Gattin) und Tochter hätten sich im Nazideutschland suizidiert; 1942 verlobte er sich mit einer fürsorglichen Witwe, verliebte sich aber 1943 in eine sehr junge Buchhändlerin.

Spontane Fiktionen wie die Schilderung einer Tragödie («Jeremias»), die er in einem privaten Brief als selbst verfasst erwähnte, von deren Vollendung aber sein Freund Stefan Zweig – der wirkliche Autor – soeben berichtet hatte (den Hinweis verdanke ich Alfred Hübner; in Daviau 1986, S. 91), scheinen für den Charakter seiner Selbstmitteilungen eigentümlich gewesen zu sein. 1917 schrieb Paul Zech an Emmy Schattke: «Von mir aber dies: ich habe nach zwei Jahren Qual ein grosses Drama vollendet, das wohl nie das Theater sehen wird, in dem mein grosser Widerstand in Wort, meine Ohnmacht in Geschehnis verwandelt ist in einer Tragödie ‹Jeremias›, des Ahnherrn all derer, die in irrwitziger Zeit klar sehend blieben, und der darum den Wahnwitzigen als Wahnwitziger gilt. Es ist die Tragödie meines eigenen Pessimismus. Die Unfähigkeit zur [...] Hoffnung, die unendliche Sehnsucht nach dem Leben an sich als höchster Existenz [...].» (Zech 1917)

Eine fast wörtlich identische Briefpassage schrieb er an den Weimarer Theaterintendanten Ernst Hardt, von dem sich der Kriegsmüde eine Versetzung in die Etappe erhoffte.

Die entscheidende Infragestellung seiner künstlerischen Reputation und Integrität folgte 1925 und 1926. Er war zu dieser Zeit bereits als «wissenschaftlicher Hilfsarbeiter an der Berliner Stadtbibliothek» (offizielle Bezeichnung) – er selbst gab seine dortige Position gewöhnlich als wesentlich höherrangig aus, nannte sich etwa «Bibliotheksrat» – und verfügte über wenig Musse zum Schreiben. Zwei seiner literarischen Arbeiten aus dieser Zeit wurden als Plagiate entlarvt. Jahre zuvor war bereits eine weitere Fälschung aufgeflogen: Er hatte ein pazifistisches und deutschfreundliches Bekenntnis in Briefform fingiert, als dessen Verfasser er fälschlich den belgischen Dichter Emil Verhaeren ausgab. Darüber hinaus hatte er unter falschem Namen ein eigenes Werk rezensiert, und 1931 musste er sich wegen unrechtmässigen Führens eines Doktortitels verwaltungsintern verantworten.

Am 20. März 1933 erhielt Zech – da er als SPD-Mitglied politisch missliebig war – eine durch die NSDAP betriebene einstweilige Beurlaubung durch den Berliner Oberbürgermeister Sahm; gleichzeitig wurden auch die promovierten Bibliotheksmitarbeiter Dr. Mejer und Dr. Fidler beurlaubt. Paul Zech blieb in Berlin, hatte am 21. März 1933 eine öffentliche Lesung und hoffte auf Wiederbeschäftigung. Am 10. Juli stellte man ihm ein positiv formuliertes Führungszeugnis aus. Am 20. Juli beantragte er, wie die meisten Literaten, Aufnahme in die Reichsschrifttumskammer, was abschlägig beschieden wurde. Zeitgleich wurden seine Buchdiebstähle (über 2000 Bände) entdeckt. Der Bibliotheksdirektor Georg Fitz stellte am 21. Juli einen Antrag auf Strafverfolgung wegen Diebstahls und Unterschlagung, am 28. Juli fanden Hausdurchsuchungen in Berlin und Bestensee statt. Zech entzog sich, seit 1929 im Besitz eines gültigen Passes, der Strafverfolgung, um am 9. August eine Reise nach Buenos Aires anzutreten – eine Einladung seines Bruders bestand seit 1930 –, wo er sich als von den Nationalsozialisten verfolgten Autor ausgab, dessen Werke verbrannt worden seien. Über diese Zeit berichtet Spitta (2006) ausführlich. Zech war weiterhin literarisch produktiv, verfasste Erzählungen und Essays, in denen er Themen und Stoffe des Exillandes behandelte. Jedoch eignete er sich nie die Landessprache an und recherchierte auch nicht reisend, gab jedoch intensive Reisetätigkeit vor. Er war zwar kontinuierlich von finanziellen Engpässen bedroht, zugleich aber geschickt in der Mobilisierung von Personen und Institutionen zugunsten der eigenen Unterstützung. 1946 starb der gesundheitlich schwer Angeschlagene im Exil. Auf Initiative von Alfred Hübner wurde seine Urne 1971 nach Berlin überführt.

Personen, die Paul Zech begegnet sind, schildern ihn als anspruchsvoll und wenig verlässlich; er sei stimmungslabil, dysphorisch, kränkbar und irritierbar gewesen, aber ein mitreissender Gesprächspartner, wenn man sich anerkennend auf ihn einstellte. Ein reguläres Familienleben ermöglichte er den Seinen wohl nicht; er unterhielt mehrfach anderweitige Liebesbeziehungen oder Affären, um deretwillen er die Familie zwischenzeitlich und schliesslich dauerhaft verliess; und er beanspruchte immer wieder eine häusliche Sonderstellung, wenn er wochen- und nächtelang in intensiver Schreibaktivität literarisch arbeitete.

Das psychodiagnostische Bild, das sich hier vermuten lässt, kommt in vielen Punkten demjenigen der histrionischen Persönlichkeitsstörung (ICD-10, F60.4.) nahe: «Eine Persönlichkeitsstörung, die durch oberflächliche und labile Affektivität, Dramatisierung, einen theatralischen, übertriebenen Ausdruck von Gefühlen, durch Suggestibilität, Egozentrik, Genusssucht, Mangel an Rücksichtnahme, erhöhte Kränkbarkeit und ein dauerndes Verlangen nach Anerkennung, äusseren Reizen und Aufmerksamkeit gekennzeichnet ist.» (WHO 2007)

Man würde bei Paul Zech eine erhöhte Bereitschaft vermuten, mit Personen manipulativ umzugehen und in Bezug auf die Bewertung eigenen Handelns und eigener Leistungen den nüchternen Sachbezug zu vermeiden. Diese Tendenzen spielen eine besondere Rolle, wenn es um unrechtmässig reklamierte Autorschaft, Übergriff auf fremdes Eigentum, Selbststilisierung und wunschbezogene Selbsterschaffung geht.

Das histrionische Persönlichkeitsbild ist im allgemeinen Verständnis durch eine relativ stabile Konfiguration manifester Dispositionen des Verhaltens und Erlebens bestimmt (Mentzos 2004; Shapiro 1991). Auf kommunikativer Ebene beeindruckt demzufolge die Tendenz zu überschwänglicher Selbstprofilierung. Auf kognitiver Ebene imponiert die Meidung nüchternen Sachbezugs, des explorativen Eindringens und der (selbst-)kritischen Reflexion. Auf emotionaler Ebene fällt die Tarnung des Spontangeschehens auf. Die Person präsentiert sich zwar häufig als passioniert, verhüllt aber authentische Emotionalität (Mentzos 1990; 2004). Auf der Ebene praktischer Lebensbewältigung gilt dem Histrionischen das Gründlich-Solide, Arbeitsam-Stetige, Umsichtig-Sorgfältige erwartungsgemäss als unattraktiv und lästig. Die Ebene des moralischen Urteilens wird jener des ästhetischen Empfindens angeglichen. Moral dient der Eigen- oder Fremdidealisierung oder -verurteilung, wird aber nicht zur Instanz kritischer Selbstprüfung und zum überpersönlichen Handlungsregulativ. Auf der Ebene partnerschaftlicher Bindung schliesslich beschreibt der klinische Experte zum einen die grundsätzliche Fähigkeit überdauernder Beziehungsgestaltung, zum anderen die Neigung, das Gegenüber zu enttäuschen oder zu frustrieren und sich selbst als Enttäuschender und Frustrierender anzubieten.

Die auffällig vorhandene Bereitschaft, Selbstprofilierung per Fremdanleihe zu betreiben, Grenzen zu missachten, Übergriffe vorzunehmen und Informationen zu fingieren, weist darauf hin, dass man neben histrionischen Zügen auch solche eines pathologischen Narzissmus mit latent oder offen destruktiver Tendenz und auch der Bereitschaft zu spalten – das heisst, gegensätzliche und unverträgliche Vorstellungsinhalte unverbunden und unvermittelt nebeneinander zu stellen – vermuten darf. Ansprüche Anderer können ignoriert oder missachtet werden, wenn die Kompensation eines brüchigen Selbstgefühls auf dem Spiel steht.

Den eigenen Geschichten glauben

Zechs Darstellung eigener Leistungen und biografischer Verhältnisse war durchwoben von variablen Fiktionalisierungen, die seine Herkunft, seinen Bildungsstatus, seine sozialen und intimen Beziehungen, Lebensereignisse und Unternehmungen betrafen. Übergriffe auf fremdes Eigentum, Plagiat und Entwendung von Büchern erweitern das Bild. Dabei ging es wohl weniger um strategischen Profit wie bei Hochstapelei, Heiratsschwindel oder Erbschleicherei, im Vordergrund stand wahrscheinlich die Bearbeitung seiner Biografie im Dienst psychischer Regulierung.

Die biografische Fiktionalisierung war nach aussen ein Eindrucksmanagement, das Anerkennung einbringen sollte, nach innen fand eine Befindlichkeitsregulierung statt, die den nüchternen Faktenbezug hintanstellte. Was Fälschungen, Diebstahl und Plagiat angeht, ist anzunehmen, dass Paul Zech zwar wusste, was er tat, sich aber weder mit der Bedeutung noch mit den Konsequenzen seines Handelns konfrontierte, es vor sich selbst entschuldigte, Kritik und Selbstkritik von sich fernhielt. Was die Fiktionalisierungen angeht, ist kaum zweifelsfrei zu ermitteln, was gezielte Lüge und was Selbsttäuschung war. Plausibel ist die Annahme, dass Selbsttäuschung eine grosse Rolle spielte. Bei der Selbsttäuschung geht es gewöhnlich um die Herstellung und Aufrechterhaltung von Vorstellungen über Ereignisse und Sachverhalte, die den eigenen Wünschen und Anliegen günstig sind. Diese den eigenen Wünschen günstigen Vorstellungen keimen besonders gut, wenn die Vorfälle und Situationen, über die einer spricht und nachdenkt, persönlich bedeutsam und zugleich vieldeutig sind. In Angelegenheiten der Liebe und der Anerkennung ist dies häufig der Fall. Ein freundliches Lächeln mag einem Verliebten als Ermutigung gelten, eine höfliche Bemerkung einem Anerkennungsbedürftigen als lobende Auszeichnung. Der gewöhnliche Anstand schont wechselseitig die Selbstliebe und übt bei Kränkungsrisiken Dezenz, Schonung und Gesichtswahrung. Dabei ist von grosser Bedeutung, dass der narrative Mitteilungsmodus affirmativ angelegt ist: Man glaubt, was man sagt. Man lässt andere glauben, was man sagt. Andere sind willens zu glauben, was man sagt, da man den Erzählungen und Geschichten einer Person gewöhnlich mit affirmativer Resonanz (statt mit taktloser Skepsis) zu begegnen pflegt. Ein Erzähler mag aber durchaus den glaubensbereiten Takt eines Hörers ausbeuten und narrative Fiktionen transportieren, an die er im Erzählprozess selbst glaubt, umso mehr, wenn er suggestiv Gewissheit erzeugt und die affirmative Haltung des Hörers auf das Konto der eigenen Glaubwürdigkeit bucht. Eine eindrucksvolle Illustration der narrativen Gläubigkeit liefert Gottfried Keller (1889) im Kapitel «Kinderverbrechen» seines Romans «Der grüne Heinrich». Nicht umsonst wählt der Autor eine moralische Kennzeichnung für die erfundene Geschichte, die der kleine Schüler Heinrich seinen Lehrern auftischt: eine Geschichte, in der er selbst Opfer war und ältere Schüler die Übeltäter, die unverstellten Glauben bei den erwachsenen Autoritäten findet und den Produzenten den Machtrausch der poetischen Wahrheit erfahren lässt.

Die wechselseitige Schonung privater Illusionsneigungen fördert Selbsttäuschung, wenn man im Dienst der Selbstliebe auf das Korrektiv der kritischen Urteilsbildung verzichtet – ein Verzicht, der bekanntlich leicht fällt, wenn korrektive Kontrolle fern ist und man ein gläubiges Publikum vor sich hat. Fiktionale Selbstpräsentation ist ein mentales Regulativ mit kommunikativer Anerkennungsprämie.

Die Fiktionalisierung von Erinnerung und biografischer wie autobiografischer Erzählung ist ein Alltagsphänomen. Denn wir rechnen damit, (1) dass die narrative Selbstvergewisserung durchsetzt ist von persönlichen Präferenz- und Relevanzsystemen; (2) dass sie mitbestimmt ist durch das, was man in Erzählungen über die eigene Person gehört hat; (3) dass Primärerfahrungen aus der infantilen Vorzeit unbewusst prägende Wirksamkeit entfalten; und (4) dass sich narrative Selbstvergewisserung aus kulturellen Geschichtenmustern speist (Sarbin hat detailliert die Konstruktion narrativer Identität dargestellt in Sarbin 1995; 1997; 2000; 2001). Hervorzuheben ist schliesslich der Befund, (5) dass in regressiven, von Umweltsignalen sich abschliessenden Zuständen und bei weitgehender Stilllegung der Orientierungs- und Kontrollfunktionen vorgestellte und halluzinierte Ereignisse für wirklich gehalten werden (Traum; reizarme, abgeschlossene, isolierte Milieus). Das hat mit einem regressions- und rückzugsbedingten Ausfall innerer und äusserer Korrektive zu tun oder in psychoanalytischer Diktion: mit dem Wegfall eines Hemmungs- und Zensuraufwands.

Martinez sieht den «Widerstreit zwischen einer übermächtigen Phantasie- und Innenwelt und einer Aussenwelt, deren Vernachlässigung sich zeitlebens rächte» (1989, S. 188) als zentral an. 1961 schrieb Rudolf Zech über seinen Vater, dieser sei häufig plötzlich und ohne jede Ankündigung für Tage, Wochen oder Monate von zuhause verschwunden – einmal gelangte er angeblich bis nach Russland. Alfred Hübners Recherche (neueste Befunde Juli 2007) legen jedoch nahe, dass der Sohn dieses plötzliche Weglaufen und die Reisen seines Vaters erfand.

Körperliche und psychische Krisen häuften sich, führt Martinez aus, besonders stark in der zweiten Lebenshälfte, speziell in Konfrontation mit den Plagiats- und Fälschungsfällen, die laut Martinez auf ein systematisches Verschwimmen von Fiktion und Realität zurückgehen könnten: «Statt einen Ausgleich zwischen den Gegebenheiten der Wirklichkeit und den eigenen Bedürfnissen zu finden, der beiden Seiten gerecht wird, suchte er sich regressive Wunscherfüllungen im Rückgang auf frühere Stadien in der Entwicklung des Ich-Gefühls. Stadien, in denen die Aussenwelt und die Anderen noch wenig vom Ich geschieden sind und ungehindert narzisstischer Befriedigung dienen können. Konfrontiert mit einer Umgebung, die tatsächlich oder auch nur seinem subjektiven Erleben nach elementare Bedürfnisse nach Erfolg und Anerkennung nicht befriedigte, verschaffte sich Zech nicht nur in seinem Wirken, sondern auch in seinem Leben tagtraumartige Formen der Wunscherfüllung». (Martinez 1989, S. 190 f.)

Ernst Kris charakterisiert in «Die künstlerische Illusion» das kreative Schaffen als bewusst inszeniertes Spiel, das kindliche Formen des Wahrnehmens, Denkens und Vorstellens evoziert, um sie formschaffend zu verwandeln; ähnlich beschreibt Freud in «Der Witz und seine Beziehung zum Unbewussten» (GW VI) die schöpferische Witzarbeit. Der Ausdruck «künstlerische *Illusion*» verweist sowohl auf den Wunschcharakter künstlerischen Produzierens als auch auf dessen Suggestionspotential, das darin besteht, der literarischen Darstellung mit einer Haltung affirmativer Gläubigkeit zu begegnen. In wichtigen Phasen des schöpferischen Prozesses müssen der kritische Blick und der nüchterne Sachbezug zugunsten zensurfreier Einbildungslust zurücktreten. Für Paul Zech aber mag sich die Freiheit des Poetisierens auch auf das Denken und Sprechen über die eigene Biografie übertragen haben. Damit befindet er sich in Gesellschaft all jener, die illusionäre Selbsthistorisierung betreiben.

Paul Zech teilt die biografische Fiktionalisierungsneigung aus den angeführten Gründen mit vielen Menschen, geht aber weit über das übliche Mass hinaus. Man kann vermuten, (1) dass er narrative Selbstvergewisserung als narrative Bestätigung nutzte und sich einer Dezentrierung oder Relativierung des persönlichen Präferenz- und Relevanzsystems verweigerte; (2) dass man ihm in seinen frühen Jahren – vielleicht auch später – über die eigene Herkunft, Heimat und Zugehörigkeit Dinge erzählte, die seinen fiktionalisierten Versionen Nahrung gaben; (3) dass die frühe Trennung von der leiblichen Mutter einen prägenden Einfluss auf ihn ausübte, für seine psychische Entwicklung übermässig bedrohlich war und nicht anerkannt werden konnte; (4) dass er sich als treuer und erfolgreicher Sohn Westfalens verstand, der um das Geheimnis dieses Landes wusste, sich dessen Natur, Bergbau, Bergarbeitern nahe fühlte und auch eine soziale und Bildungskarriere machte. Für Zechs Selbstgefühl war dieses Geschichtenmuster vom treuen und tüchtigen Landessohn auf mütterlicher Erde stabilisierend, es vermittelte Zugehörigkeit, Charakter und Zukünftigkeit. Martinez vermutet, wie erwähnt, (5) dass bei Zech der regressions- und rückzugsbedingte Ausfall innerer und äusserer Korrektive eine grosse Rolle spielen mochte, wenn er sich biografisch inszenierte.

Der Familienroman

Der eigene Ursprung gibt Anlass zu Geschichten. Freud beobachtete die biografische Fiktionalisierung bei seinen Patienten und stellte sie in seiner Arbeit vom «Familienroman des Neurotikers» zur Diskussion (GW VII). Oft wird man, so schreibt er, in der psychoanalytischen Arbeit mit Patienten oder auch im Kontakt mit Jugendlichen darauf aufmerksam, dass diese ihre Familienzugehörigkeit infrage stellen. Sie wähnen sich höherer Abkunft, glauben sich gräflichen Geblüts, nähren den heimlichen Verdacht, natürlicher Sohn oder natürliche Tochter einer hochgestellten Persönlichkeit zu sein. Was wäre, wenn mein Vater gar nicht mein leiblicher Erzeuger wäre, mein Ursprungsort gar nicht derjenige, an dem ich mit den Eltern lebte? Dass diese Fragen im individuellen wie im kulturellen Kontext grosse Bedeutsamkeit erlangen können, hängt mit Wünschen und Fantasien zusammen, die um das Verhältnis des Einzelnen zur Herkunftsfamilie kreisen – eben zu den Eltern, die man nicht selbst hat wählen können. Und nicht nur das, die eigene Entstehung entzieht sich der eigenen Bestimmung und Verfügung; nicht einmal die eigene Frühzeit wird erinnert.

Ein Spross aus grosser Familie gilt etwas, lange bevor er eigene Verdienste hat. Man gibt ihm Chancen, zeichnet ihn aus vor den anderen Menschen, er profitiert von den günstigen Zuschreibungen, hat immer schon Ansehen und Achtung auf Kredit. Man weiss – und beklagt – es aus der deutschen Bildungsforschung: Die guten Schulkarrieren machen die Kinder der Wohlhabenden und Gebildeten, nicht diejenigen von geringer Abkunft.

Die Feier der Ankunft eines Kindes gehört im normalen Familienleben zu den grossen und wichtigen Traditionen, ebenso die Einbettung des Kindes in die Familie: Das ist die kulturelle Praxis der Herstellung von Zugehörigkeit als Historisierung. Man bewillkommnet das Kind als zugehörig, platziert es in der Geschichte der Familie, gestaltet und kultiviert erzählend und wiedererzählend die Geschichte seines Werdens, seiner Geburt und seines Gedeihens. Das Kind übernimmt das Narrativ vom eigenen Ursprung, um in späteren Jahren aktiv, fragend und forschend damit umzugehen (Boothe 2005; Boothe und Heigl-Evers 1996). Diese Ursprungserzählungen – Teil dessen, was man unter Familiensaga versteht – erfreuen sich im Alltags-, Medien- und literarischen Leben bemerkenswerter Aufmerksamkeit: die unbekannte Herkunft des Adoptivkindes, des Findlingskindes; das zarte Siechtum des letzten Sprosses einer zerfallenden Familiendynastie; das begabte Kind aus armem Hause; das schöne Mädchen, Ebenbild der Frau, die im Kindbett starb – all das ist Stoff für die Fantasieproduktion.

Für die Weltliteratur, das religiöse Schrifttum, für Märchen und Unterhaltungsmedien ist die Thematik des vertauschten Kindes, der verschwiegenen Elternschaft oder des Kaspar-Hauser-Plots ein unerschöpfliches Faszinosum, und im Zeitalter flexibler und variabler Partnerbindungen erhalten entsprechende Fantasien neue Nahrung. Die berühmtesten Kinderbücher: «Heidi», das Waisenkind; «Pippi Langstrumpf», das Kind, das frei von familiärem Einfluss die Villa Kunterbunt bewohnt und einen fernen Vater, Kapitän auf den Weltmeeren hat; «Harry Potter», der die lieblosen Pflegeeltern verlassen darf, um seine wirkliche Bestimmung als Sohn eines Zauberers zu leben – all diese Figuren spielen mit dem Faszinosum des Familienromans. Der Held und die Heldin erlangen eine besondere Stellung, weil sie nicht banale Söhne und Töchter, sondern von besonderer Abkunft sind, die ihrer Erscheinung zusätzlichen Glanz verleiht. So schaffen sie der Kindheit ein eigenes Imperium. Das gilt für Pippi Langstrumpf unbedingt, die mit einem Streich gleich noch die Beengung durch Geschlechterrollen abschafft. Und es gilt auch für Heidi, die Elternlose. Sie realisiert nicht nur Kindheit als freie und eigenständige Lebensform, sondern ist auch Glücksbringerin, Segensbringerin, ewige Verheissung und damit dem jungschen Archetypus des Kindes verwandt. Pippi und Heidi sind ewige Kinder, der Zauber der Präsenz ist ihr Element.

Auch Harry Potter gelangt zu Beginn der Romanserie in ein Imperium der Kindheit, lebt aber ein Leben als auserwählter Sohn im Glanz sieghafter und erfüllender Zukünftigkeit. Dies kommt dem psychologischen Motiv des persönlichen Familienromans im Sinne Freuds besonders nah: Wer Sohn oder Tochter grossartiger Eltern ist, hat den Vorteil, an deren Glanz zu partizipieren, gute Zukunftsaussichten zu haben und von aktuellen Bindungen in all ihren Defizienzen und Beschränkungen unabhängig zu sein. Wer sich durch das Fantasieren eines persönlichen Familienromans Distanz zur eigenen Biografie verschafft, partizipiert – wenigstens illusionär – an auserwählter Grösse: Der Glanz des Objekts fällt auf das Ich. Das Schicksal von Moses (ausgesetzt im Weidenkörbchen), von Ödipus (ausgesetzt mit gebundenen Füssen auf dem Berge Kithara) und von Jesus (göttlicher Abkunft, aber im Leib einer Menschenfrau und in menschlicher Fürsorge herangereift) ist jeweils mächtig bestimmt vom Motiv der besonderen Herkunft.

Paul Zech, der Westfale. Das bedeutet nicht Grafentum und Prominenz, sondern – so will es die Darstellung Zechs – eine regionale Mentalität in deutscher Provinz, die sich durch Schwerblütigkeit, Mystizismus und schweigenden Sinn für die elementaren Dinge des Lebens und des Todes auszeichnet. Zech teilt diese regionale Mentalität in seiner Herkunftsfantasie mit der Mutter und formuliert so die schicksalhafte Tradierung einer Geistes- und Gemütsverfassung – auf schwerem, dunklem Heimatboden. In dieser Herkunftsfantasie teilt er mit der Mutter Heimat und Seele, es gibt ein tiefes und unwandelbares, gleichsam naturwüchsiges Einvernehmen. Die kindliche Vision von Intimität mit der Mutter bei Ausschluss des Vaters ist eine Dramaturgie der Liebe und der Angst, die ihre besondere Gestalt durch das kreative Fühlen und Wollen des Kindes gewinnt und im Wechselspiel mit den elterlichen Beziehungsangeboten und den Geschichten, die sein emotionales Gedächtnis bilden, einen individuellen Zuschnitt erhält. Diese Geschichten sind wirksam, weil Fühlen und Wollen sich in Narrativen organisieren (Sarbin 2001), die bestimmten erkennbaren Regeln folgen und im Lauf eines Lebens lebendig bleiben (Liebsch 1997; Ricoeur 1988; Stern 1998).

Paul Zech hatte wirklich im Westfälischen Aufnahme gefunden. Es war ihm darum zu tun, nicht nur ein Gast zu sein, der letztlich den Status des Fremden hat und abberufen werden kann, sondern im vollen Sinn zu partizipieren – als Spross aus Heimaterde. Man mag sich denken, dass dieses tiefe Einvernehmen und die Vorstellung, ein echter Sohn Westfalens mit westfälischer Seele zu sein, der Unsicherheit entgegengesetzt wurde, die dem Umstand entspringen mochte, das erste überlebende von 22 Kindern seiner Mutter zu sein – ein überlebendes Kind zwar, aber kontinuierlich bedroht und in einem Milieu befindlich, in dem Tod und Sterben dominante Ereignisse waren. Die Fantasie schuf eine beständige, geschützte, naturnahe Heimatbasis, verwandelte die Zufallsexistenz in einen tief geprägten Charakter. Oder genauer noch: Paul Zech, der Westfale, konnte zum privilegierten Poeten des westfälischen Natur- und Lebensgefühls wie zum auserwählten Gestalter der extremen Lebensverhältnisse im Bergbau werden.

Man lobt ihn, in Zeiten voller Anerkennung, für sein junges Werk, für die Echtheit und Dichte der gestalteten Erfahrung; man glaubt ihm den «dickschädeligen», arbeits- und leidensbereiten Westfalen, den Sohn in langer Ahnenreihe. Der Familienroman schuf Zugehörigkeit, Sicherheit, Bindung. Dass Paul Zech glaubte, was er erfand, wurde vermutlich erleichtert durch den Umstand, dass er früh fern von der Ursprungsfamilie lebte, also ungehindert durch Realitätskonfrontation an einem Ursprungsmythos weben konnte. Auch liegt es nahe, dass Legendenbildungen dieser Art soziale Unterstützung finden, dass das Kind Paul Zech beispielsweise von seinen Verwandten – freundlich, mitfühlend – ermutigt wurde, den Ort seiner Unterbringung, an dem er Zugehörigkeit und Familiarität erfahren haben mochte, als Zuhause zu sehen. Und wenn sich dies in späteren Zeiten biografischer Selbstvergewisserung verklärte, so teilt er diese Neigung mit vielen Autobiografen.

Narrative Wunsch- und Angstdynamik

Paul Zech, versteht sich, gibt keine Auskunft darüber, warum er falsche Angaben zu den eigenen Lebensdaten oder zu seiner eigenen Lebenssituation und seinen Schreibprojekten machte, warum er des Plagiats schuldig wurde und Bücher stahl. Erhalten wir Hinweise dazu aus seinem literarischen Werk? Zwar gewinnen wir dort keine Aufklärung über Ereignisse (Warum sagte oder tat er dies oder jenes zu diesem oder jenem Zeitpunkt, bei dieser oder jener Gelegenheit?), wir gelangen aber zu Hypothesen über Dispositionen des Erlebens und Verhaltens, und zwar dann, wenn wir das Werk in der Perspektive einer Wunsch- und Angstdynamik, als schöpferische Antwort auf biografische Bedingungen lesen. Es geht darum, den literarischen Text als persönliches Wunsch- und Notprogramm zu lesen.

Der Anfang der Erzählung vom schwarzen Baal

Die Erzählung beginnt folgendermassen:

«Oh, das Unglück! Oh, das Unglück! Wie ein dichtes Schneegestöber fuhr dieses flockige Rufen über das Dorf, immer wenn der schwarze Baal die roten Fangarme durch den Schacht gestossen hatte und von jenen Männern, die ihr Bündel heiler Knochen Tag für Tag auf die blutrostigen Böden der Förderschale legen mussten, sich irgend Einen, oder ein Dutzend oder Hundert auswählte zum Frass, und den Rest wieder von sich gab wie einen ausgedörrten Kothaufen. Oh, das Unglück! Oh, das Unglück! Und die Witwen im schwarzverlogenen Gewand der Trauer, die diesen Ruf gleichgültig hinausmurmelten wie den Perlenfall des Rosenkranzes, zerdrückten in der Linken das Taschentuch und wogen in der Rechten den Goldklumpen der Unfallprämie. Sie wogen und prahlten, bis das Gleissende zum Glück wurde für den neuen Schuft aus der Reihe der Schlafburschen. Und dann schickten die wiederum Mutter Gewordenen ihre Söhne in den Schacht hinunter. Und es dünkte ihnen eine grosse, unverdiente Gabe, wenn der Grubendirektor Brot gab für die hungrigen Mäuler. Denn der Schatten des Hungers lag wuchtender auf den paar aussätzigen Hütten am Fluss, als der hagelwolkige Vorübergang einer Katastrophe, die eigentlich nur die Fenster zum Klirren brachte und ein paar Gänge zum Kirchhof mehr. [...] Und doch war einer in dieses Dorf gekommen, den man alsogleich zum Opfer bestimmte. Obwohl er das Schandmal des Unglücks an der Stirn trug wie eine aufgebrochene Schwärze, bekam er seinen Tod zugewiesen. Und die, die ihn hielt, war nicht untertänig wie Abraham, da er Isaak opfern ging. Das brachte ihn gleich in eine allzu schiefe Stellung zu den wichtigsten Dingen dieses Lebens, obwohl seine Mutter dagegen ankämpfte mit den Instinkten eines Raubtiers. Schon dass Fredrik als eine Frühgeburt just in dem Augenblick zur Welt kam, da man seinen Erzeuger ins Haus brachte: schwarz, entstellt und rotgeschunden, gab ihm eine Sonderstellung inmitten des grossen Haufens.» (Martinez 1989, S. 5–7)

Die Erzählung setzt ein mit einer (klima-)atmosphärischen (Schneefall) Situationscharakterisierung. Es handelt sich um ein zeitgenössisches Dorf im Kohlerevier ohne örtliche Spezifizierung. Der Auftakt ist ein Klageruf, ohne dass Rufende identifiziert würden. Der Ruf wird zum matten Murmeln in der Beschreibung. Er gilt den Arbeitern, die Opfer von Bergwerksunfällen geworden sind. Die tödlichen Unfälle werden als Taten eines monströsen Wesens, eines Dämons, einer heidnischen Gottheit dargestellt. Dieses monströse Wesen – Gott der Fruchtbarkeit – ist ein habitueller Greifer, die Vernichtung der anonymen Massen von Bergleuten wird als Greifen-Fressen-Auswerfen dargestellt. An die habituellen Formen der konsumierenden Vernichtung sind die Menschen gewöhnt, ja, die Frauen, die Söhne gebären und Söhne und Männer im Kohlebergwerk verlieren, profitieren gar von einer Unfallprämie.

All dies ist nicht episodisch dargestellt. Es ist eine allgemeine Situationscharakterisierung. Sie beschwört ganze Generationen gebärintensiver, wahllos promiskuöser, profitwilliger Frauen; sie erwähnt das Ausbeutungsregime des Bergwerksmanagements mit der Beschwichtigungsofferte der Unfallprämien. Die blinde Korrumpierbarkeit der Nutzniesserinnen ermöglicht diesen Handel. Und doch wird die Destruktion nach dem Willen des Autors Baal, einem mythisierten Wesen zugeschrieben. Es gibt diesen todbringenden Unhold, aber es herrscht eine eigentümlich indifferente Lebens- und Sicherheitsgläubigkeit. So geht es viele Generationen lang. Dann beginnt etwas Neues. Ein rituelles Opfer. Einer ist wieder einmal tot aus dem Stollen geborgen worden. Er hinterlässt ein Neugeborenes, und dieses Kind gilt als ausersehenes Opfer.

Wir haben es mit einem Ambiente zu tun, das sich durch fundamentale Auslieferung auszeichnet. Die Arbeitsbedingungen haben eine extrem hohe Mortalitätsrate zur Folge. Trotzdem glauben die Betroffenen, Glück zu haben, weil sie immerhin nicht verhungern. Neue Todesfälle werden nur oberflächlich zur Kenntnis genommen, zu Tode gekommene Gatten und Kinder werden routinemässig und habituell durch neue Sexualgefährten und neu gezeugten Nachwuchs ersetzt. Dass ein dämonisch-monströses Wesen, der schwarze Baal, gierig fressend-verschlingend die Menschen dahinrafft, bemerken die Betroffenen nicht. Und doch wird das Dämonenwesen in stummer Präsenz wirksam: Es entsteht anonyme Einigkeit, dass ein Opfer dargebracht werde, ein Menschenopfer, ein Kind. Das Kind Fredrik, ein Frühgeborenes, zur Welt kommend, als der tödlich verunglückte Vater ins Haus der Gebärenden gebracht wird, soll Opfer sein. Aber die Mutter, Antje, will es retten.

Fredriks Lebensbeginn ist derjenige eines todgeweihten Kindes. Kein Kredit für sein Gedeihen, kein Vater, der als Beschützer zur Verfügung steht, nur eine Mutter, die – in völliger Isolation und angesichts der offen gehässigen Prophezeiung: «Das Kind wird nicht leben» – ihren Sohn beschützt. Es wird eine Dramaturgie der Rettung aufgebaut. Das geschieht zwar in einer Sprache, die soziale Missstände zeigt, aber es geht nicht um die narrative Evokation eines gesellschaftlichen Zustands als soziale, moralische, körperliche und psychische Misere, sondern um eine Ausgangslage, die persönlich relevante Bedingungen auf intersubjektiver Ebene so formuliert, dass ein persönliches Appetenz-Aversionssystem in der narrativen Verbindlichkeit einer Wunschmoral artikulierbar wird, deren Prototyp das Märchen ist (Jolles 1974).

Der Gang der Handlung

Da sind Mütter, die ausliefern – und eine Mutter, die retten will. Antje ist eine Mutter, die retten will. Fredrik kommt als Frühgeburt zur Welt, während Israel, sein Vater, als toter Bergmann ins Haus seiner Verlobten Antje – die Hochzeit sollte in wenigen Wochen stattfinden – gebracht wird.

Antje erzieht das Kind allein, steht beim Amtmann im Dienst und kann später vom Ersparten ein Haus und einen Laden erwerben. Sie kann tagsüber zunächst den Säugling in der Obhut der Tante im Krankenhaus lassen. Dort halten sich allerdings gewohnheitsmässig auch drei Frauen, bekannt als Klatschtanten, auf; sie prophezeien eifrig und gehässig den baldigen Tod des Kindes: Israel werde es holen. Dass Fredrik spätestens mit Beginn der Grubenarbeit sterben wird, steht im Dorf fest. Als der kleine Junge, vierjährig, mit anderen Kindern auf der Schlackenhalde spielt, zieht er sich Brandverletzungen zu, die sein Gesicht für immer zeichnen. Seine Mutter bindet ihn im verzweifelten Bemühen, sein Leben entgegen den gehässigen Prophezeiungen zu erhalten, ans Haus, überwacht ihn, und doch geschieht auf einem Schulausflug ein neues Unglück. Fredrik gerät in schnellem Lauf im Gelände auf unsicheren Boden und fällt in die Tiefe ungesicherter Schächte. Er überlebt den Sturz mit Folgeschäden an Schulter und Bein, und doch kündigt selbst der Arzt der Mutter gegenüber offen den Tod des Kindes an. Längst hat Fredrik nach seinem Vater gefragt und die mütterliche Auskunft erhalten, dieser sei ein Stern am Himmel. Seither begleitet der Stern das sehnsüchtige Kind in den Schlaf. Doch ein Zufall spielt ihm ein Foto des Vaters, das in einem Buch gelegen hatte, in die Hände. Zunächst erschreckt ihn der Anblick des Mannes, den er für böse hält. Dann aber verbirgt er das Foto in der Küche, um es für sich selbst zu bewahren und vor dem mütterlichen Zugriff zu schützen. Nicht zuletzt aufgrund von Fredriks Unfall wurden staatliche Kontroll- und Schutzmassnahmen mobilisiert, und das Gelände, auf dem das Dorf stand, wurde als unbewohnbar eingeschätzt. Den Bewohnern werden neue, gute Wohnungen ausserhalb zugewiesen, das Dorf soll gesprengt werden. Verbotenerweise betritt Fredrik noch einmal das abgesperrte Dorf, um heimlich das im Haus vergessene Foto zu holen; unterwegs leuchtet das Grabkreuz des Vaters – eine Warnung gleichsam – unheimlich auf. Der Junge findet das Foto nicht, löst aber auf seiner verzweifelten Suche versehentlich die Sprengpatrone. Sie explodiert, bringt ihm den Tod. Die Mutter schaut von fern entsetzt zu, wie das Dorf zerbirst.

Die Dorfbewohner in ihrer neuen Sicherheit wähnen sich – triumphierend und offen mitleidlos – erlöst durch den Tod des ausersehenen Opfers. Die Mutter Antje findet in einem fernen Grubendorf Arbeit, «suchte dort den Tod und suchte ihn vergebens» (Martinez 1989, S. 21).

Baal, die Riesenkrake
Der allwissende Erzähler macht eingangs mit dem monströsen Mythenwesen Baal bekannt. Wer ist Baal? Gemäss Lurker (1989) ist «Baal» eine westsemitische Bezeichnung mit der Bedeutung «Eigentümer», «Herr». In Assyrien bezeichnet der Name mehrere Gottheiten: die Gottheiten der Natur, der Fruchtbarkeit und des Wetters (ebd., S. 57). Ursprünglich ist Baal «ein Naturgott, der die Erde fruchtbar macht», im «christlichen Spätmittelalter der Name eines Höllenfürsten mit drei Köpfen, dem einer Kröte, dem eines Menschen und dem einer Katze. Sein Reich liegt im Osten» (ebd., S. 58).

In der Überlieferung also Gott der Fruchtbarkeit, ist Baal hier eine fressgierige Riesenkrake, am Greifen und Schlingen und Ausschleudern interessiert. Immer wieder scheint Baal einzufallen, um Beute zu machen, und solche Ereignisse manifestieren sich für die Menschen als katastrophale Unglücksfälle im Schacht.

Das Wirken eines Baals spielt im Horizont des Denkens und Fühlens der Dorfbewohner freilich keine Rolle, sie kennen ihn nicht und sehen die Unglücksfälle als Wirken der Naturgewalt – einer Gewalt, die sie mit stumpfem Gleichmut hinnehmen, stets denkend, dass es sie persönlich nicht treffen werde, und froh, im Stollen Arbeit zu finden, denn nichts ist ihnen schrecklicher als der Hunger. Die Töchter, Witwen und Ehefrauen sehen sich durch die Unfallprämie entschädigt, frei für neue sexuelle Kontakte und bereit, neuen Nachwuchs in die Grube zu schicken.

Routine des Todes
Soeben hat der Autor die Routine der stumpfen Trauerrituale im Kirchhof skizziert, denen nur zu bald die Geburten folgen, da leitet er mit der konzessiven Wendung «und doch» das Opfer ein: «Und doch war einer in dieses Dorf gekommen, den man alsogleich zum Opfer bestimmte.» (Zech 1989, S. 50) Dieser von einem nicht näher erklärten «man» zum Opfer bestimmte Mensch ist ein Neugeborenes, das «als eine Frühgeburt just in dem Augenblick zur Welt kam, da man seinen Erzeuger ins Haus brachte: schwarz, entstellt und rotgeschunden» (ebd.). Warum plötzlich ein (Menschen-)Opfer? Wem gilt es? Und was soll es bewirken? Man konstruiert als Leser: Das Menschenopfer, Kindesopfer soll den Unfällen ein Ende setzen. Das Kind unterscheidet sich von andern, es ist gezeichnet, trägt das «Schandmal des Unglücks auf der Stirn» als das Kainszeichen dessen, der nicht berührt, nicht angetastet werden darf, und doch muss es sterben, «bekam seinen Tod zugewiesen» (ebd.).

Auffällig ist, dass der Erzähler den kleinen Jungen einführt mit den Worten: «Und doch war einer in dieses Dorf gekommen [...].» Von einem Neugeborenen sagt man nicht, es komme in das Haus oder den Ort seiner Geburt. Es kommt nur einer, der sich von anderswo an den Ort seiner Ankunft begibt. Einer kommt in dieses Dorf – ein Fremder erscheint, führt sich ein, findet Aufnahme. Paul Zech kam als Kind nach Westfalen, um bei Menschen Aufnahme zu finden, die sich seiner anstelle der leiblichen Eltern annahmen. Die Ankunft des Fremden ist ein vertrautes literarisches Motiv, die Ankunft des Ersehnten und Erwarteten ebenso, und im Zentrum der christlichen Religion, im Neuen Testament, steht die Ankunft des Messias in Gestalt des göttlichen Kindes. Hier kommt in der Tat ein Kind an, das – wie Messias – für ein Kollektiv zum Opfer werden soll und daher eine besondere Stellung einnimmt. Gleichzeitig wünscht man diesem Kind den Tod. Paul Zech entwirft hier die Licht- und die Nachtseite des Kindes als Fremdling, das des elterlichen Schutzes bedarf, um zu überleben, und das Gefahr läuft, nirgends Aufnahme zu finden. Als Präfiguration des Jesus galt Isaak, ein ersehnter Sohn, ein Gottesgeschenk, das dann aber – Versuchung des Abraham – geopfert werden soll. Fredrik, das besondere Kind, das in die Welt tritt, als der Vater zerschunden und tot aus dem Bauch der Erde geschleudert wird, könnte besondere Auszeichnung verdienen – so die poetisierte Idealisierung und mögliche Selbstidealisierung des Autors –, aber man behandelt den Kleinen nicht demgemäss. Die Dorfbewohner, allen voran die drei bösen Feen, Parzen oder Schicksalsgöttinnen, verhöhnen das Kind und seine Mutter – so die poetische Demütigungs- und Marginalisierungsfantasie. Seine Mutter liebt ihn, hasst und verwirft seinen Vater – so die poetische Fantasie einer Mutter-Sohn-Selbstgenügsamkeit mit ödipalen Vorzeichen. Die Mutter «[...] hasste hinfort den Mann, der solches heraufbeschworen hatte. Sie hasste diesen Mann über das Grab hinaus. Sie hasste seine Hantierung» (Martinez 1989, S. 7 f.). Die Mutter verweigert dem Vater ihres Kindes Liebe und schliesst ihn aus dem Dreieck der Sexualität und der Elternschaft aus. Das ist eine Beziehungsfantasie der ödipalen Privilegierung, Intimisierung und Exklusivität. Für die biografische Selbstkonstitution des Autors Paul Zech kann die Mutter als Figur des Verlangens und der Zärtlichkeit erhalten bleiben, wenn der Vater als Übeltäter verworfen wird und nicht einmal Gedenken findet. Dass dann Fredrik – und wohl auch das Kind Paul Zech – sich trotzdem auf Vatersuche begibt, wird sinnfällig als Bedarf an Autonomisierung. Individuation und Selbststeuerung sind am Herzen und auf dem Schoss der Mutter nicht möglich. «Hänschen» muss in die Welt, mit «Stock und Hut» des Vaters.

Narrative Verführung

Martinez spricht in Bezug auf die selbstbezüglichen Aspekte des literarischen Schaffens von einer«erfundenen Probewelt» und schreibt: «Diese unheimliche, mythisch-animistische Welt des ‹Schwarzen Baal›, in der Fahrradlichter Fussgänger beiseite fegen können und Gestein verwundbar ist wie Fleisch, ist uns vielleicht nicht so fremd, wie es zunächst scheinen mag. Sigmund Freud hat das Unheimliche erklärt als ein Gefühl, das bei der Begegnung mit etwas ursprünglich Vertrautem entsteht, nämlich beim Wiederaufleben frühkindlicher Weisen der Welterfahrung, die dem Erwachsenen durch Verdrängungsprozesse erst entfremdet wurden. Ernst Kris' Theorie der künstlerischen Produktivität schliesst daran an. Könnte man die Mythisierung der Wirklichkeit im ‹Schwarzen Baal› nicht als Ergebnis und Ausdruck einer kontrollierten künstlerischen Regression im Sinne von Kris auffassen? Lässt man sich auf diese Idee ein, dann hiesse das, dass Zech private Entwicklungsstörungen in den Novellen objektiviert hat und damit ein Modell entstanden ist, eine erfundene Probewelt, auf die sich der Leser für die Dauer der Lektüre spielerisch einlassen kann. Während die normale pathologische Regression auf die besondere psychische Entwicklung des einzelnen beschränkt bleibt und ihre Äusserungsformen nicht vermittelbar sind, ist die künstlerische Regression an andere gerichtet und von anderen zu verstehen. Mit dem Eindringen in die erzählte Welt wiederholt der Leser den schöpferischen Regressionsprozess des Autors.» (1989, S. 195 f.)

Oder anders gewendet: Erzählenden geht es um die Verführung des Hörers und Lesers.

Paul Zech schildert Not und verwendet ein emotional appellatives Vokabular. Die Erzählung «Der schwarze Baal» beginnt mit dem Weheruf «O das Unglück!» und stimmt uns ein auf sympathisierende Teilnahme. Zur Teilnahme mit dem unglücklichen kleinen Helden lädt auch – beispielsweise – folgende rührende Szene ein:»Und jeden Abend, wenn ihn die Mutter entkleidet hatte, sprang er ans Fenster und griff mit dem hageren Ärmchen den Stern. Er verschloss ihn mit der kleinen Faust und trug ihn in den Traum hinüber. Dort schien er die ganze Nacht so hell, so hell.» (Martinez 1989, S. 13)

Das gläubige Zeremoniell eines Kindes, das sich nach dem unbekannten Vater sehnt. Das Schicksal des Kindes und seiner bedrängten Mutter soll dem Leser nahegehen, das Kind aus dem modernen Bergwerksdorf wird in die literarische Tradition des Sohnesopfers auf höhere Weisung gestellt, deren christlicher Prototyp das Abraham-Isaak-Narrativ ist: «Und die, die ihn hielt, war nicht untertänig wie Abraham, da er Isaak opfern ging.» (ebd., S. 7) Es ist einerseits ein Kind zu beklagen, das schuldlos geopfert wird, und andererseits eine Mutter zu ehren, die seiner ein Leben lang leidvoll gedenkt, die gar der Jungfrau Maria des Neuen Testaments, der jungfräulichen Mutter mit den sieben Schmerzen (sieben Schwerter durchbohren ihr Herz) an idealer Mütterlichkeit gleichkommt; auch ihr «zerstach [es] [...] das Herz» (ebd.). Nachdrücklich verurteilt der Erzähler eine Dorfbewohnerschaft, die der Mutter am Ende, als Fredrik tot ist, das Unglück gönnt: «Und sie wussten alle, dass einer fort musste von der Welt. Einer, dessen Tag nun gekommen war, wie sie es vorausgesagt hatten mit lästerlichen, kalten, trostlosen Worten.» (ebd., S. 21)

Es ist eindrucksvoll und auffällig, dass Paul Zech, der so stark auf Expressivität, auf Affektion, auf drastische, extreme und ungewohnt neue Bilder setzt, dennoch nicht Prägnanz schafft, sondern eher Diffusion.

Rhetorik der Diffusion und stolzer Eigensinn

Die «Spitalweiber» sagen über Fredrik, den Säugling: «‹Der Vater wird ihn schon holen kommen, Antje. [...] Ja, ja, der Vater wird ihn schon holen.› Sie sagten das mit einem furchtbaren Ernst und verdrehten mystisch die Nasen.» (ebd., S. 9)

Die Rede der Frauen wird als «ernst» qualifiziert, und dieser Ernst wird ausserdem durch «furchtbar» unterstrichen. Was gesagt wird, erhält damit die feierliche Wucht und Gewalt einer Weissagung. Aber der zweite Satzteil «und verdrehten mystisch die Nasen» hebt diesen Eindruck auf. Er charakterisiert die Sprecherinnen als wichtigtuerisch – können sie dann überhaupt «mit furchtbarem Ernst» gesprochen haben? Der «furchtbare Ernst» ist eigentlich mystisches Getue. Aber die «Spitalweiber» tun etwas Seltsames. Sie «verdrehten mystisch die Nasen». Sie rümpfen also weder die Nase noch verdrehen sie die Augen. Die verkürzte Zusammenziehung beider Redewendungen schafft eine Katachrese. Diese rhetorische Figur wird bekanntlich beschrieben als «Verstoss gegen die Einheit eines Bildes durch Vermischung nicht zusammenpassender Metaphern und Worte aus verschiedenen Bereichen, meist als unfreiwilliger und lächerlich wirkender Stilfehler» (von Wilpert 1964, S. 323). Jedoch gibt es kühne Stilformen mit «gewollten Disharmonien», sie können sich ans «Oxymoron» annähern, also die «Verbindung zweier einander scheinbar widersprechender, sich gegenseitig ausschliessender Begriffe zu einer Einheit» (ebd.) herstellen. Während die «Bittersüsse» eine mehrschichtige Gestimmtheit trifft, sind verdrehte Nasen keine ausgefallene mimische Konfiguration. Ein Quäler kann einem Menschen die Nase verdrehen, um ihn zu verletzen (denn Nasen haben keinen Drehmechanismus). Mechanische Puppen, Marionettenfiguren und Masken mögen montierte Nasen haben, an denen sich zur Belustigung drehen lässt. Verwirft man die «verdrehten Nasen» nicht einfach als misslungenes Bild, dann tritt etwas Überraschendes zutage. Aus dem Sympathieregime für die Passion eines Kindes kommt es zur artifiziellen Konstruktion eines Marionetten- oder Maskenspiels.

Das ist ein überraschender Ausblick, aber Paul Zech hat vermutlich keine konstruktivistischen Tendenzen. Festhalten lässt sich lediglich, dass die Katachrese als kühne und riskante Bildlichkeit in allen Erzählungen des Bandes «Der schwarze Baal» zu finden ist. Ein kleines Beispiel, wiederum eines vom «Drehen», ganz ähnlich dem bereits besprochenen: Spielende Kinder, unter ihnen Fredrik, atmen giftige Dämpfe ein, «[...] bis die Wangen ganz blass wurden und eine Übelkeit die Köpfe in heftige Umdrehungen brachte» (Martinez 1989, S. 9). Heftige Umdrehungen von Köpfen wären allenfalls bei mechanischen Puppen mit sausender Drehvorrichtung denkbar, ausserdem setzen sich solche Köpfe so wenig selbst in Bewegung wie mechanisch montierte Nasen. Wiederum kommt es zum Kippen vom Lebendigen ins Mechanische. Auch hier findet sich die Neumontage einer idiomatischen Wendung: Wem es übel ist, dem dreht sich alles im Kopf. Das Drehen des Kopfes aber wird ein von Übelkeit Befallener mit gutem Grund vermeiden. Paul Zechs Formulierung von den «Umdrehungen» wirkt kontraintuitiv und eigensinnig. Die kommunikative Teilhabe des Lesers an der Befindlichkeit der Kinder im tödlich riskanten Spiel erfährt eine Störung. Die Bildlichkeit irritiert, hat aber auch eine stolze Willkür und Unberechenbarkeit, eben jene, das Potential der narrativen Darstellung verwegen zu gebrauchen, eine eigene Welt zu bauen und mit ihr wie mit einer Puppen- und Maskenwelt umzugehen. Willkürlich wirkt eine kurze Schilderung, die wohl um des Kontrasts hart versus weich willen so gewählt wurde: «Sie gab dem Jungen die Brust und harte Pellkartoffeln [...]» (ebd., S. 8). Wie soll das Neugeborene mit den Kartoffeln fertig werden? Was soll die Formulierung über Antje sagen? Nichts. Es ist ein Effekt, weiter nichts. Die stolze Willkür kann ohnehin sehr weit gehen. Ein Beispiel von vielen muss genügen: «Und wenn dann Fredrik aufkrähte unter dem warmen Strom der Sättigung, hob sie ihn empor [...].» (ebd.) Satte Säuglinge «krähen» gerade nicht, sie machen allenfalls ein Bäuerchen. Auch satte Erwachsene rufen nach einer guten Mahlzeit kein schmetterndes «Herrlich!», sondern lassen eher wohlige Seufzer des Behagens vernehmen. Was ist ein «warmer Strom der Sättigung»? Die Formulierung zieht den körperlichen Vorgang des Milchflusses und das psychophysiologische Element der Sättigung in eins zusammen. Der Säugling wird gewissermassen durchströmt von etwas Warmem, das sättigt. «Unter» diesem «Strom» «kräht er auf». Man kann kaum dem störenden Eindruck entkommen, dass sich der arme Kerl verschluckt. Wenn der Anklang ans Nähren und Stillen zärtliche oder innige Aspekte hat, dann ist es – in Kombination mit der Assoziation zum Federvieh – aus mit ihnen. Überhaupt erscheint Fredrik im Gang der Handlung immer wieder als demolierte Puppe, dem gelegentlichen Vokabular des Mitleids zum Trotz, und einmal ist er auch ein Hund: «Als Fredrik vier Jahre alt wurde, kaufte Antje sich von dem Ersparten ein Häuschen und tat einen Handel auf. Das Jungchen lag in der Tür und beschnupperte lang jeden Eintretenden.» (ebd., S. 9) Ein herumliegender Vierjähriger, stumm, kommunikativ reduziert auf das Riechorgan, der Kunden nachkriecht (er beschnuppert sie ja «lang») – das ist das Siechtum eines debilen Wesens. Andererseits schildert der Autor hier die Funktion eines Wächters und eines Hüters des Hauses, eines treuen, wachbereiten Wesens, das die Mutter schützt. Zwei Vorstellungen – eine kann prominent sein und die andere verdrängen, ganz nach dem Funktionsprinzip der Kippfigur.

Die narrative Konstruktion einer doppelten Spaltung

Ein Kind kommt auf die Welt, im Zeichen des Todes. Es hat keine Zukunft. Es soll Opfer werden. Das Kollektiv ist am Gedeihen des Kindes nicht interessiert. Es gibt keinen schützenden Vater, der Mut und Zuversicht bringen könnte, aber es gibt eine sorgende Mutter, die über das Leben des gefährdeten Kindes wacht. Fredrik bleibt, so lange er lebt, ein gefährdetes, fragiles, zunehmend beeinträchtigtes und entstelltes Kind, das keine eigene Stärke entwickelt. Er kann zwar, wie sich auf dem verhängnisvollen Schulausflug zeigt, laufen und rennen, schneller und leichter als alle, aber sein schneller Lauf führt ins Unglück. Der Grubensturz im ungesicherten Gelände beschert ihm ein lahmes Bein. Anders als Ödipus mit dem Schwellfuss, anders als Isaak, der geliebte Sohn, wird Fredrik gezeichnet als eine Figur, die beim Leser Hoffnung auf Rettung mobilisiert; aber gleichzeitig kippt die Darstellung in eine indifferente Mechanik des Puppenspiels oder anderer Formen der Reduktion menschlicher Züge, etwa durch Assoziationen ans Tierhafte.

Die narrative Konstruktion ist die einer doppelten Spaltung. Die erste Spaltung betrifft die Zentralfigur Fredrik: Einerseits ist Fredrik jenes Wesen, das aus dem anonymen und indifferenten Kollektiv als Person hervortritt und eine Ausnahmestellung als Erlöser einnimmt. Fredrik tritt hervor als auserwähltes und privilegiertes Wesen, einzig Geliebter seiner Mutter, die ihr Leben ihm verschreibt und den Vater verwirft. Andererseits ist Fredrik von Beginn an eine Schwundstufe des Menschlichen: mickrig, defizient, verächtlich, entstellt. Dieser Fredrik ist Gespött der Leute, ein armes Opfertier, es entkommt der Schlachtbank nicht. Diese Charakterisierungen sind nicht miteinander verbunden. Die erste will als Dominante hervortreten, wird aber von der zweiten gebrochen.

Die zweite Spaltung betrifft das Erzählniveau: Einerseits wird in der Staffage moderner und zugleich dämonisierter Bergwerksdörflichkeit mit ihren riskanten Lebens- und Arbeitsbedingungen der narrative Prototyp der Sohnesopferung als existenzielle Gefährdung zur Anschauung gebracht, andererseits wird jedes Eindringen in die Tiefen dieses thematischen Raums blockiert, weil sich das Ganze als konstruiert, als spielzeughaft, maskenhaft geriert.

All dies kommt in der Schlüsselszene zusammen, als der nach seinem Grubensturz bettlägerige Fredrik zufällig in einem Buch jenes Foto findet, das – wie die Mutter dann sagt – den Vater zeigt: «Antje rieb sich ein paar Mal die Augen und ihre Lippen sprangen scharf von den Zähnen. Die leeren Augen des Jungen irrten um sie wie feuchtrauchende Phosphorkugeln. Dann sagte sie ganz ernst: ‹Das ist dein Vater, Jungchen, dein Vater, ehe er ein Stern ward.› Und sie stand vor dem zerwalkten Bett und wartete auf ihn mitten in dem gelben Zwielicht, das so peinvoll war. Fredrik hob den Kopf etwas. Die Augen quollen auf, und entgeisterte Blicke schossen heraus wie ein böser Schreck. Und die Lippen raschelten Worte, die sie nicht verstand [...].» (ebd.)

Fredrik konfrontiert sich mit dem wirklichen Bild des verstorbenen Vaters – eine wichtige Herausforderung. Obwohl das Wort «ernst» im Text erscheint und für den Ton der Rede Antjes verwendet wird, ist die narrative Gestaltung des Beziehungsgeschehens nicht konzentriert, sondern zerstreut sich in Körper-, Geschoss- und Lichtimpressionen, die zwar als Extremformulierungen viel hermachen, aber nichts sagen. Statt Situationsprägnanz entsteht eloquente Situationsdiffusion.

Auf das implizit erwähnte Darstellungsmittel der Reduktion auf das Körperliche ist gesondert zu achten. «Die Augen quollen auf» (wie immer man sich das vorstellen soll – die Augen quellen hervor, vor Schreck?), «ihre Lippen sprangen scharf von den Zähnen», «leere Augen» (ein plakatives Stereotyp), «die Lippen raschelten Worte»; nicht das, was gefühlt und gedacht wird, kommt zum Ausdruck, sondern es werden Körperreaktionen und Körperzeichen aufgezählt, die als solche in offenem Bezug zur Bedeutung des Vorgangs bleiben. Von der Reduktion auf das Körperliche macht Paul Zech ungemein häufig Gebrauch, auch in den anderen Novellen («Blut» steht an vorderster Stelle). So entsteht immer wieder neu der Leib der geschundenen, an der Daseinshärte zerschellenden Kreatur – dies auch ein «Ecce Homo»-Anklang –, zugleich aber bleiben die Wesen bei allen Zuckungen und Windungen psychisch unbelebt.

Spaltung, Dramatisierung und Somatisierung in psychodynamischer Perspektive

Wir können Spaltung, diffundierende Bildlichkeit und Reduktion auf das Körperliche als Darstellungsmittel identifizieren. In psychodynamischer Diktion ist Spaltung ein Abwehrvorgang (Reich 2000). Ein Individuum hat miteinander unverträgliche und unintegrierte Vorstellungen von sich und der Welt der Objekte und geht so damit um, dass sie unintegriert nebeneinander bestehen und sich im Wechsel in den Vordergrund drängen. Es mag Paul Zechs favorisierte Fantasie sein, das bevorzugte Kind einer liebenden Mutter zu sein und eine Sonderstellung in der Welt einzunehmen, zugleich mag er sich in krassem Wechsel dazu als elende Kreatur ohne Potential und Ressourcen sehen. Ebenso mag ihm die umgebende Welt als bedrohlich erscheinen und dann wieder als läppisches Puppentheater – oder treffender noch: als Marionettenspiel, bei dem man selbst souverän die Fäden zieht.

Die sprachliche Praxis diffundierender Bildlichkeit ist als Abwehrstrategie der Dramatisierung bekannt: Eine mit einer seelischen Herausforderung konfrontierte Person weicht dieser aus, indem sie ihre Bedeutung verwischt, aber gleichwohl Dramatik inszeniert, wenn auch auf einem Nebenschauplatz. Die expressive Emphase lenkt ab vom Kern und schafft scheinhafte Bedeutsamkeit. Als Paul Zech Emmy Schattke gegenüber die Dichtung «Jeremias» als seine eigene ausgibt, vertuscht er die Usurpation durch die Emphase der Meinigkeit: Jeremias – das bin ich, ganz und gar. Es hätte nicht nur aus eigener Feder stammen können, es stammte eigentlich sogar aus eigener Feder. Solche Radikal- und Maximalusurpationen sind selten und daher aufsehenerregend, durchaus geläufig ist hingegen die Alltagspraxis dezenterer Usurpationsformen. Entscheidend ist der Modus der Inkorporation (Ulrich Hartmann, persönliche Mitteilung 2007). In Akademikerkreisen ist die zitatlose Übernahme geistigen Fremdeigentums eine häufige Misslichkeit, ebenso aber die egozentrische Fiktion der gestohlenen Ideen – die Meinung also, ein fremdes Werk oder Teile desselben seien eigentlich das eigene und der andere habe sich lediglich heimlich der eigenen kostbaren Ideen bedient. Ein schönes Beispiel für eine kindlich naive Übernahme einer fremden Leistung als eigene erlebte ich einmal im Wald. An einem hölzernen Turngerät scheiternd sah ich das interessierte Herbeilaufen eines kleinen Jungen, gefolgt von seinem Vater. Der Kleine rief eifrig, er werde jetzt ganz toll an diesem Gerät turnen, er könne das schon. Der Vater hob das Kind auf das Gerät und hielt es fest, und beide bewunderten wir das Kind mit anerkennenden Worten. Zufrieden und selbstbewusst liess er sich herabheben: «Guck, ich kann das schon.» Der Vater unterstützte das Selbstgefühl des Kleinen mit einer freundlichen Illusionsinszenierung, zu der ich mit Vergnügen beitrug. Das Kind hatte keinerlei Hemmung, Anerkennung für etwas entgegenzunehmen, das nicht seinem Verdienst entsprach. Diese freundliche Illusionsinszenierung war angemessen, denn das Kind war noch zu klein, um sich Diskrepanzherausforderungen – eigene Ressourcen im Vergleich zum Leistungsanspruch – zu stellen.

Das Inkorporationsverfahren ist ein vertrauter Aneignungsmodus der infantilen Vorzeit. Und es ereignet sich im Beziehungspakt als Sicherheit und Selbstvertrauen förderndes Einverständnis zwischen Eltern und Kind. Weitgehende narzisstische Regression erlaubt die Rückkehr zu dieser Strategie der Inkorporation auch im späteren Lebensalter. Eindrucksvoll ist, wie ausserordentlich bedeutsam der Modus des Inkorporierens in den Erzählungen «Der schwarze Baal» wird. Die erste Erzählung hebt an mit Baal, dessen ganze Existenz sich in Inkorporation und Ausstossung zu erfüllen scheint. Fredrik inkorporiert über die Atmung die giftigen Dämpfe der bösen Mutter Erde, er klaubt mit der Faust den Vater-Stern vom Himmel, um dieses Vaterobjekt im Einschlafzeremoniell zu inkorporieren. Der Leib der Mutter inkorporiert den Jungen: Gerade als er sich in freier, froher Bewegung befindet, fällt er in seinen Schlund. Die Reduktion auf das Körperliche ist als Abwehrstrategie der Somatisierung bekannt. Das Individuum lässt psychische Resonanz im Kontext der Erfahrung nicht zu, sondern fixiert sich auf mögliche körperliche Notstände. Fredrik wird in der Novelle als bedroht dargestellt. Einerseits stellt der Autor ein «armes Kind» dar und appelliert an das Mitleid des Lesers. Andererseits präsentiert er eine zunehmend versehrte, psychisch reglose Kreatur oder einen demolierten Apparat.

Der Autor und das Kind

Lesen wir die Erzählung vom schwarzen Baal als literarische Darstellung einer psychodynamischen Konfliktlage, dann handelt es sich dabei um den Entwurf einer Kindfigur, die als privilegierte Hoffnungsträgerin von einem für das Kollektiv hohen Wert ist und als bevorzugtes Liebesobjekt einer mütterlichen Figur auftritt, die sich ganz in den Dienst des Kindes stellt. Diese Wunschkonfiguration kontrastiert mit dem Bild, fragil, marginal und chancenlos zu sein. Das privilegierte Kind hat eine gute Mutter, ein personales Gegenüber guten Willens. Dieser steht in unheimlicher Weise die physiognomisch wandelbare Gestalt der bösen Mutter gegenüber: Sie ist vergiftete Erde, einstürzender tödlicher Grund, verschlingender Dämon, Dreiheit der Parzen oder böser Feen. Der schwarze Baal als vorpersonale, präzivilisatorische Muttergestalt, die ihre Söhne verschlingt: Dieses Bild wird in allen Novellen als schaurig-erregendes Faszinosum gestaltet. Vor dieser Muttergestalt gibt es – in allen Novellen mit Ausnahme der letzten unter dem Titel «Der Anarchist» – kein Entkommen, man kann sich ihr ausliefern oder am bösen mütterlichen Leib zerschellen. Das ist dann immerhin für die Sohneskreatur eine grossartige Selbstauslöschung. Sie hat eine lange kulturelle Tradition. Aber sie ist ein Ausweichmanöver. Sie bietet keine Hilfe bei der Herausforderung, sich mit den eigenen Möglichkeiten und Grenzen im sozialen Raum zu positionieren.

Dem Dichter Paul Zech ist es nicht möglich, sich selbst mit einer gewissen kontinuierlichen Zuversicht und gelassen realistischen Einschätzung Kredit zu geben für das eigene Potential; das verhindert die Fantasie von der eigenen Mangelexistenz. Er kann aber auch nicht dem Anspruch auf eine privilegierte Stellung entsagen, das verhindert die Fantasie vom ödipalen Sieg. Er staffiert sich mit Nicht-Eigenem aus – Nicht-Eigenem, dem er hohen persönlichen Wert beimisst –, denn aus Eigenem glaubt er nicht leben zu können. Und er wähnt sich legitimiert, weil er von einem nicht hinterfragten Gefühl des Entschädigungsrechts ausgeht.

Ritter, Favorit und Sündenbock

Paul Zechs Dichtung vom schwarzen Baal ruft mehrere Plotstrukturen auf. Diese bleiben unverbunden nebeneinander bestehen, werden nicht durchgestaltet und im Erzählprozess plausibilisiert.

Zum Ersten ruft die verschlingende Krake, der schwarze Baal, die Märchen- und Legendendramaturgie des Drachentöters auf den Plan. Drachentöter sind starke und mutige junge Männer, die sich im Kampf mit dem Drachen bewähren und durch den Befreiungsdienst am Kollektiv an Status gewinnen. Im «schwarzen Baal» wird die Krake nicht als Zerstörerin erkannt; sie mag gesetzt sein, um die Ausbeutungslage der gepressten Arbeiterschaft mit dem Charakter des Numinosen zu versehen und die magische Idee des Opfers und der Schicksalhaftigkeit im Verlauf der Handlung zu plausibilisieren. Dem politisch Denkenden sind Drachen und Dämonen Mystifikationen und Ammenmärchen, die blind machen für das ausbeuterische Handeln der menschlichen Machthaber und Profiteure. Das Dorf ist dem Numinosen gegenüber gleichgültig und kennt, solange es Unfallprämien gibt, auch keine Auflehnung. Es ist ein korrumpiertes, indolentes Kollektiv, dem Einzelnen gegenüber indifferent und ohne Kindes- und Gattenliebe fruchtbar. Der Anklang an den Plot der Drachentötung und an das politische Narrativ der Rebellion lässt die lethargische Blindheit des Kollektivs wirkungsvoll hervortreten.

Zum Zweiten wird explizit der Plot vom mächtigen Souverän erwähnt, der die Loyalität seines Favoriten durch eine extreme Probe testet, die darin besteht, den eigenen Sohn als Menschenopfer darzubringen (Abrahams Versuchung): «Und die, die ihn hielt, war nicht untertänig wie Abraham, da er Isaak opfern ging.» (Martinez 1989, S. 7) Vorteilhaft hebt sich Antje als liebende Mutter gegen Abraham ab. Aber sie hat im Unterschied zu Abraham, dem vom höchsten Souverän Auserwählten, ja nichts zu verlieren. Sie hat keinerlei Loyalitätspflichten, ist in keiner Favoritenrolle, sondern in mütterlicher Verantwortung. Der Anklang an den Abraham-Isaak-Plot bleibt oberflächlich, hat den Effekt, das Positivum Mutterliebe zu unterstreichen und die Vorstellung vom besonders geliebten und ausgezeichneten Kind zu wecken.

Zum Dritten klingt das Plotmuster von der Ausstossung des Sündenbocks an, das am deutlichsten wirksam wird. Dieses Muster entfaltet sich gewöhnlich als Verfolgung eines Schwachen, oft Schuldlosen, dem ein Kollektiv feindselig begegnet, den es verfolgt, verstösst oder tötet, um sich damit von der Last eigener Schuld oder von einem Übel zu befreien. Für den verschlingenden Dämon Baal ist die Opferung Fredriks sinnlos, denn er frisst, was er will, und kann fettere Brocken haben als das schwache Kind. Warum das Kollektiv überhaupt einen Sündenbock braucht, bleibt unklar, denn das Dorf sieht, wie der Erzähler anfangs eindringlich betont, die eigene Lage gar nicht als Misere an. So bleibt dem Erzähler kaum etwas anderes übrig, als die Opferidee durch eine konzessive Wendung einzuführen: «Und doch war einer in dieses Dorf gekommen, den man alsogleich als Opfer bestimmte.» (ebd.) «Und doch» geschieht es, trotzdem, erwartungswidrig. Und es bleibt erwartungswidrig, mit der Folge, dass der Autor das persekutorische Treiben nur noch als grausames, ganz äusserliches Vergnügen zu motivieren vermag. Die Spitalweiber und Konsorten führen ihre läppischen Reden vom baldigen Tod des Kindes «just for fun».

Das Ungefüge der narrativen Konstruktion hat zur Folge, dass ein heutiger Leser fremd und unberührt bleiben mag und den Aufwand an expressivem Vokabular und originellen Neuwendungen nicht aus ganzer Seele schätzen kann. Das gilt auch für die übrigen, miteinander verbundenen Erzählungen des Novellenbandes. Auch im «Pferdejuppchen», der nachfolgenden Erzählung, gibt es das unschuldige, den Daseinshärten nicht gewachsene Kind. Es findet im Bergwerk einen Freund, das alte Pferd, weiss aber nicht, dass dieses für den Abdecker bestimmt ist, und verliert den Freund. Die folgenden Erzählungen «Die Gruft von Valero» und «Das Vorgesicht» zeigen – als gestaltete Körperfantasien – den aussichtslosen Kampf junger Männer mit dem (mütterlichen) Drachen einer unheimlichen, ebenso erregenden wie aversiven, todbringenden Höhlenwelt voll giftiger Dämpfe und schleimiger Schluchten. «Nervil Munta» steht in doppelter Auseinandersetzung mit der Autorität, hat eine Haftstrafe verbüsst und will sich resozialisieren, findet aber einen furchtbaren Tod durch seinen rachelustigen Vorgesetzten. Zärtliche und loyale Liebe zwischen Mann und Frau hat keine Chance; so zeigt es «Der letzte Schuss», in dem ein hoffnungsvoller Anfang durch die Schuld der Frau zum Beziehungselend verkommt. Es gibt kein Wunder in den desolaten Dorfverhältnissen der Indifferenz und Niedrigkeit. «Der Anarchist» schliesslich steht dem «schwarzen Baal» als Überwindung von Opferstatus und Hilflosigkeit gegenüber. Hier gibt es keinen Dämon, keine Mystifikation, sondern Kritik und Rebellion, eine erweckte, aufgebrachte Masse und einen männlichen Intellektuellen, der am Ende zerstört und Neues schafft: «Draussen aber, auf der höchsten Geröllhalde, stand der Ingenieur Erwin Vallotti mit ausgebreiteten Armen und sah beschwörend auf die Trümmer, wo endlich die Saat des neuen, von allen Bedrückungen erlösten Menschen hingestreut wurde von seinen Händen. Wo das alte Geschlecht der ewig Dumpfen, Geschlagenen, Verdammten erfahren hat, dass auch die Maschine nicht allmächtig ist [...].» (ebd., S. 144 f.) Da steht Vallotti mit ausgebreiteten Armen wie Jesus, aber nicht als Opfer, sondern als freier Mann nach männlicher Tat. Er wird jedoch keineswegs zum Revolutionsführer, sondern bleibt unabhängiges Individuum, getrennt von den anderen, nur der «eigenen Erkenntnis die Gefolgschaft schuldig» (ebd., S. 145). Er sieht, anders formuliert, die ästhetische Existenz vor sich.

Hoffnungskind und Erneuerer

Am Anfang des «schwarzen Baal» steht das schreiende Unrecht am unschuldigen Kind. Dieses Kind war ein besonderes, ausgezeichnetes und erwies sich als Segensbringer, man hatte ihm aber keinen Dank. Am Ende steht der freie unabhängige Mann, nur sich selbst verpflichtet, dennoch ein Befreier und wiederum ein Ausgezeichneter, der in «reineren Höhen des Lichts» weilt (ebd.).

Gelesen als Selbstheilungsprogramm des schreibenden Paul Zech stehen das Selbstbild vom besonderen Kind, das die besondere Liebe der Mutter erfährt, und das Bild vom souveränen unabhängigen Mann, der die Welt zu erneuern vermag, in einer Ergänzungsreihe. Es sind wunscherfüllende Motive, die das Schaffen des Autors mitbeflügeln. Sie stellen sich vor die peinvollen Ängste vor dem eigenen Ungenügen, vor schamvoller Schwäche, tiefem Bedrohtsein und mangelhafter Ausstattung. Abgeschobenes Kind einer Familie, die ihre Kinder nicht erhalten konnte, Orientierung suchend, ohne sich in Ausbildung und Broterwerb auszeichnen zu können, sich als Ehemann etablierend, ohne sich zur Frau zu bekennen: Paul Zech traute seinen eigenen Kräften nicht und fand sich nicht in der Lage, die eigene Herkunft und Entwicklung anzuerkennen und sich auf dieser Basis zu positionieren. Er bedurfte – dahin trieb es ihn jedenfalls – der Anleihe und der Usurpation des fremden Guten. Er war im Griff auf das, was ihm nicht gehörte und was nicht zu ihm gehörte, nicht gehemmt, denn im Selbsterleben war er ein unschuldig leidendes, ein besonderes und privilegiertes Kind, an dem andere schuldig geworden waren und das sich nur nahm, was ihm vorenthalten worden war. Zugleich war er ein stolzer und unabhängiger, aber auch bindungs- und wurzelloser Mann mit grossen Botschaften für die Welt, nur dem eigenen Gesetz verpflichtet und auf diesem Weg nicht aufzuhalten durch kleinliche Legitimationsskrupel.

Die Fantasie von der Kindesunschuld ist speziell geeignet, Realitätsbezug und moralische Intelligenz einzuschränken. Der Anspruch, andere seien einem etwas schuldig, mobilisiert Groll und Kränkbarkeit, fördert Gratifikations- und Entschädigungsansprüche und befreit zum selbstlegitimierten Übergriff. Die Fantasie von der eigenen Souveränität und Selbstbestimmung wiederum nährt sich aus Verachtung. Damit fällt die Hemmung weg, den Anspruch des Anderen anzuerkennen, dessen Grenzen zu respektieren und ihm Achtung entgegenzubringen: Der Weg zu Manipulation und Usurpation ist frei.

Fantasien dienen der Reparatur psychischer Blessuren sowie der hedonischen Regulierung. Sie sind Nahrung für das Lustprinzip und geben Impulse für ein poetisches Programm. Aber sie sind nicht dessen Substanz und Form. Sie können für den Prozess der Darstellungsarbeit und der Formgebung teils verwertbar, teils nicht verwertbar sein. Literatur gibt psychischen Situationen und menschlichen Verhältnissen Form, so dass sie modellhaft artikulierbar und im situativen Kontext fassbar werden als etwas, das viele angeht – als comédie humaine. Es kann sein, dass beim Schreiben und Lesen der eigene Jammer vergeht. Umso besser für den Augenblick.

Suizidale Erregungsfiguren

Wer Opfer wird, hat die Prämie der Schuldlosigkeit, die Vergeltung ist sein. Aber die Selbstdeklaration als Opfer hat auch ihren Preis: Man offenbart sich als verwundet und erwartet Entschädigung. In der Literatur des 20. Jahrhunderts sind schwache und schreckliche Mütter sowie monströse und elende Väter an der Tagesordnung. Und die Söhne und Töchter sprechen das Urteil. Männliche Protagonisten wollen nicht Opfer sein. Die Wahrung männlichen Selbstgefühls verträgt das nicht. Es braucht ein Drehbuch, in dem einer, der sich den Müttern ausliefert und die Väter nicht findet, Selbstbestimmung erreicht. Eine gesellschaftliche Verfassung der Demontage etablierter Autoritäten, der Fragilisierung familialer Ordnung und der Neuorientierung in den Geschlechterbeziehungen findet im 20. Jahrhundert ein prototypisches literarisches Gestaltungsmuster in Sohnesfiguren, deren Vollendung nicht im Werden, sondern in der Selbstvernichtung als grossem Abgang liegt. Diese Dramaturgie wahrt Stolz und Freiheit: «Freedom's just another word for nothing left to lose.»

Das 20. Jahrhundert der Weltkriege, der Demontage von Autoritätstraditionen und der säkularen Demokratisierung hat eine europäische Kunst und Literatur hervorgebracht, in der die menschliche Existenz in komischer oder tragischer Fragilität ihr Vergehen und ihren Zerfall feiert. Diese kommt als beschädigt, als Schwundform, als todverfallen ins Bild. Komische Gottsuche, Gottesfinsternis und leere Transzendenz sind nicht nur Schlüsselthemen für Franz Kafka und Samuel Beckett.

Menschliches Nichtgedeihen, das Ausbleiben von Individuation und Personalität, die Preisgabe an Tod und Verlöschen wurden zu beliebten Geschichten. Es geht um ein Scheitern an – und mehr noch um die Abwendung von – sozialer Integration, um sich zu verschleudern und auszulöschen. Diesen Geschichten ist gemeinsam, dass sich die – überwiegend männlichen – Protagonisten, verstrickt in ein selbstzerstörerisches Aktionsfeld, nicht entwickeln, sondern in ihrer prekären Existenz jenseits sozialer Einbindung nur auf sich selbst zurückgeworfen sind.

In der ödipalen Dramaturgie, wie sie Freud am Modell der sophokleischen Tragödie entwickelt hat, verhält es sich so: Wer mit der Mutter verkehrt und den Vater erschlägt, ist ein Schadensbringer und wird aus der Gesellschaft ausgeschlossen. Er hat die Chance zur Verwandlung über die Selbstbestrafung und erfährt das Leben wissend als ein Gezeichneter (Boothe 2002, S. 397 ff.). In der Mutter-Sohn-Dramaturgie, wie Paul Zech sie anlegt, verhält es sich dagegen so: Der Vater zieht sich aus der Mutter-Sohn-Gemeinschaft zurück und überlässt das Feld dem Mutter-Sohn-Paar. Mutter und Sohn genügen einander, etablieren eine Nische bei gleichzeitiger Preisgabe von Autonomie, Zukunft und Fruchtbarkeit. Die Individuierung des Sohnes, seine Positionierung und Anerkennung im sozialen Raum bleiben aus. Das Dasein mündet in Selbstpreisgabe und Todesverfallenheit.

Die menschliche Existenz in komischer und tragischer Fragilität wurde für Freud in jener Zeit, als Paul Zech Baal, den Verschlinger mit den Zügen einer archaischen Mutterfigur publizierte, zum wichtigen Thema. Zwanzig Jahre nach der im Jahr 1900 erschienenen «Traumdeutung» mit ihrem Zentrum der vitalen Wunscherfüllung und wenige Jahre nach dem Ersten Weltkrieg spricht Freud vom «Todestrieb» als machtvollem und stumm wirksamem Drang, das eigene Absterben als ein Jenseits des Vitalen herbeizuführen (Freud GW XIII, S. 1 ff.). Dieser Drang, sich selbst und andere auszulöschen, ist unter bestimmten krisenhaften Bedingungen mächtiger als der «Lebenstrieb», als das Verlangen, Leben zu erhalten, zu vermehren, zu erneuern und zu erweitern. Der «Lebenstrieb» ist eine Bewegung des Gedeihens, der Entwicklung, der Reife, der Individuation und der Selbstvollendung des Einzelnen oder einer Gemeinschaft, der «Todestrieb» eine intentionale Bewegung des gewaltsamen oder leisen Verlöschens und der unbedingten Preisgabe an die Destruktion. Das Ende vor der Vollendung ist narzisstisch stabilisierend, auch und gerade dann, wenn die männliche Figur als komische, tragikomische oder lächerliche Figur gezeigt wird. Wer sich der sozialen Positionierung und Etablierung entzieht, entzieht sich der Welt und bleibt ihr Memento in einem Jenseits der Moral, jenseits sozialer Bindung. Dies ist auch der Triumph des zentralen Protagonisten in der letzten Erzählung der Baal-Novellen, in «Der Anarchist». Lesen wir sie als Manifest der eigenen poetisierten – hier der ganz männlich-kühnen – Daseinsverfassung, finden wir hier die Legitimation zur Selbsterschaffung, zum Rückzug in die Grandiosität des imperativen Selbstbezugs und zur Dienstbarmachung einer Welt, die einem Zuwendung und Gratifikation schuldig geblieben ist.

Literatur

Alt, P.-A. (2005). Franz Kafka. *Der ewige Sohn.* München: C. H. Beck.

Beck, K. (2006). Paul Zech. Rotes Herz der Erde. *Berliner Stimme,* Nr. 6 vom 18.3.2006. Bibliothek Westfalica. Zugriff am 15.06.2012 über http://www.literaturportal-westfalen.de/main.php?id=00000180&article_id=00000396&author_id=00000953&p=1.

Boothe, B. (1994). *Der Patient als Erzähler in der Psychotherapie.* Göttingen: Vandenhoeck und Ruprecht (neu erschienen Giessen 2004: Psychosozial).

Boothe, B. (2002). Oedipus complex. In E. Edward (Hrsg.), *The Freud Encyclopedia. Theory, therapy, and culture* (S. 397–404). New York: Routledge.

Boothe, B. (2005). Seele auf Kredit. *Hermeneutische Blätter 1/2,* S. 188–196.

Boothe, B. (2002). (Hrsg.). *Wie kommt man ans Ziel seiner Wünsche? Modelle des Glücks in Märchentexten.* Giessen: Psychosozial.

Boothe, B., & Heigl-Evers, A. (1996). *Psychoanalyse der frühen weiblichen Entwicklung.* München: Reinhardt.

Boothe, B., Wyl, A. von & Wepfer, R. (1998). *Psychisches Leben im Spiegel der Erzählung. Eine narrative Psychotherapiestudie.* Heidelberg: Asanger.

Daviau, D. G. (1986). (Hrsg.). *Stefan Zweig/Paul Zech: Briefe 1910–1942.* Rudolfstadt: Greifenverlag.

Delseit, W. (2006). Ein ‹Dickschädel aus bäurisch-westfälischem Kornsaft›. Der Schriftsteller Paul Zech (1881–1946). In W. Gödden (Hrsg.), *Literatur in Westfalen. Beiträge zur Forschung 8* (S. 61–99). Bielefeld: Aisthesis.

Freud, S. (1940). *Der Witz und seine Beziehung zum Unbewussten* (GW VI). Frankfurt/Main: Fischer.

Freud, S. (1941). *Der Familienroman der Neurotiker* (GW VII, S. 367–371). Frankfurt/Main: Fischer.

Freud, S. (1940). *Jenseits des Lustprinzips* (GW XIII, S. 1–69). Frankfurt/Main: Fischer.

Galli, C., & Paterson, C. (2002). Jugendliche Antimärchen. In B. Boothe (Hrsg.), *Wie kommt man ans Ziel seiner Wünsche? Modelle des Glücks in Märchentexten* (S. 79–126). Giessen: Psychosozial.

Goethe, J. W. von (1965). Die Leiden des jungen Werther (erschienen 1774 zur Herbstmesse Leipzig). In J.W. Goethe: *Werke* (4. Bd.). Frankfurt/Main: Insel.

Gülich, E., & Raible W. (1977). *Linguistische Textmodelle.* München: Fink.

Jolles, A. (1974). *Einfache Formen. Legende, Sage, Mythos, Rätsel, Spruch, Kasus, Memorabile, Märchen, Witz.* Tübingen: Niemeyer (Original erschienen 1930).

Kafka, F. (1952). Brief an den Vater (Erstveröffentlichung). In *Die neue Rundschau*

63/2, 1919.

Kafka, F. (1968). Das Urteil. In M. Walser (Hrsg.), *Er. Prosa von Franz Kafka* (S. 49–63). Frankfurt/Main: Suhrkamp.

Keller, G. (1889). Kinderverbrechen. In ders., *Der grüne Heinrich* (zweite Fassung. S. 70–74). Berlin: Hertz.

Kris, E. (1977). *Die künstlerische Illusion.* Frankfurt/Main: Suhrkamp.

Liebsch, B. (1997). Geschichte als Antwort. In J. Stückrath & J. Zbinden (Hrsg.), *Metageschichte. Hayden White und Paul Ricoeur* (S. 199–229). Baden-Baden: Nomos.

Lurker, M. (1989). *Lexikon der Götter und Dämonen* (2. Auflage). Stuttgart: Kröner.

Martinez, M. (1989). (Hrsg.). *Paul Zech. Der schwarze Baal. Novellen.* Göttingen: Wallstein.

Martinez, M. (1989): Nachwort. In M. Martinez (Hrsg.): *Paul Zech. Der schwarze Baal. Novellen* (S. 147–212). Göttingen: Wallstein.

Mentzos, S. (1990). *Neurotische Konfliktverarbeitung.* Frankfurt/Main: Fischer.

Mentzos, S. (2004). *Hysterie. Zur Psychodynamik unbewusster Inszenierungen.* Göttingen: Vandenhoeck & Ruprecht.

Müller, J. (1966). Die Akte Paul Zech. In J. Müller (Hrsg.), *Aus dem Archiv der Schillerstiftung Weimar.* Heft 11.

Matt, P. von (1989). *...fertig ist das Angesicht.* Frankfurt/Main: Suhrkamp.

Matt, P. von (1995). *Verkommene Söhne, missratene Töchter. Familiendesaster in der Literatur.* München: Hanser.

Propp, V. (1975). *Morphologie des Märchens* (russ. Original: Leningrad 1928). Frankfurt/Main: Suhrkamp.

Reich, G. (2000). Spaltung. In W. Mertens & B. Waldvogel (Hrsg.), *Handbuch psychoanalytischer Grundbegriffe* (S. 666–669). Stuttgart: Kohlhammer.

Ricoeur, P. (1988). *Zeit und Erzählung.* München: Fink.

Sarbin, T. R. (1997). The Poetics of identity. *Theory & Psychology 7*, 1, S. 67–82.

Sarbin, T. R. (2000). Worldmaking, self and identity. *Culture & Psychology 6*, S. 253–258.

Sarbin, T. R. (1995). Emotional life, rhetoric, and roles. *Journal of Narrative and Life History 5*, 3, S. 213–220.

Sarbin, T. R. (2001). Embodiment and the narrative structure of emotional life. *Narrative Inquiry 11*, S. 217–225.

Shapiro, D. (1991). *Neurotische Stile.* Göttingen: Vandenhoeck und Ruprecht.

Spitta, A. (2006). Paul Zech im argentinischen Exil 1933–1946. Legenden und Leid eines Schriftstellers ohne Publikum. *Ibero-Online.de*, Heft 5.

Stern, D. (1998). Das narrative Selbst. In P. Buchheim, M. Cierpka & T Seifert (Hrsg.), *Das Narrativ – aus dem Leben Erzähltes* (S. 1–13). Berlin & Heidelberg: Springer.

WHO (Genf, 2007). *The ICD-10. Classification of Mental and Behavioural Disorders.*

Zugriff am 15.06.2012 über http://www.lumrix.net/.

Wilpert, G. von (1964). *Sachwörterbuch der Literatur* (4. Auflage). Stuttgart: Kröner.

Zech, P. (1917). *Brief an Emmy Schattke* (Brief vom 5. Mai 1917).
Marbach: Deutsches Literaturarchiv.

Die Verfasserin dankt Herrn Dr. Alfred Hübner – dem herausragenden Kenner von Leben und Werk des Autors – für wertvolle und detaillierte biografische Informationen und aufschlussreiche Hinweise zu Paul Zech.

Autorinnen und Autoren

Günther Bittner, Prof. em. Dr. phil. Dipl. Psych. (Jg. 1937), Psychologischer Psychotherapeut, Psychoanalytiker. Veröffentlichungen zur Theorie der Psychoanalyse, zur psychoanalytischen Pädagogik sowie zur pädagogischen Biografieforschung.
Neuere Buchpublikation:
> Bittner, G. (2011). *Das Leben bildet. Biografie, Individualität und die Bildung des Proto-Subjekts.* Göttingen: Vandenhoeck & Ruprecht.

Kontakt: Prof. Dr. Günther Bittner, Lodenstrasse 22, D-97209 Veitshöchheim

Brigitte Boothe, Prof. Dr. phil., (Jg. 1948), Psychoanalytikerin (DGPT, DPG), Psychotherapeutin (FSP) und Lehrstuhlinhaberin für Klinische Psychologie, Psychotherapie und Psychoanalyse an der Universität Zürich. U.a. Veröffentlichungen zur Psychoanalyse der frühen weiblichen Entwicklung, zu Traum, Religion, Erzählung und zu Modellen des Glücks in Märchentexten.
Neuere Buchpublikationen:
> Boothe, B. (Hrsg.) (2008). *Ordnung und Ausser-Ordnung. Zwischen Erhalt und tödlicher Bürde.* Bern: Huber.
> Luif, V., Thoma, G., & Boothe B. (Hrsg.) (2006). *Beschreiben – Erschliessen – Erläutern. Psychotherapieforschung als qualitative Wissenschaft.* Lengerich: Pabst.

Kontakt: Prof. Dr. phil. Brigitte Boothe, Psychologisches Institut, Klinische Psychologie, Psychotherapie und Psychoanalyse, Universität Zürich, Binzmühlestrasse 14/16, CH-8050 Zürich, brigitte.boothe@uzh.ch

Michael B. Buchholz, Dipl.-Psych., Dr. phil., Dr. disc. pol. ist Professor im Fachbereich Sozialwissenschaften der Universität Göttingen sowie Gastprofessor an der IPU (International Psychoanalytic University) in Berlin. Er war Gastprofessor in Kassel, Innsbruck, Wien, Klagenfurt und Frankfurt. In Göttingen private psychoanalytische Praxis, Lehranalytiker der DPG und DGPT. Forschungsinteressen: qualitative Sozialforschung, insbesondere Metaphernanalyse, Konversationsanalyse. Aus seinen familientherapeutischen Erfahrungen ist die Studie «Die unbewusste Familie» (Pfeiffer-Verlag 1995) hervorgegangen.
Neuere Buchpublikationen:
> Buchholz, M. B., & Gödde, G. (Hrsg.) (2012). *Der Besen, mit dem die Hexe fliegt* (2 Bd.). Giessen: Psychosozial.
> Buchholz, M. B., & Gödde, G. (Hrsg.) (2004–6). *Das Unbewusste* (3 Bd.). Giessen: Psychosozial.

Kontakt per E-Mail: buchholz.mbb@ipu-berlin.de

Helmwart Hierdeis, Prof. Dr. phil. (Jg. 1937), Erziehungswissenschaftler und Psychoanalytiker, bis 2002 Lehrstuhlinhaber für Allgemeine und Historische Pädagogik an den Universitäten Erlangen-Nürnberg (1974–1981) und Innsbruck (1981–2002), von 1998–2001 Gründungsdekan der Fakultät für Bildungswissenschaften Brixen der Freien Universität Bozen, danach ebendort Lehrbeauftragter für Allgemeine Pädagogik, Geschichte der Pädagogik, Didaktik der Geschichte und Praxisreflexion. Veröffentlichungen u.a. zur Bildungstheorie, zur Historiografie der Erziehung, zur Schulpädagogik, zur Psychoanalyse und zur Psychoanalytischen Pädagogik.
Neuere Buchpublikationen:

Hierdeis, H. (Hrsg.) (2010). *Der Gegenübertragungstraum in der psychoanalytischen Theorie und Praxis.* Göttingen: Vandenhoeck & Ruprecht.

Bickel, H., & Hierdeis, H. (Hrsg.) (2009). *Unbehagen in der Kultur. Variationen zu Freuds Kulturkritik.* Berlin [et al.]: LIT-Verlag.

Hierdeis, H. (2005). *Fremdheit als Ressource. Probleme und Chancen Interkultureller Kommunikation.* Innsbruck: studia.

Kontakt: Helmwart Hierdeis, Graf-Berchtold-Strasse 4, D-86911 Diessen, helmwart.hierdeis@web.de

Rainer Kokemohr, Dr. phil., (Jg. 1940), Prof. em. für Allgemeine Erziehungswissenschaft, Universität Hamburg. Lehrstuhl an der National Chengchi University Taipeh, Taiwan (2010–2013). Arbeitsschwerpunkte: Bildungs- und Bildungsprozesstheorie; Aspekte historisch-systematischer Erziehungswissenschaft; Struktur und Dynamik von Lehr-Lern-Prozessen in verschiedenen Kulturen. 1986–1990 Feldforschungen in Kamerun, dort ab 1991 Mitinitiator und Wissenschaftlicher Berater für den Aufbau einer Reformschule, ab 1999 für den Aufbau eines Instituts wissenschaftlicher Lehrerbildung und ab 2010 für das zur Université Evangélique du Cameroun erweiterte Institut.
Neuere Publikationen:

Kokemohr, R. (2010). Interpretation – Lektüre – Interkulturalität. In J. Straub, G. Cappai & Sh. Shimada (Hrsg.), *Interpretative Sozialforschung und Kulturanalyse. Hermeneutik und die komparative Analyse kulturellen Handelns* (S. 201–223). Bielefeld: transcript.

Kokemohr, R. (2007). Bildung als Welt- und Selbstentwurf im Fremden. Eine theoretisch-empirische Annäherung an eine Bildungsprozesstheorie. In H.-Chr. Koller, W. Marotzki & O. Sanders (Hrsg.), *Bildungsprozesse und Fremdheitserfahrung. Beiträge zu einer Theorie transformatorischer Bildungsprozesse* (S. 13–68). Bielefeld: transcript.

Kontakt: Prof. em. Dr. phil. Rainer Kokemohr, Fakultät 4, Fachbereich Erziehungswissenschaft 1, Universität Hamburg, D-20146 Hamburg; Chair Professor, College of Education, National Chengchi University, NO. 64, Sec. 2, Zhinan Rd., Wenshan District, Taipei City 11605, Taiwan, rkokemohr@gmx.de

Peter Passett, lic. phil., (Jg. 1942), ist Mitglied des Psychoanalytischen Seminars Zürich und arbeitet in Zürich als Psychoanalytiker in freier Praxis. Veröffentlichungen zur Theorie und Praxis der Psychoanalyse.

Neuere Publikationen:

Passett, P. (2009). Über die Zweizeitigkeit des Analytikerwerdens. *Werkblatt – Zeitschrift für Psychoanalyse und Gesellschaftskritik 63(2)*, S. 39–69.

Passett, P. (2008). Freud beim Deuten beobachtet. In A. Koellreuter (Hrsg.), *Wie benimmt sich der Prof. Freud eigentlich? Ein neu entdecktes Tagebuch von 1921 historisch und analytisch kommentiert* (S. 109–130). Giessen: Psychosozial.

Passett, P. (2007a). Vom Fetisch der Wissenschaftlichkeit. Zur gegenwärtigen Krise der Tiefenpsychologie. *Scheidewege – Jahresschrift für skeptisches Denken (36)*, S. 203–228.

Passett, P. (2007b). Utopie und Vernunft. In B. Sitter-Liver (Hrsg.), *Utopie heute II. Zur aktuellen Bedeutung, Funktion und Kritik utopischen Denkens und Vorstellens* (S. 189–204). Fribourg [et al.]: Academic Press/Kohlhammer.

Kontakt: Peter Passett, Zwinglistrasse 24, CH-8004 Zürich, Tel. +41 (0)44 241 56 06, passett@bluewin.ch

Giaco Schiesser, Prof. für Kultur- und Medientheorie und Direktor des Departements Kunst & Medien (DKM) der Zürcher Hochschule der Künste (ZHdK). Permanent Visiting Professor für wissenschaftliche und künstlerische Promotionen an der Kunstuniversität Linz.
Arbeitsschwerpunkte Veröffentlichungen: Kultur-, Medien- und Subjekttheorie / Ästhetik, Kunst, Kunstausbildung, Literatur / Demokratie, Öffentlichkeiten, Alltagskultur.

Neuere Publikationen:

Schiesser, G. (2012). «Eine gewisse Frustration ...» – Paradoxien | Leerstellen | Perspektiven künstlerischer Forschung heute. In Departement Kunst & Medien (DKM) der Zürcher Hochschule der Künste ZHdK (Hrsg.), *Praktiken des Experimentierens. Forschung und Lehre in den Künsten heute* (Jahrbuch Bd. 4 des DKM, S. 98–113).
Zürich: Scheidegger & Spiess. (Übersetzung ins Englische im Erscheinen)

Schiesser, G. (2007). Autorschaft nach dem Tod des Autors. Barthes und Foucault revisited. In H.-P. Schwarz, *Autorschaft in den Künsten. Konzepte – Praktiken – Medien* (Zürcher Jahrbuch der Künste, Bd. 4) (S. 20–33). Zürich: Museum für Gestaltung.

Schiesser, G. (2005). Medien | Kunst | Ausbildung. Über den *Eigensinn* als künstlerische Produktivkraft. In S. Schade, Th. Sieber & G. Chr. Tholen (Hrsg.). *Schnitt-Stellen.* (Basler Beiträge zur Medienwissenschaft, BBM, Bd. 1, S. 257–274). Basel: Schwabe. (Übersetzungen ins Chinesische und Englische)

Schiesser, G. (1999). Das sich selbst fesselnde Subjekt. In M. Strunk (Hrsg.), *Subjekte, Stars und Chips* (S. 158–175). Zürich: Fink. Gekürzter Nachdruck in W. Becker et al. (Hrsg.), *Continental Shift. An Exhibition of Contemporary Art.* (S. 272–275). Freiburg: Modo.

Kontakt / Information: Prof. Giaco Schiesser, Zürcher Hochschule der Künste, Departement Kunst & Medien, Ausstellungsstrasse 60, CH-8005 Zürich, giaco.schiesser@ zhdk.ch, http://giaco.schiesser.zhdk.ch

Eva Schmid-Gloor, lic. phil. (Jg. 1951), Psychoanalytikerin SGPsa, IPA. Arbeit in freier Praxis sowie als Ausbildungsanalytikerin und Dozentin am Freud-Institut Zürich. Zurzeit Ko-Präsidentin des nationalen Unterrichtsausschusses der Schweizerischen Gesellschaft für Psychoanalyse (SGPsa). Diverse Funktionen in der SGPsa und in der IPA, Vizepräsidentin der Europäischen Psychoanalytischen Föderation (EPF). Publikationen in Fachzeitschriften, u.a. über Themen der transgenerationellen Übermittlung von psychischen Traumata, über Schuld und Schuldgefühle und über psychoanalytische Technik.

Einige Publikationen:

Schmid-Gloor, E. (2012). Das Phantasma des Kerkers – der Kerker des Phantasmas. Zur Fetisch-Funktion einer Phantasie. *Zeitschrift für psychoanalytische Theorie und Praxis 26 (3/4)*, S. 297–311.

Schmid-Gloor, E. (2007). Melanie – Erinnerungen gegen zeitlose Wiederholung, *Psychoanalyse in Europa, Bulletin 61*, S. 135–141.

Schmid-Gloor, E. (2004). Entliehene Schuld und falsches Über-Ich, *Zeitschrift für psychoanalytische Theorie und Praxis I*, S. 46–68.

Schmid-Gloor, E. (2001). Die Schöne und das Biest vor der Urszene – zur Transformation einer Spracherregung, *Zeitschrift für psychoanalytische Theorie und Praxis I*, S. 13–26.

Kontakt: lic. phil. Eva Schmid-Gloor, Hambergersteig 23, CH-8008 Zürich, eva.s@bluewin.ch

Peter Schneider, PD Dr. phil. (Jg. 1957), Studium der Philosophie, Germanistik und Psychologie in Bochum, Münster und Zürich. 1983 M. A. in Philosophie in Bochum, 1987 Promotion in Psychologie in Bremen, 2004 Habilitation. 1983 Beginn der psychoanalytischen Ausbildung in Zürich (PSZ), seit 1988 Psychoanalytiker in freier Praxis. Verschiedene Supervisionstätigkeiten, Privatdozent für Psychoanalyse an der Universität in Bremen. Zahlreiche Publikationen zur Psychoanalyse.

Neuere Buchpublikationen:

Schneider, P. (2010). *Die Bildungsblase und der Verfall der universitären Autorität.* Zürich: sphères.

Schneider, P., & Schafroth, A. (2010). *Cool Down. Wider den Erziehungswahn.* Oberhofen: Zytglogge.

Schneider, P. (2011). *Frühchinesisch. Kolumnen.* Oberhofen: Zytglogge.

Scheider, P. (2012). *Das Gehirn und seine Psyche. Versuche über* den neuroscientific turn. Zürich: sphères.

Kontakt: Bergstrasse 122, CH-8032 Zürich, Tel. +41 (0)44 252 61 15, ps@peterschneider.info, www.peterschneider.info

Philipp Stoellger, Ordinarius für Systematische Theologie und Religionsphilosophie an der Theologischen Fakultät der Universität Rostock. Vorsteher des Instituts für Bildtheorie (Institute for Iconicity) der Universität Rostock. Studium der evangelischen Theologie und Philosophie in Göttingen, Tübingen und Frankfurt am Main. Neuere Buchpublikationen:

Ratsch, U., Stamatescu, I. O., & Stoellger, Ph. (Hrsg.) (2009). *Kompetenzen der Bilder. Funktionen und Grenzen des Bildes in den Wissenschaften.* Tübingen: Mohr Siebeck.

Dalferth, I. U., Stoellger, Ph., & Hunziker, A. (Hrsg.) (2009). *Unmöglichkeiten. Zur Hermeneutik des Ausserordentlichen.* Tübingen: Mohr Siebeck.

Stoellger, Ph. (2010). *Passivität aus Passion. Zur Problemgeschichte einer categoria non grata.* Tübingen: Mohr Siebeck.

Stoellger, Ph. (2011). *Präsenz und Entzug. Ambivalenzen des Bildes.* Tübingen: Mohr Siebeck.

Kontakt: Prof. Dr. Philipp Stoellger, Theologische Fakultät, Universität Rostock, Schwaansche Strasse 5, D-18055 Rostock, Tel: +49 (0)381 498 8450, philipp.stoellger@uni-rostock.de, http://www.theologie.uni-rostock.de/stoellger.html; http://www.ifi.uni-rostock.de/institut.html

Sarah Winter, Ph.D. in Vergleichender Literaturwissenschaft, Yale University; Extraordinaria für Englisch an der University of Connecticut, USA. Artikel und Buchbesprechungen zu folgenden Themen: Viktorianische Literatur und Kultur, Literatur und Menschenrechte, Darwinismus, Psychoanalyse, Klassisches Altertum (Classics). Buchpublikationen:

Winter, S. (2011). *The Pleasures of Memory: Learning to Read with Charles Dickens.* Bronx, NY: Fordham University Press.

Winter, S. (1999). *Freud and the Institution of Psychoanalytic Knowledge. Cultural Memory in the Present.* Standford: Stanford University Press.

Kontakt: Professor Sarah Winter, Department of English, University of Connecticut, 215 Glenbrook Road, Unit 4025, Storrs, CT 06269 USA, sarah.winter@uconn.edu

Bände in der Reihe «sphèressays»

www.ingramcontent.com/pod-product-compliance
Lightning Source LLC
Chambersburg PA
CBHW022310280326
41932CB00010B/1050